李耀锋 著

公共政策的道德价值研究

On Moral Value of
Public Policy

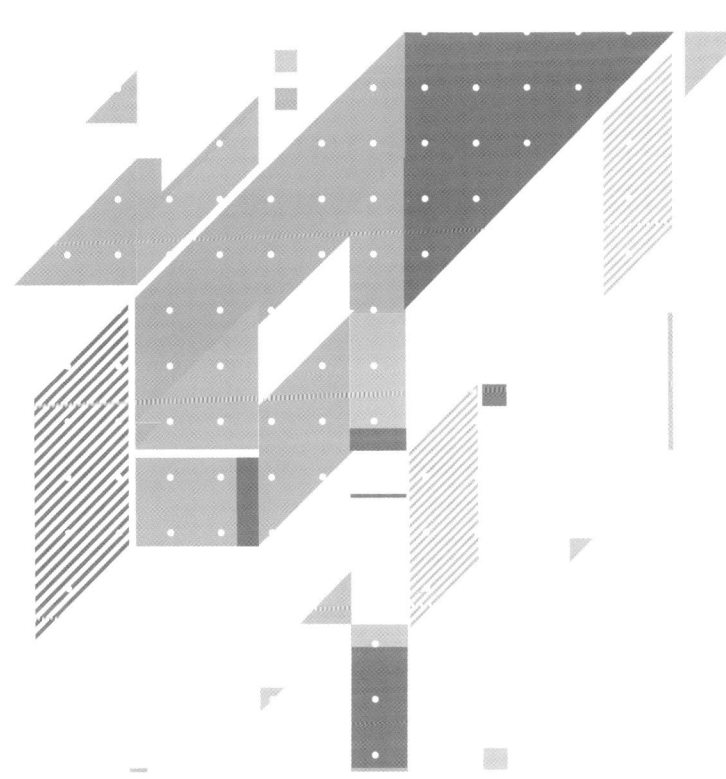

中国社会科学出版社

图书在版编目（CIP）数据

公共政策的道德价值研究/李耀锋著. —北京：中国社会科学出版社，2019.9
ISBN 978-7-5203-5320-5

Ⅰ.①公… Ⅱ.①李… Ⅲ.①公共政策—伦理学—研究
Ⅳ.①D035-01②B82

中国版本图书馆CIP数据核字（2019）第221806号

出 版 人	赵剑英
责任编辑	郝玉明
责任校对	张　婉
责任印制	王　超

出　　版	中国社会科学出版社
社　　址	北京鼓楼西大街甲158号
邮　　编	100720
网　　址	http://www.csspw.cn
发 行 部	010-84083685
门 市 部	010-84029450
经　　销	新华书店及其他书店
印　　刷	北京明恒达印务有限公司
装　　订	廊坊市广阳区广增装订厂
版　　次	2019年9月第1版
印　　次	2019年9月第1次印刷

开　　本	710×1000　1/16
印　　张	15.25
插　　页	2
字　　数	231千字
定　　价	75.00元

凡购买中国社会科学出版社图书，如有质量问题请与本社营销中心联系调换
电话：010-84083683
版权所有　侵权必究

目　录

导论 ……………………………………………………………… (1)
 一　研究的依据与意义 ………………………………………… (1)
 二　研究的现状分析 …………………………………………… (3)
 三　研究的思路与方法 ………………………………………… (12)
 四　研究的创新点与不足 ……………………………………… (14)

第一章　公共政策的道德影响 …………………………………… (16)
 第一节　当前中国某些公共政策面临严峻的道德风险 ……… (16)
  一　某些公共政策价值导向出现偏差导致社会
    问题凸显 ……………………………………………… (17)
  二　某些公共政策价值导向不尽合理违背道德
    文明理念 ……………………………………………… (19)
 第二节　公共政策对道德风气的影响 ………………………… (22)
  一　社会道德风气的成因 ……………………………… (23)
  二　公共政策对道德风气产生重要影响 ……………… (31)
  三　从公共政策之善到道德风气淳化 ………………… (35)

第二章　公共政策的道德价值 …………………………………… (42)
 第一节　公共政策的道德价值何以存在 ……………………… (42)
  一　公共政策概念内涵的道德价值 …………………… (42)
  二　公共政策是道德价值的现实体现 ………………… (48)
 第二节　提升公共政策的道德价值何以可能 ………………… (72)

一　公共政策的调节功能 …………………………… (72)
　　二　公共政策的基本价值固化功能 ………………… (74)
　　三　公共政策的社会道德水平提升功能 …………… (75)

第三章　国内外公共政策对社会道德建设的经验 ……… (77)
　第一节　中国公共政策对社会道德建设的经验 ………… (77)
　　一　改革开放前的公共政策与道德建设 …………… (78)
　　二　改革开放后的公共政策与道德建设 …………… (82)
　　三　中国公共政策对社会道德建设的两条
　　　　基本经验 …………………………………………… (88)
　第二节　国外公共政策对社会道德建设的经验 ………… (94)
　　一　新加坡公共政策产生的社会道德效应 ………… (94)
　　二　美国遗产税政策产生的社会道德效应 ………… (106)

第四章　公共政策过程的道德引导 ……………………… (128)
　第一节　后现代公共政策的伦理分析 …………………… (128)
　　一　政府职能变迁中的道德人格转换 ……………… (128)
　　二　后现代公共政策的伦理视阈 …………………… (134)
　第二节　社会主义核心价值观在公共政策过程中的
　　　　　导向功能 ………………………………………… (138)
　　一　社会主义核心价值体系的统领作用 …………… (139)
　　二　社会主义核心价值观的主导性 ………………… (141)
　　三　当前中国公共政策过程应当坚持的基本道德
　　　　价值理念 …………………………………………… (144)

第五章　公共政策的道德评估 …………………………… (158)
　第一节　公共政策评估的相关理论 ……………………… (158)
　　一　公共政策评估的兴起 …………………………… (158)
　　二　公共政策评估的概念界定 ……………………… (162)
　　三　公共政策评估的标准设定 ……………………… (164)

四　公共政策评估的动态性 …………………………………（168）
　第二节　公共政策的道德评估尺度 …………………………………（170）
　　一　公共政策对社会道德的影响力 …………………………（170）
　　二　公共政策道德评估的基本标尺 …………………………（172）

第六章　公共政策道德评估的制度建构 …………………………（193）
　第一节　当代中国公共政策道德评估的内在动因 …………………（193）
　　一　制度伦理是建立公共政策道德评估的
　　　　内在要求 …………………………………………………（194）
　　二　权威性是社会认同的基石 ………………………………（195）
　　三　社会的基本道德原则是目标指向 ………………………（200）
　第二节　当代中国公共政策道德评估的实现路径 …………………（201）
　　一　加强"善治"视阈下的社会协同管理 …………………（203）
　　二　增强社会主体的道德规范，提高公共政策
　　　　执行力 ……………………………………………………（203）
　　三　中国公共政策道德评估组织运作机制的建构 …………（205）

余论 …………………………………………………………………（211）

参考文献 ……………………………………………………………（213）

后记 …………………………………………………………………（235）

导　　论

一　研究的依据与意义

（一）研究的依据

党的十七届六中全会审议通过的《中共中央关于深化文化体制改革　推动社会主义文化大发展大繁荣若干重大问题的决定》指出，"社会主义核心价值体系是兴国之魂，是社会主义先进文化的精髓，决定着中国特色社会主义发展方向。必须强化教育引导，增进社会共识，创新方式方法，健全制度保障，把社会主义核心价值体系融入国民教育、精神文明建设和党的建设全过程，贯穿改革开放和社会主义现代化建设各领域"[①]。党的十八大报告又明确强调，"全面提高公民道德素质。这是社会主义道德建设的基本任务"。同时将"深入开展道德领域突出问题专项教育和治理"作为社会主义道德建设的重要内容。[②] 党的十八届三中全会报告指出，全面深化改革的总目标是"完善和发展中国特色社会主义制度，推进国家治理体系和治理能力现代化"[③]，这是中国共产党首次提出"国家治理体系"的概念。这种从"管理"国家到"治理"国家思维上的跨越，不仅体现了党在理论和实践上的重大创新，也进一步为社会主义道德体系建设指明了发展方向。在20世纪90年代，"治理"这一概念出现于经济、公共管理、社会学及政治学等诸多

[①]《中共中央关于深化文化体制改革　推动社会主义文化大发展大繁荣若干重大问题的决定》，人民出版社2011年版，第11—12页。
[②]《十八大以来重要文献选编》（上），中央文献出版社2014年版，第25页。
[③]《十八大以来重要文献选编》（上），中央文献出版社2014年版，第547页。

领域，而在今天已然成为集体"时尚"的一部分。① 在中国当前改革发展的重要战略机遇期，社会思想价值观念正在发生广泛而深刻的变化，"需要不断提高运用中国特色社会主义制度有效治理国家的能力"②。在当代社会发展和环境变化的复杂条件下，中国某些公共政策面临着严峻的道德风险，如何以更加有力的政策举措，切实推动社会主义思想道德治理，是当前面临的重大课题。

本书着力于社会主义道德治理这一核心问题，通过探究公共政策对社会道德风气的影响及其内在包含的道德价值，借鉴国内外公共政策的道德治理经验，分析中国特色社会主义理论体系建构中道德建设的路径选择。以公共政策为社会道德建设的有效载体，加强社会主义核心价值体系和核心价值观的引领作用，从公共政策的道德引导与评估两个方面，切实推进社会主义道德文明建设。

（二）研究的意义

1. 实践意义

公共政策是政府对社会资源配置的最重要的手段，是政府在特定时期解决一系列社会公共问题而采取的措施，是对社会利益进行选择、分配及在其实施过程中所制定的行为准则、行为规范和行动。公共政策涉及经济、政治、文化和社会建设等层面公共利益的分配和调节。它们既是社会思想道德建设赖以开展的基本社会条件，又对社会公众的价值观念产生直接的现实影响。社会道德力是文化软实力的核心，文化自觉应当表现为政策自觉，要在中国各级各类公共政策的制定、修改、调整和评估过程中切实加强社会主义核心价值体系的具体导向和约束，就要把核心价值体系的要求在各种公共政策中变成看得见、摸得着、可感悟的政策措施，切切实实增强公共政策的社会效益。

---

① 参见［法］让－皮埃尔·戈丹《何谓治理》，钟震宇译，社会科学文献出版社2010年版。
② 《习近平谈治国理政》，外文出版社2014年版，第104页。

2. 理论意义

一是拓宽马克思主义中国化的研究视阈。从马克思主义伦理学的视角出发，以公共政策为切入点，对公共政策的道德价值加以研究，有助于推动中国应用伦理学的学科发展，为探索当代中国特色社会主义道德理论体系的有效建构提供了理论支撑。

二是通过公共政策的道德价值研究，丰富了公共行政伦理研究的内容。通过深入探讨公共行政中的伦理理论及其实践，为建立公共行政的伦理规范拓宽了研究领域，对于促进社会主义行政伦理价值观的塑造和提高公共行政质量具有重要意义。公共政策伦理道德在公共行政领域和行政管理过程中具有特殊地位，对于社会政治状况有着直接的影响，对于社会主义精神文明起到重要的作用。

三是公共政策伦理研究方法的创新。本书通过跨学科研究，从政治经济、政治文化、政治伦理等角度，采取比较分析、价值分析及实证研究相结合的方法，为理解、分析公共政策提供了新的研究视角。

二 研究的现状分析

（一）国内研究现状

中国公共政策科学是在借鉴国外政策科学研究基础上得以产生和发展的。自20世纪80年代中期开始，中国公共政策科学逐渐从政治学和公共行政管理中分离而成为独立的学科。在《中国学术期刊全文数据库》中进行文献检索，按照研究成果发表的时间来统计，在2000年以前（包括2000年），还没有以"公共政策"为题名的硕士学位论文、博士学位论文发表（没有收录在《中国学术期刊全文数据库》的硕士学位论文、博士学位论文未统计在内）。2001—2003年，以"公共政策"为题名的硕士学位论文、博士学位论文每年发表数量以个位数计。2004—2006年，论文数量每年有数十篇。从2007年开始，每年发表的硕士学位论文、博士学位论文数量超过100余篇，其中2009年达到123篇，为统计年内最多篇目。从硕士学位论文、博士学位论文统计数据可以看出，中国高等院校及社会科学科研院所对公共政策的关注和研究，是从20世纪90年代末才开始逐步纳入学术研究视域的。中国国内有关公共政策的专著是从20世纪80年代中后期开始陆续出版的，其中比较早的论著有王文捷和石磐生的《马克思主义政策学》（1985年）、姜圣阶等的《决策科学》（1986年）等。与此同时，国外译著相继出版，如R. M. 克朗的《系统分析和政策科学》（1985年）、林德布洛姆（C. E. Lindblom）的《决策过程》（1988年）等。① 尤其是21世纪初期对西方有关公共政策经典著作的翻译，极大地推动了中国国内公共政策领域的学术研究。相对而言，公共政策与伦理道德问题的研究是随着公共政策学科体系的不断建构而发展完善的，并受到相关政治伦理研究发展状况的密切影响。

1. 政治学学科框架下的行政伦理、公共管理伦理研究

以行政伦理为研究视角的主要论著有张康之的《行政伦理的观念与视野》（2008年）②，该论著主要从公共行政的核心原则即公正、公平、信任和合作为切入点，论述了道德制度建设的根本路径。以公共管理伦理为研究视角的，概论性的论著有：万俊人主编的《现代公共管理伦理导论》（2005年）③，参见肖平等编著的《公共管理伦理导论——理论与实践》（2007年）④，郭夏娟的《公共管理伦理：理论与实践》（2010年）⑤ 等。其中，李建华主编的《伦理学与公共事务》从2007年创刊，便聚焦于公共事务中的伦理问题，开展了有针对性的学术探讨与交流，成为行政与公共事务伦理方面的重要学术研究平台。

2. 以制度伦理为研究视角

制度伦理通过制度的强制性规范来维系，制度内涵的伦理价值和道德准则通过制度遵守转化为一种普遍的道德理性，对道德建设具有

---

① 参见徐湘林《面向21世纪的中国政策科学》，《北京大学学报》（哲学社会科学版）2000年第4期。
② 参见张康之《行政伦理的观念与视野》，中国人民大学出版社2008年版。
③ 参见万俊人主编《现代公共管理伦理导论》，人民出版社2005年版。
④ 参见肖平等《公共管理伦理导论——理论与实践》，西南交通大学出版社2007年版。
⑤ 参见郭夏娟《公共管理伦理：理论与实践》，浙江大学出版社2010年版。

基础性作用。进入 21 世纪，有关制度伦理方面的研究成为中国国内研究的热点问题。施惠玲的《制度伦理研究论纲》(2003 年)①，该论著从马克思主义人学角度，将制度的合法性与人的生存、发展结合起来，探究了制度的伦理诉求及伦理评价，以希冀阐明制度伦理的存在根据和重要价值。唐代兴在《公正伦理与制度道德》(2003 年)② 一书中指出，若想促进社会制度道德化，制度的确立、运行和创新，就要严格遵循人性需要、普遍发展和动机与效果相一致的公正原则，这也是社会成为道德的社会和人拥有道德的生活的社会发展目标实现的基本原则。倪愫襄的《制度伦理研究》(2008 年)③，该论著分析了中国传统的制度伦理思想和西方制度伦理思想的进程，主要论证了制度伦理的范畴：公正与正义、自由与平等、民主与法治、信用与公开等，并提出必须实现中国传统文化的现代转换，而且只有依托国际大环境背景，才能有效推动制度伦理建设和社会全面发展。李仁武的《制度伦理研究——探寻公共道德理性的生成路径》(2009 年)④，该论著主要研究了马克思主义制度伦理思想（马克思、恩格斯、列宁、邓小平）和中西方制度伦理思想的产生与发展的背景理论，研究论述了制度伦理和人、社会的发展关系及制度伦理建设的基本原则等基本理论，探讨了制度伦理建设的实践问题。靳凤林的《制度伦理与官员道德》(2011 年)⑤，该论著通过对古今中外政治伦理结构性转型规律的深入探究，描述和诠释了当代中国社会革命型执政伦理模式的合法性危机，并以此为研究的基本点，进一步从国家公民道德、政府官员道德、社会制度伦理、意识形态伦理、国际政治伦理等多重维度，详细论述了中国政治伦理结构性转型的主要内容、疑难重点和求解路径，用四篇调研报告来印证《制度伦理与官员道德》中的主要学术

---

① 参见施惠玲《制度伦理研究论纲》，北京师范大学出版社 2003 年版。
② 参见唐代兴《公正伦理与制度道德》，人民出版社 2003 年版。
③ 参见倪愫襄《制度伦理研究》，人民出版社 2008 年版。
④ 参见李仁武《制度伦理研究——探寻公共道德理性的生成路径》，人民出版社 2009 年版。
⑤ 参见靳凤林《制度伦理与官员道德》，人民出版社 2011 年版。

观点。高兆明的《制度伦理研究：一种宪政正义的理解》（2011年）①，该论著以当代中国社会主义现代化建设为历史背景，围绕制度之"善"或"好"的问题，以宪政正义为核心，以"权利—义务"关系为枢纽，从"善政""善制""善治"的三个向度，求索现代社会制度正义的伦理基础，探究当代中国制度正义安排及其实现的现实路径，为构筑属于中国学者自己的制度正义理论做了基础性探索。

在上述有关制度伦理研究的专著中，施惠玲的《制度伦理研究论纲》和靳凤林的《制度伦理与官员道德》具有一个共同的研究特点：都以社会历史流变中的中西制度伦理思想发展为共同研究基点。施惠玲探讨了以礼法制度为核心的中国传统社会中儒家制度伦理思想及其缺陷，并在研究西方近现代社会制度伦理思想产生的社会历史背景以及理论渊源和发展脉络的基础上，重点论述了罗尔斯（John Bordley Rawls）的制度伦理观，反思了社会主义计划经济时期的制度伦理。靳凤林以欧洲和中国传统政治伦理类型分别经历的三次转换为研究起点，评析了"社会革命型"执政伦理模式的合法性危机。而靳凤林的《制度伦理与官员道德》与高兆明的《制度伦理研究：一种宪政正义的理解》共同探讨的一个核心内容则是有关制度之"恶"即权力的腐败问题，由于制度关涉公权力问题，所以官员道德、权力腐败成为当代中国面临的严峻的政治伦理问题，有关制度伦理问题的研究也成为学术界关注的焦点论题之一。

3. 公共政策与伦理道德价值问题研究

从有关公共政策研究的学科整体建构来划分，公共政策与伦理道德价值问题的研究，主要集中在政治学领域，有些涉及管理学、经济学领域，部分涉及法学、社会学及文化领域，而以哲学、伦理道德为视角，对公共政策进行专题研究的成果较少。在20世纪80年代中期，周原冰在《共产主义道德通论》（1992年）②的第六章"共产主义道德的实质"中，专门以一节"共产主义道德同社会主义政

---

① 参见高兆明《制度伦理研究：一种宪政正义的理解》，商务印书馆2011年版。
② 参见周原冰《共产主义道德通论》，华东师范大学出版社1992年版。

策的区别"来论述共产主义道德与社会主义政策的区别与联系。他指出共产主义道德从属于共产主义思想体系的意识形态，不能简单地把二者混淆，由于社会主义社会经济、政治、文化乃至包括道德生活在内的各种社会生活的复杂性，必须把社会主义政策所允许、保护或支持的行为与共产主义道德的行为相区别。其中共产主义道德保证了社会主义政策的正确贯彻执行，社会主义政策促进了共产主义道德的健康发展。周原冰的这些论述将以往学者对道德的关注从个体道德推移到社会管理层面，开阔了伦理道德理论研究的视域，并为后续学者这一领域的研究奠定了理论基础。郑仓元、陈立旭合著的《社会风气论》（1996年）[①]一书，指出了政策对风气圈扩展为社会风气具有主导作用，而公共政策的失误则是产生不良社会风气的因素之一。该论著以社会风气为视角，将公共政策纳入研究领域，深化了政治领域对社会风气的影响方面的研究。1997年，李鹏程在《"市场与道德"问题引发的思考》（1997年）[②]一文中较早提出，面对社会道德形势严峻的局面，应引入"公共政策的基本伦理原则"这一概念，同时在制定和执行公共政策的时候，不但要考虑到政策在经济功利方面的效益和后果，而且要考虑到它在伦理道德方面可能引发的问题和副作用。

通过《中国学术期刊全文数据库》的论文检索，以"公共政策"为题名的共有8847篇，其中以"公共政策"为题名的硕士学位论文、博士学位论文共计986篇，其中博士学位论文有75篇，硕士学位论文有911篇；以"道德影响"为题名的学术文献有1781篇，以"道德影响力"为题名的学术文献有43篇；以"公共政策、道德"为题名的论文有22篇；以"公共政策、价值"为题名的论文有323篇；以"公共政策、伦理"为题名的论文有92篇。

其中，陈洪连的博士学位论文《公共政策的伦理维度——以价值

---

① 参见郑仓元、陈立旭《社会风气论》，浙江人民出版社1996年版。
② 参见李鹏程《"市场与道德"问题引发的思考》，《中国特色社会主义研究》1997年第1期。

为中心的分析》(2007年)①从事实与价值相统合的角度,反对工具理性和价值理性的割裂,拒斥公共政策研究"价值中立"的观点,主张在公共政策活动中超越技术判断的局限,借助伦理推导实现公共政策的合法性与合理性。公共政策价值分析坚持独特的"研究逻辑",把利益作为公共政策价值分析的逻辑起点,从理论视角探讨了公共政策以人为本、公平正义和科学民主的价值取向,从实践视角剖析了公共政策的价值偏颇问题,以及其所导致的公共决策失误、失灵等问题,进而探讨了建构行之有效的公共政策利益均衡机制和公共政策的决策、执行伦理机制以及与之相应的评估、监督和教育机制等问题。

谢金林的博士学位论文《公共政策的伦理基础》(2007年)②主要研究了公共政策的人性范式伦理,将公共利益作为公共政策的伦理基础加以研究,论证了建设和谐社会,实现公共政策伦理基础的政策安排包括利益均衡、政策平等和政策效益,提出了程序正义是公共政策伦理基础实现的制度保障。

以某一项具体政策的伦理为研究对象的著述也比较丰富。例如,刘世清的博士学位论文《教育政策伦理》(2010年)③认为利益问题是教育政策的实质伦理问题,教育政策的程序公正是实现教育政策伦理的基本要求。而教育政策主体往往成为教育政策伦理的责任主体,如何限制公共教育权力,则成为实现公共责任的基础。教育政策伦理观包含三种不同的价值取向:以社会共同善优先的目的论、以个体权利优先的义务论,以及上述二者兼顾的伦理观。该文通过对中华人民共和国成立以来教育政策实践的伦理审视,试图去求解市场经济条件下,教育政策的伦理困境与政策选择的问题。吴易雄的博士学位论文《转基因动物的伦理问题和公共政策研究》(2008年)④采用了理论

---

① 参见陈洪连《公共政策的伦理维度——以价值为中心的分析》,博士学位论文,华东师范大学,2007年。
② 参见谢金林《公共政策的伦理基础》,博士学位论文,中南大学,2007年。
③ 参见刘世清《教育政策伦理》,博士学位论文,华东师范大学,2010年。
④ 参见吴易雄《转基因动物的伦理问题和公共政策研究》,博士学位论文,中南大学,2008年。

阐释与伦理原则分析及伦理学正反论证和案例探讨相结合的研究方法，以不伤害、尊重、公正、效用和整体性原则作为其分析原则，对转基因动物的伦理和公共政策问题进行了深入探析。

从上述几篇博士学位论文研究的主要内容的比较可以看出其中的共性，即公共政策的伦理基础问题是利益问题，有效实现公共政策的基本要求是程序公正。其中的缺憾是，利益作为公共政策存在的一个基本点，随着中国社会结构的急剧转型，社会利益呈现出了多元、复杂的态势，谁之利益，如何实现等问题，需要进一步追溯和探讨。

自20世纪90年代末到21世纪初期，公共政策科学在中国逐步兴起，公共政策面临的道德风险也异常突出，有关政策科学与道德方面的研究也逐渐得到发展。王正平、李耀锋在《论社会公共政策的道德价值》（2012年）[①]一文中，具体指出了目前经济政策、文化政策、司法等政策法规领域存在的道德缺失，提出了应当重视公共政策的道德价值，且必须将社会公平正义、利益兼顾、尊重劳动和劳动者等基本道德原则贯穿于公共政策过程之中。该文中有关公共政策与社会道德治理问题的探讨，也成了理论界关注的热点问题。党的十八大报告中提出的"深入开展道德领域突出问题专项教育和治理"成为社会主义道德建设的重要内容，如何将公共政策所蕴含的道德价值付诸中国特色社会主义道德的具体实践，如何有效促进社会主义道德建设，有待于进一步地研究。

（二）国外研究状况

公共政策研究诞生于第二次世界大战后的美国，以勒纳（Lerner）和拉斯韦尔（Lasswell）共同主编的《政策科学：视野与方法的近期发展》（1951年）一书为标志。该书首次提出并界定了"政策科学"这一概念（政策科学是用于解决社会问题，特别是解决那些结构和关系都很复杂的社会问题的工具）。在公共政策科学研究的初期，定性

[①] 参见王正平、李耀锋《论社会公共政策的道德价值》，《上海师范大学学报》（哲学社会科学版）2012年第3期。

"自然科学化"研究程式成为政策分析的一个主流方向。随着公共政策研究的不断发展,公共政策过程研究的重点从制定转向了公共政策的执行、评估和终结等方面。公共政策研究的方法论也日益多样化,改变了行为主义方法论一枝独秀的局面,在公共政策分析中公共选择的方法论和博弈论等也成为研究公共政策重要的方法论。而致力于探讨具体政策的特殊性,进而得出普遍性规律或假设的实证个案研究也得到了学界重视。从20世纪七八十年代,西方公共政策学的研究取得了新的突破,对公共政策过程的价值判断和伦理取向给予了关注,社会道德和公共管理伦理等问题成为政策科学研究的重点领域,并加强了对政策价值观或公共政策与伦理关系问题的研究。政策科学可以说是对一般选择理论的研究,而选择则以价值作为基础。因此,价值、伦理问题在政策科学及政策分析中占有重要地位,以至于有的学者如邓恩(Dunn)称公共政策学为应用伦理学。20世纪80年代以来,在公共政策的决策过程中对道德关注的代表人物有约瑟夫·卡伦斯(Joseph Cullens)、琼·特朗托(Joan Trunp)和埃米·古特曼(Amy Gutmann)等;而亨利·阿伦(Henry Allen)、托马斯·曼(Thomas Mann)和丹尼斯·汤普森(Denus Thonpson)等,则考察了公共生活中的社会价值如平等、自由等,以及它们在现实中的冲突形式。[①] 在这一时期,美国的政策科学对政策价值观的研究主要采取了三种途径:一是从政治哲学的主场探讨政策伦理的一般方法,如罗尔斯的《正义论》主张用分配的正义取代传统的功利主义伦理学[②];二是从特定的伦理案例分析政策伦理或价值,如从国家安全、社会保障和个体生命权等一类案例引申出的伦理问题,这方面的著作有吉勒(Gil)的《诠释社会政策:理论、分析和趋向社会公正的政治行动》(1990年)等[③];三是从政府机构或职业组织的伦理问题入手来分析

[①] 参见[美]罗伯特·古丁、[美]汉斯-迪特尔·克林格曼主编:《政治科学新手册》下册,钟开斌等译,生活·读书·新知三联书店2006年版。
[②] 参见[美]约翰·罗尔斯《正义论》,何怀宏等译,中国社会科学出版社1988年版。
[③] 参见 David G. Gil, *Unraveling Social Policy: Theory, Analysis, and Political Action towards Social Equity*, No. 4, eds., VT: Schenkman Books, 1990。

公共责任与义务，即探讨政策分析的职业伦理规范问题，代表作有特里·L.库伯（Terry L. Cooper）的《行政伦理学：实现行政责任的途径》（1994年）①等。另外，这一时期的主要论著还包括：费舍（Fcsher）的《政治学、价值与公共政策》（1980年）、邓恩的《政策分析的价值、伦理和实践》（1983年）、海涅曼（Heineman）等人的《政策分析的世界：理性、价值和政治》（1983年）。②

（三）研究现状评析

一是公共政策涉及政治、经济、文化和社会建设等多个层面，若仅仅局限于政治学领域的研究，就会将原本宽泛的公共政策研究狭隘化。而实现公共政策的跨学科研究，将公共政策的研究纳入政治学、经济学、法学、社会学，以及哲学、伦理学等人文社会学科的研究视域，尤其是哲学、伦理学界的参与，将对该学科的扩展产生积极的推动作用。

二是目前现有的有关制度思想源流方面的研究较多，但随着现代政府管理的变迁与转型，与政府行政密切相关的公共政策的研究凸显不出相应的转换格局，这就需要以政治伦理为研究视角，进一步加强公共政策的伦理分析，使公共政策过程的科学性成为研究视域的一个重要内容。

三是对公共政策道德价值的研究，如何继承中国传统文化和有效借鉴国内外经验是一个历久弥新的论题。特别是如何坚持马克思主义政治伦理思想，有效落实科学发展观，以及在当代视域下增强理论研究的时代感等问题，还需要进一步探究，以回应当下面临的现实问题。

四是对公共政策价值层面的研究，往往集中于公共政策已有理论的阐述和存在问题的批判上，正如马克思曾经所说，"哲学家们只是

---

① 参见［美］特里·L.库伯《行政伦理学：实现行政责任的途径》，张秀琴等译，中国人民大学出版社2010年版。

② 参见［日］药师寺泰藏《公共政策：政治过程》，张丹译，经济日报出版社1991年版。

用不同的方式解释世界，而问题在于改变世界"①。以问题为导向，直面当代中国公共政策的道德风险，并将如何切实重视公共政策的道德价值，增强公共政策的道德引导与评估，发挥公共政策的社会道德导向作用，作为公共政策研究的重要内容。

当前，只有有效增强公共政策在道德层面的顶层设计，做好全局性、整体性和协同性规划，才能切切实实地增强公共政策的社会效益，促进社会道德文明建设迈向新的高度。从国内外公共政策研究的发展来看，公共政策道德价值层面的研究已经成为公共政策研究的重要领域。同时随着全球化的影响，全球政治伦理及公共政策伦理的全球共识问题亦成为当代社会道德发展与治理面临的现实挑战。

三 研究的思路与方法

一是以问题为切入点，通过问题提出、理论分析、实证研究及实现路径的整体思路来进行研究。第一章提出了公共政策的道德影响的问题，分析了中国某些公共政策面临的严峻的道德风险，论述了公共政策对于社会道德风气的重要影响。第二章从学理层面探究了公共政策所具有的道德价值，提出了公共政策道德价值实现的可能性。第三章通过实证研究，分别对中国改革开放前后两个时期的公共政策、新加坡的公共政策及美国的遗产税政策进行分析，呈现了公共政策对社会道德的影响。其中，总结了中华人民共和国成立之后，中国公共政策对社会道德产生影响的得失，确证了"实事求是""群众路线"是中国公共政策过程的重要经验。同时，新加坡社会"共同价值观"的确立，及其对于公共政策的道德导向、引领作用，可以为中国公共政策过程及其道德评估提供借鉴意义。而美国遗产税政策对社会道德的影响，也为中国制定这一政策提供了社会道德实践的范例。第四章重点论述了社会主义核心价值观在中国公共政策过程中的导向功能。第五、六章论述了公共政策道德评估的内在动因、基本标准及其实现

---

① 《马克思恩格斯选集》第1卷，人民出版社1995年版，第57页。

路径，为公共政策道德评估的实践建构提供了思路。

二是论述了如何坚持马克思主义唯物史观方面的内容，具体分析了作为社会上层建筑的公共政策和社会道德之间的相互影响、相互制约的关系。其中，公共政策对社会道德风气具有直接影响。在分析公共政策道德价值的过程中，以利益为研究的逻辑起点，以"公共利益作为公共政策的本质属性"为核心命题，具体分析了以公共利益为本质特征的公共政策所体现的社会基本价值取向。在对社会道德评价的研究中，较为系统地分析了不同社会历史形态中的道德发展状况，尤其在针对当代中国社会道德现状时，这一论证为公共政策道德评估的建构奠定了理论基础。

三是采取事实与价值相统合的方法，力图克服事实与价值两分法的不足，来探究公共政策的道德价值。诚如一位学者所言，对于人文社会科学来说，活生生的社会现实就是珍贵的研究素材，也是获得思想灵感的知识宝库，社会至少是正确反映人们对所研究成果的唯一场所和现实观照。公共政策的伦理分析是解决如何促使规范（这是一个应然性的问题）与实证（这是一个实然的问题）有效结合的问题。研究以具体的公共政策为研究对象，诸如司法、文化、住房、环境保护等公共政策，这些公共政策的价值选择或价值取向对社会道德产生了重要影响。以公共政策调节社会道德，凸显了公共政策的道德功能。借鉴国内不同时序的得失及国外经验，通过实证分析探索公共政策对社会道德影响的规律性，力图为中国社会主义道德体系建设提供启示。

四是采用跨学科研究的方法。至20世纪末，中国公共政策的学科建构才受到学界的普遍重视，而促进某一学科的系统全面发展，则需要具有跨学科、整体性的视野，人文社会科学的发展离不开跨学科的知识架构。同时，伦理学研究从传统的以人格为中心走向现代的以行为、规范为中心，公共政策的伦理分析拓宽了伦理学的研究视域。在政策研究或政策科学建构决非政治学家一统天下的今天，政策科学因为要解决社会公共问题而产生，并主要关注公共政策过程，包括其原因、内容和结果。正是因为公共政策包括经济的、政治的、法律的、文化的、道德的等多重维度，所以公共政策研究的诸多方法或观点对社会道德治理都可能产生重要作用。就公共政策道德价值而论，本书通过对哲学、伦理学、政治学、行政学、管理学、经济学、法学、社会学、文化学等多学科的理论进行综合研究，具体分析了公共政策内含所具有的重要的道德价值。公共政策与社会道德风气密切相关，公共政策之善可以促进社会道德风气的淳化，以社会核心价值观为引领，有助于公共政策过程体现正确的价值理念，公共政策评估有利于促进公共政策的民主化和科学化。

四　研究的创新点与不足

（一）创新点

一是提出了以社会核心价值观为导向，突出其对公共政策的基本价值理念的规范、调节作用。加强公共政策过程的科学性，使其对社会伦理道德建设产生积极、正向的影响。本书从公共政策的基本理论出发，梳理了公共政策这一概念本身所蕴含的伦理道德，阐述了公共政策具有的重要的道德价值。在当代社会道德治理的过程中，公共政策对社会基本价值具有固化功能和社会道德水平提升功能，社会道德建设应当重视公共政策的道德价值引导。

二是研究并细化了社会主义核心价值观贯穿于公共政策的基本原则，提出了公共政策过程应当遵循尊重劳动和劳动者等基本的社会价值理念。其中，公共利益是公共政策本质属性的集中体现。社会公共利益的实现，要充分发挥利益的道德指引作用，同时，也要树立公共利益意识是公共政策加强公民道德建设的重要内容。公益诉讼是实现公共政策基本价值的一个救济补偿途径；利益兼顾是中国公共政策道德评估的重要标准。在当代中国，公共政策道德评估应当坚持三个基本原则：公平正义是核心原则、权威性是社会认同的基石、社会基本道德原则是目标指向。

以新眼光看待事物，是我们对自己保持熟视无睹、司空见惯的思维和行为方式的一种批判和纠正。自改革开放以来，公共政策科学的研究发展及其在当代中国社会的实践，有其成功的一面，也有不足之处。在当代中国社会道德建设的过程中，公共政策所面临的道德风险值得我们进一步思考和探究。

（二）不足

一是公共政策作为一门新兴学科和一个复杂的研究对象，其涉及内容及学科极其宽泛。本书试图在定性上以期获得公共政策道德层面的价值及意义，并提出了公共政策道德评估的基本原则和尺度，但对于公共政策道德评估定量性研究没有探讨，这里存在着一定的不足，同时对于可计量的公共政策道德价值评估的研究还有待于进一步深入和拓展。

二是公共政策道德的价值评估是一个系统工程，如何扩大公民参与公共政策的道德评估，提高公民参与政策决策与评估的道德素养，关系到整个国民素质的教育问题。同时，公共政策环境对于促进或抑制公共政策的科学性和民主性具有重要影响，对于这些因素本书也鲜有涉及。

三是在公共政策道德评估的组织运行机制的建构上，本书试图从现有的社会管理体制入手，确立公共政策道德评估组织机制，但理论设想与现实实践能否达成一致，有待于进一步的理论研究及社会管理实践的检验。

第一章 公共政策的道德影响

公共政策是政府对社会资源进行配置的最重要的手段，是对社会利益进行选择、分配及在实施过程中所制定的行为准则、行为规范和行动。公共政策涉及政治、经济、文化和社会建设等层面公共利益的分配和调节。它们既是社会思想道德建设赖以开展的基本社会条件，又对社会公众的价值观念产生直接的现实影响。社会道德力是文化软实力的核心，文化自觉应当表现为政策自觉。当前，在中国各级各类公共政策的制定、修改、调整和评估过程中，要切实加强社会主义核心价值体系的具体导向和约束，要把社会主义核心价值体系的要求在各种公共政策中变成看得见、摸得着、可感悟的政策措施，切切实实地增强公共政策的社会效益。①

第一节 当前中国某些公共政策面临严峻的道德风险

公共政策的目标在于调控社会成员之间的利益关系，实现公共利益的合理分配。改革开放以来，中国的政策制定遵循实事求是的原则，循序渐进，并逐步形成了"摸着石头过河"的政策制定模式。在传统计划经济体制向社会主义市场经济体制转轨的过程中，这些公共政策在总体上推进了社会主义精神文明和道德建设，但在实践过程

---

① 参见王正平、李耀锋《论社会公共政策的道德价值》，《上海师范大学学报》（哲学社会科学版）2012年第3期。

中仍存在着许多明显的不足。有些公共政策的执行结果偏离了政策制定预设的目标，从而导致政策的效力锐减，甚至可能造成原有问题的恶化。有些具体的经济政策制定往往只遵循经济运行中的价值规律和市场准则，刺激人们追求个体或团体的物质利益最大化，但这损害了社会的整体利益和长远利益，使社会主义道德原则和规范在实践中失去了应有的感召力、凝聚力、约束力和向心力。美国前总统克林顿（Bill Clinton）在国家绩效评估委员会（NPR）报告中曾指出："未来国家绩效评估委员会能够削减财政赤字，但不仅仅是削减开支，还包括一个信任'赤字'的问题，公众的不信任将直接影响到政府的合法性。"① 正如美国学者科恩（Steven A. Cohen）针对美国公共政策面临的困境指出，一些"政策与计划不仅没有给人们的生活带来益处，反而还降低了人们的生活质量"，"政府自身造成的公共问题比解决的问题还多"。②

一 某些公共政策价值导向出现偏差导致社会问题凸显

近代英国著名的经济学家、新古典学派的创始人阿尔弗雷德·马歇尔（Alfred Marshall）在1890年出版的《经济学原理》的扉页上写到，完全摆脱贫困的可能性是"经济学研究的主要目标和最高利益"。同时，他又指出，"来到世界上的任何人都应该有公平的机会摆脱贫困的痛苦、过分机械劳作产生的消极影响，享受文明高雅的生活"③。在社会历史的进程中，近代西方一些经济学家已经试图将自己心目中的价值理想转化为现实的一种可能性。以亚当·斯密（Adam Smith）的理论为代表的古典经济学理论认为，以同情心干预经济过程违背了经济规律，相信市场这一"看不见的手"，可以作为资源

---

① 肖金明：《行政许可法制与开放政府、信用政府》，《中国行政管理》2005年第2期。
② [美]史蒂文·科恩、[美]威廉·埃米克：《新有效公共管理者》，王巧玲等译，中国人民大学出版社2001年版，第1页。
③ [美]塞缪尔·弗莱施哈克尔：《分配正义简史》，吴万伟译，译林出版社2010年版，第115页。

配置的主要手段和社会经济运行的基本载体。而实际经济活动表明，市场具有不可自救的功能性缺陷，即存在着"市场失灵"①。这就为政府这只"看得见的手"干预经济活动提供了基本依据，政府可以通过政策调控来消除市场机制产生的消极作用，平抑"市场失灵"的缺陷。但是，由于政府部门往往存在着追求本部门管辖领域的私利而非公共利益的"内在效应"，必然会极大地影响政府干预下的资源配置的优化，造成社会的不公平。

改革开放之后，中国在相当长的一段时间里坚持"效率优先，兼顾公平"的原则，一方面是社会发展的必然选择；另一方面却带来了新的问题。比如在具体贯彻这一原则的实践中，出现了一定程度的"效率至上"的偏向，贫富差距、城乡差距、地区差距、行业差距、资产性收入与劳动收入的差距呈现出逐步扩大的趋势。有些地方政府把效率作为公共决策的唯一依据，往往只关注投入与产出的比率，而忽视了政策的有效执行及其目标实现。以经济增长指标来评判政府的得失、分析政策优劣，造成了公共政策问题倾向于经济增长，这种做法直接导致了"经济增长成了发达工业社会的世俗宗教：它是个人动机的源泉，是政治团结的基础，是动员社会为共同目标的奋斗的根基"。与此同时，"经济增长成了'政治解决办法'"。② 政府决策将精力过多地集中在效率上，在一定程度上弱化了公平的价值取向，导致价值在社会再分配过程中严重失衡，忽视了"平等"的本质意义。单一效率驱动的公共政策价值的负面效应，导致了公共政策只重视财富增长而忽视了人的素质的发展；只重视 GDP 增长而忽视了利益分配的公平公正和社会发展，又产生了默顿（Robert C. Merton）所说的"有目的行为的不期望之结果"③。

此外，有些地方政府、部门或行业以自我利益保护为价值取向，制定出一些损害公共利益的"公共政策"，某些政府职能错位、缺

---

① 参见金太军《政府失灵与政府经济职能重塑》，《经济体制改革》1998年第2期。
② ［美］丹尼尔·贝尔：《资本主义文化矛盾》，赵一凡等译，生活·读书·新知三联书店1989年版，第295—296页。
③ ［美］D. P. 约翰逊：《社会学理论》，国际文化出版公司1988年版，第552页。

位,部分行业、部门占位、霸位,造成了"部门权力化""权力利益化""利益法律化"的局面,公共政策价值取向严重偏离了"公共"原则。应当看到,某些经济政策内含的道德价值导向一旦失误,就会给全社会的思想道德建设带来严重的损害。如近些年来的房产政策在相当程度上刺激了资本过度投机和获利行为,使得"一切向钱看"大行其道;劳动者权益保障政策严重滞后,社会财富分配的某些政策和做法,忽视了利益分配中的公平正义,有些地方和部门抬高资本的价值,轻视劳动的价值,对广大劳动者的正当利益和尊严维护不力,这已经在相当程度上严重打击了人们"依靠诚实劳动可以创造幸福生活"的道德信念,在社会上严重动摇了"诚实劳动光荣"这一社会主义思想道德的基本价值理念。其结果导致了工薪阶层消费水平的普遍下降,阻遏了劳动者享受劳动成果的权利,最终损害了最大多数人的利益,侵蚀着人类依靠辛勤劳动获得美好生活的共同价值的文化积淀。

二 某些公共政策价值导向不尽合理违背道德文明理念

公共政策是对社会利益的权威性分配,这一分配所关注的核心是社会价值,公共政策的每一次选择都包含了对社会发展的价值取向。作为制定政策的主体,不仅要重视公共政策的工具理性,更应关注公共政策的价值理性。社会基本道德原则应当是公共政策价值理性中的必然选择。在公共政策制定和贯彻过程中,确保公共政策中的道德伦理价值取向是公共政策获得公众普遍认同的前提条件。从某种意义上来说,偏离了合理的社会道德伦理价值的公共政策,就不可能有公众心悦诚服的认同及以此为基点的行动。

(一)有的司法理念与中华民族的传统美德相背离

从历史的维度来看,古今中外的一切司法制度,无一不是以特定民族和国家的伦理道德为基石,并与之协调统一。如果司法制度违背了普遍而基本的伦理道德,司法制度也就失去了其存在的根基。[1] 中

---

[1] 参见张中秋《论中国传统法律的伦理化》,《比较法研究》1991年第1期。

国优秀的传统伦理思想原则对法的发展具有重要的规范作用，法的具体内容应当渗透着中国优秀的传统伦理精神。例如，中华传统家庭伦理美德，应该充分体现在中国婚姻法的立法和司法实践之中。男女婚姻自由，男女权利平等，保护妇女、子女和老人的合法权益等基本原则，是构成幸福家庭的道德保证。[①] 司法制度是捍卫婚姻家庭基本原则的重要保障，为维护幸福婚姻家庭提供了强有力的社会支撑。婚姻家庭关系侧重于伦理、身份关系及家庭特殊职能和婚姻所负有的社会责任，与此相应，婚姻家庭财产关系也就包含了这一特殊性，婚姻家庭法律法规应当体现在对妇女、儿童和老年人合法权益的特殊保护上。因此，我们的婚姻立法与其司法解释的价值取向，应以充分体现婚姻家庭的基本原则为宗旨。2011年8月12日出台的《中华人民共和国婚姻法》若干问题的解释（三）尤其引起了社会普遍关注。最高人民法院发布的司法解释，具有法律效力，并成为指导下级人民法院判案的法律依据。《中华人民共和国婚姻法》若干问题的解释（三）共19条，有12条涉及家庭婚姻财产关系，家庭婚姻财产问题显然成为《中华人民共和国婚姻法》若干问题的解释（三）中对婚姻家庭产生巨大影响的经济因素的关键。其中，该解释"首次明确离婚案件中一方婚前贷款购买的不动产应归产权登记方所有；明确婚后一方父母出资为子女购买不动产且产权登记在自己子女名下的，应认定为夫妻一方的个人财产"[②]。本次司法解释是在社会发展过程中，在高离婚率、婚姻家庭财产纠纷日益增多情况下，用法律来明确财产的归属问题。这一司法解释引发了社会大讨论，赞成者认为，它体现了现代社会婚姻家庭中的个体独立性，能有效减少因"利益结婚"上演的"闹剧"；反对者认为，由于婚姻关系而产生的义务，是基于自愿约束和良心的维护和保证的，道德是维系婚姻家庭的主要因素。而这一司法解释会影响青年一代思想价值观念的变迁，从传统的"以

---

① 参见罗国杰:《马克思主义伦理学》，人民出版社1982年版。
② 《最高人民法院关于适用〈中华人民共和国婚姻法〉若干问题的解释（三）》，http://www.court.gov.cn/qwfb/sfjs/201108/t20110815_159794.htm.

家国为伦理本位"转向"以个人为伦理本位"的价值取向。过多地用财产法原理和市场经济原则处理夫妻关系，会造成夫妻身份关系与夫妻财产关系的分离，与中国婚姻家庭成员守望相助的传统美德相背离。

扶危救困、见义勇为是中华民族优秀的传统美德，是中华民族道德传统所提倡的、一直为人们所追求的社会理想的道德标准。看到合乎正义的事便勇敢去做，甚至不顾个人安危，这是一种大义。仰望星空，敬畏心中的道德律是当代司法实践者的应然之意。通过政治过程而形成的法律，是调节社会成员行为和活动的基本规范。更为重要的是，法律并不仅仅是那些写在纸上的条规，而是一种如孟德斯鸠（Montesquieu）所说的深入人心的"精神"。① 依法治国，司法公正无疑应当成为弘扬正气、驱恶扬善的利器。然而，近年连续几起"救助老人"造成"官司缠身"的司法判例及其争议，引发了人们对司法道德价值的反思。法律是社会道德的底线，如果一个社会没有了司法公正，那么这个社会也就根本不会有公正可言，社会的道德良知也就荡然无存！法制是社会道德良心得以呵护的制度保障，是社会道德得以"扶助"的强有力后盾，司法审判是社会正义得以伸张的最后防线。如果最该坚守社会正义底线的司法制度，在底线问题上都频频失守，社会道德迷失也就会成为必然。

（二）某些涉及公共文化生活的政策价值导向迷失

文化是人类在改造自然和改造社会的过程中的物质活动和精神活动的结果。一个社会、一个时代的先进文化承载着一个民族的思想、智慧、价值和追求。改革开放以来，从党的十四届六中全会第一次以重要决议的形式强调改革文化体制是文化事业繁荣和发展的根本出路，到党的十六大、十七大和十七届六中全会把文化建设提到战略高度，一直在着力促进文化大发展大繁荣，中国特色社会主义文化建设也正在焕发着勃勃生机。但我们同时应该看到，一些地方文化产业政

---

① 参见郑永年《为什么一个道德国度面临道德解体危机》，《参考消息》2011年10月5日。

策一味地追求文化产业经济方面的GDP，把文化建设等同于文化产业，文化产品等同于文化商品，文化成效等同于经济效益，把文化一窝蜂地产业化，争相打造新的经济增长点，以牺牲文化价值来追求利润的最大化，从而导致"文化产业没文化"的现象屡屡发生。否定崇高、嘲弄理想、摒弃尊严，成为当代中国文化一道独特的"风景"。① 特别是有些广播电视、网络等大众媒体在从公益性社会组织转化为经济性市场实体的过程中，面对日益激烈的市场竞争，以高收视率、收听率和高点击率争取广告收入，从而获取巨大经济利益。在文化消费生活中把文化产业仅仅当作游戏和娱乐来发展，使得社会道德的塑造偏离了文化的正向培育和引导。某些大众媒体文化传播过程中挟带的低俗、粗俗及媚俗文化，猛力地冲击着中华民族优秀的传统文化，侵蚀着社会主义的主流文化，动摇了人们最基本的真假、善恶和美丑观。

毛泽东同志指出："政策是革命政党一切实际行动的出发点，并且表现于行动的过程和归宿。一个革命政党的任何行动都是实行政策。不是实行正确的政策，就是实行错误的政策；不是自觉地，就是盲目地实行某种政策。"② 理论与实践之间鸿沟的难以弥合，凸显了公共行政是无原则的权宜之计，而不是有原则的行动。③ 诸多社会公共问题不断地触及人们固有的伦理道德底线，迫使我们亟须对现行公共政策进行道德价值的反思和评估。

第二节 公共政策对道德风气的影响

2001年颁布的《公民道德建设实施纲要》明确提出，"公民道德建设是一个复杂的社会系统工程，要靠教育，也要靠法律、政策和规章制度。必须综合运用各种手段，把提倡与反对、引导与约束结合起

---

① 参见邓名瑛《当代中国大众传媒的伦理向度》，《道德与文明》2011年第1期。
② 《毛泽东选集》第4卷，人民出版社1991年版，第1286页。
③ 参见［美］文森特·奥斯特罗姆《美国公共行政的思想危机》，毛寿龙译，上海三联书店1999年版。

来,通过严格科学的管理,培养文明行为,抵制消极现象,促进扶正祛邪、扬善惩恶社会风气的形成、巩固和发展"①。这是总结改革开放以来的经验教训做出的论断,它深刻地揭示了某些领域和地方不良风气盛行的原因。中央精神文明建设指导委员会《关于深入学习实践社会主义荣辱观,大力加强思想道德建设的意见》提出:"以践行社会主义荣辱观为重点,大力推进思想道德建设,在全社会形成知荣辱、讲正气、促和谐的良好风尚。"② 就是说,学习和践行社会主义荣辱观,其目标就是要促进社会风气不断改善。公共政策具有重要的道德价值,当前,应当以公共政策为重要着力点,改善社会道德风气,这对于推进整个社会道德体系建设具有现实意义。③

一 社会道德风气的成因

在《辞海》中,"风气"解释为"风尚、习气",在《现代汉语词典》中是指"社会或集体中流行的爱好和习惯"。东汉王充认为,"天地合气,万物自生","气"则是构成万物的本原。《汉书·地理志》有言:"凡民禀五常之性,而有刚柔缓急音声不同,系水土之风气,故谓之风,好恶取舍动静无常,随君上之情欲,故谓之俗。"意思是说,由于自然条件不同而形成不同的性格、音声、仪表叫作"风",而由社会环境不同而形成不同的情感、爱好、习惯叫作"俗"。这种解释强调了自然地理环境条件在社会生活中的作用,法国思想家孟德斯鸠的"地理环境决定论"与中国古代这种思想具有某种相通性,同时也表明了地理环境等物质条件对人类社会历史进程的重要影响。汉语词汇充满着"风气说",以"风"来论说风尚、风化、风俗等,以"气"来论说勇气、暮气、朝气等,这些大都是用风气的某种特征表述意识之意、行为之势。一般而言,人们评价社会风气常常以"社会风气好"或"社会风气坏"为结论,如"社会风

---

① 《十五大以来重要文献选编》(下),人民出版社2003年版,第1991页。
② 《十六大以来重要文献选编》(下),中央文献出版社2008年版,第794页。
③ 参见李耀锋《论公共政策对社会道德风气的影响》,《思想理论教育》2014年第5期。

气不正"、"实现社会风气的根本好转"等。这些体现出"社会风气"是一个中性概念。对社会风气进行多维度的透视和解读,可以发现社会风气所包含的丰富内容及其多种表现形式。

(一) 社会风气概念解析

社会学理论认为,社会是人们交互作用的产物,本质上是人与人之间的关系。风气是指充溢于某一社会群体的传统、习俗、气氛及社会心理等,受到一定社会价值观念或社会心理的主导,是不同社会个体成员思想价值观念外化于行的客观活动,体现着人们在社会经济、文化、制度、法律、宗教等领域中的生活态度、精神文化状态及行为方式。"历史科学之父"希罗多德(Herodotus)指出,"每个民族都有它自己的风尚,并且总是认为自己的风尚是最好的"①。马克斯·韦伯(Max Weber)认为,习惯是一种调节社会行为规律性的实际存在的机会。② 社会风气客观地存在于社会公共生活、职业生活和家庭生活等各个领域;它不是表现在某一个人身上,而是表现在人们的普遍性实践中,是社会群体文明程度的主要标志。如同自然界空气流动成为风一样,社会生活中也有种种"风",这些"风"既是社会风气的产物,又是社会风气的表现形式。在社会历史的发展过程中,转型期的社会风气在调节个体行为、形成个体社会角色、实现个体初步社会化的过程中扮演着特殊的角色。同时,它也在一定程度上起到维护社会稳定,暂时替代社会规范,防止社会失范蔓延的积极补救作用。

从政治伦理学的角度来看,社会风气是一定时期社会成员在某些道德活动方面的集合,是社会群体精神风貌的总和,是一个民族或全体国民文明水准、精神状态、行为方式、价值观念的汇聚和显示。在社会历史发展中,社会风气存在的主导性体现在其对社会发展所起到的重要影响。社会风气是历史形态的表征,它作为社会系统的最表层

---

① [苏]季塔连科主编:《马克思主义伦理学》,黄其才译,中国人民大学出版社1984年版,第54页。
② 参见[德]马克斯·韦伯《经济与社会》上卷,林荣远译,商务印书馆1997年版。

结构，是历史态势最直接、最集中、最明显的表征。形象地说，社会风气是历史态势的指示器、风雨表，是历史态势的一面镜子。① 社会风气的这些特点和属性决定了它对社会发展的深远影响和巨大作用，社会风气同社会的治乱存亡具有密切联系，能够影响到政治得失。从一定意义来讲，一个国家的兴衰史，同时也是其社会风气纯正与否的更替史。社会风气高雅刚健，则国运兴盛；社会风气卑俗萎靡，则国运衰亡。一个民族、一个国家的社会风气力是社会文明程度的指示器。中国古代"文景之治""贞观之治"，社会风气纯正，体现了当时社会发展的辉煌成就；而西晋时期"风俗淫僻，耻尚失所"的种种道德败坏，无疑是晋朝衰亡的一个重要原因。虽然，历史上对于罗马帝国衰亡的原因争议甚多，诸如"城市与工商业衰败说""基督教文化影响说""蛮族入侵说""奴隶起义说"，等等，但是，社会道德的沦丧无疑是加速罗马帝国衰亡的一个重要动因，国家机构堕落为个人逐利的场所，公民大会丧失了其德行至上、公正不阿的品性，人们的性关系堕落、生活奢侈和挥霍放荡等，都使罗马帝国的衰亡成为必然。社会风气对于治乱存亡如此重要，以至于树立良好的社会风气，成为人们尤其是政治家重要的关注点。顾炎武在《廉耻》一文中借用宋代理学家罗从彦之语，"教化者，朝廷之先务；廉耻者，士人之美节；风俗者，天下之大事。朝廷有教化，则士人有廉耻；士人有廉耻，则天下有风俗"，指出了教化、伦理、风俗三者的关系，以及朝廷、士人、天下之间的关系，为现当代社会发展提供了启示。

"社会系统论"认为，社会有机体是一个庞大而复杂的系统，具有其特定的层次和结构。社会风气是一定社会的经济、政治、文化、道德等多种风气交互作用的产物和反应，而作为母系统的社会风气与其他子系统的风气，也是一种互为因果的交互作用的关系。社会风气既是不同社会形态组织结构的最表层次，也是整个社会形态的最表层次。依据不同的范围、方面和层次，又可对风气作多种划分。政治性

---

① 参见吴家清、杨元宏《"社会风气"应纳入历史唯物主义范畴体系》，《华中师范大学学报》（哲学社会科学版）1989年第6期。

的党派组织包括执政党,其风气属于党风;作为国家行政机构的政府部门的风气则属于政风。在中国古代家国一体的社会结构中,主要追求"修身、齐家、治国、平天下",其中优良的家风家教传统源远流长,凝聚着中华民族积极进取的价值取向,对社会风气产生着重要影响。另外,各种具有相对独立性的领域,如每一行业、部门也都有各具特色的风气。相对而言,狭义的社会风气是指某一个地区、行业、领域、单位或组织的特殊风气;广义的社会风气是指整个社会范围内普遍存在的风气,它是所有具体风气的共同本质,而不是具体风气的机械总和。

从唯物史观的角度看,社会风气是社会心理和社会意识形态的行为或活动,它是社会意识、社会心理和社会行为的聚流,通过社会个体成员的行为活动,以及个体成员之间的相互作用,共同呈现出某种社会态势。在阶级社会里,社会风气的主流恰恰是统治阶级社会意识的外化和展现,统治阶级的思想也就成为阶级社会占主导和支配地位的意识形态。"统治阶级的思想在每一时代都是占统治地位的思想。这就是说,一个阶级是社会上占统治地位的物质力量,同时也是社会上占统治地位的精神力量。支配着物质生产资料的阶级,同时也支配着精神生产资料,因此,那些没有精神生产资料的人的思想,一般的是隶属于这个阶级的。占统治地位的思想不过是占统治地位的物质关系在观念上的表现,不过是以思想的形式表现出来的占统治地位的物质关系;因而,这就是那些使某一个阶级成为统治阶级的关系在观念上的表现,因而这也就是这个阶级的统治的思想。"① 社会风气既是社会意识的直接产物,也是社会存在的间接产物,还是特定时期一定社会文化发展的重要标志。它一旦形成,就会反作用于社会意识和社会存在,对社会的发展,既具有强大的能动性又具有极大的反作用。积极向上的社会风气,往往能够形成健康高尚的文化氛围,可以有效地推动全社会的物质文明和精神文明建设向更高层次发展。而萎靡不振、消极腐败的社会风气往往会在社会上形成庸俗、低下的文化气

---

① 《马克思恩格斯文集》第1卷,人民出版社2009年版,第98页。

氛，并不断侵蚀着人们的道德良知，以至于助长种种不道德的行为，在社会领域必定会产生严重后果。

简而言之，社会风气根源于人的社会性，它是在一定社会环境下，具有不同风俗习气的个体之间相互折射、相互效仿、相互影响的结果，是他们在社会交往过程中逐渐形成的群体意识，并由此形成了对某种行为方式的认同。它是对人们的社会意识、社会心理和社会行为、活动的一种综合性的概括，是直接外化或体现社会意识的客观活动，是人们在社会活动中的行为价值取向的风向标。它标识着人们是否按照社会公认的共同价值标准和行为规范来行动的行为方式，体现着社会性、群体性、广泛性和普遍性等特征。

（二）与社会风气相关联的概念辨析

社会风气包括宽泛的社会生活领域，它涉及与人们生活密切相关的习俗、习惯、道德、传统文化及社会政治等概念，对于它们之间的区别和联系加以辨析，有助于更好地理解社会风气。

1. 社会风气与社会风俗、习惯

与社会风气密切相关联的是社会风俗、习惯，将它们做一比较，可以更为具体地展现出"社会风气"的内在含义。亚当·斯密在《道德情操论》中指出，"风气不同于习惯，或者更确切地说，它是某种特殊的习惯。那种风气不是每个人所呈现的，而是地位高或品质好的那些人所呈现的风气"[①]。风气不同于习惯，它们是个别与一般的关系。同时，社会风气之形成和流行只是在一定时期之内，时间上比风俗习惯短得多。社会风气是直接外化或体现社会意识的活动。但是，它不同于风俗习惯所体现的社会意识，不以既成的、获得性的社会意识现象和社会存在而存在。在某一特定历史时期，它是特定社会群体的活生生的、现实的社会意识，与特定的经济社会状况密切联系，并综合反映了这一特定经济社会的特点。相对而言，"当风俗一旦确立，偏见一旦生根，再想加以改造就是一件危险而徒劳的事情了"[②]。风俗

---

① ［英］亚当·斯密：《道德情操论》，蒋自强等译，商务印书馆1997年版，第246页。
② ［法］卢梭：《社会契约论》，何兆武译，商务印书馆1980年版，第60页。

一旦形成，它的存在就根深蒂固，即使社会发展也不易改变。而社会风气所体现的社会意识，则具有强烈的现实性和时代性，即空间上的流行性和时间上的时代感等变动性特征。同时，具有流动性的社会风气经过时间的沉淀，可以转化为社会的风俗、习惯。对于道德而言，它源于"风俗、习惯"，但并不等同于它们。约翰·斯温（John Swain）认为，"道德概念与维护或违反那些被认为具有社会重要性的风俗习惯有关"①。马克思主义唯物史观揭示了道德的本质特征，指出道德这一属于社会上层建筑的范畴在社会历史发展中具有重要作用。

风俗习惯是一种在民间相沿成习的东西，即所谓"俗成于下"就是这个道理。与风俗习惯的形成不同，社会风气的形成具有双向性，即它的形成是自下而上和自上而下交互作用的结果。也就是说，社会风气既可以在人民群众自发的社会心理的基础上产生，又可以在官方和政府坚持的思想体系和社会政治导向的倡导、教化下形成。另外，"当习惯和风气同我们关于正确和错误的天然原则相一致时，它们使得我们的情感更为敏锐，并增强了我们对一切近乎邪恶的东西的厌恶"②。因此，习惯和风气对社会个体道德的养成具有重要影响。

2. 社会风气与社会道德

风气与道德密切相关，在一定条件下，道德与风尚具有同一性。季塔连科（Mikhail Leontivevich Titalenko）在论述"道德的历史发展的主要特征"时指出，"道德、风尚，在历史上是变化的，多种多样的……"③这一论断表明，道德与风尚具有同构性。同时，社会道德和社会风气既相互联系又相互区别。首先，二者都涉及了人们的心理活动和行为趋向。其次，道德是潜层次的心理活动，是内心自我调节和自律的精神活动；而社会风气则是流露于表层次的社会行为，有时它可以冲破道德的约束，成为普遍流行的社会心理和行为表现。道德是约定俗成的风俗习惯，规范和调整着人们的社会行为，对人们既有

---

① 转引自何怀宏《底线伦理》，辽宁人民出版社 1998 年版，第 14 页。
② ［英］亚当·斯密：《道德情操论》，蒋自强等译，商务印书馆 1997 年版，第 253 页。
③ ［苏］季塔连科主编：《马克思主义伦理学》，黄其才译，中国人民大学出版社 1984 年版，第 54 页。

约束性，又有选择性。它的选择性表现在让人们怎样做和不应该怎样做。道德的这种让人怎样去做的选择趋向，也引导了某种社会风气的形成，并影响了人们对相应的社会风气做出肯定评价。而社会风气又具有不受一定时期的社会道德约束的独立性。这说明道德不是形成社会风气的唯一根源，它和传统文化一样是形成社会风气的精神根源。在现实的社会生活实践中，人们往往从表象来简略地评价社会的发展状况，社会道德、社会风尚及社会道德风气或社会道德风尚就成为相互替代、没有差别的同义语。在本书中，社会风气即社会道德、社会道德风气或社会道德风尚。

3. 社会风气与传统文化

就传统文化而言，它是流传下来的精神食粮，在一定程度上培育着人们的心理素质和精神风貌。对美国公共行政的历史加以回溯，可以发现美国早期且颇具影响的核心价值论断，都始于18世纪的《邦联条例》和早期的州宪法及美国奠基人的论著，特别是亚历山大·汉密尔顿（Alexander Hamilton）、托马斯·杰弗逊（Thomas Jeperson）等人的言论。所有这些表现形式都受到了美国本土和英国政府及其公共行政传统的强烈影响。① 如果要把社会风气界定为社会心理和社会意识的外化表现，那么就可以说传统文化是形成某种社会风气的精神根源，体现着传统文化的价值取向。事实上，社会风气正是在某种社会心理的驱动下或某种价值取向的引导下，表现出的一种社会行为活动。传统文化的价值取向也必然是形成某种社会风气的一个根源。

诚如梁治平所思所感："现代法律制度的构筑，应该建基于其固有的传统文化。只有这样，才能真正推动法律制度乃至社会的现代化。往往通过移植的方式而罔顾本土的文化价值，最终会导致创建的法律制度处于无所适从的尴尬境地。这种缺乏信仰性、神圣性的法律制度，从其建立之初就失去了民众对其的信任。"② 所以，有效继承

---

① 参见［美］尼古拉斯·亨利《公共行政与公共事务》，孙迎春译，中国人民大学出版社2011年版。
② ［美］伯尔曼：《法律与宗教》，梁治平译，商务印书馆2012年版，代译序，xxiii。

中国优秀传统文化，将蕴含中国传统美德的社会主义核心价值观，贯彻到社会主义法制现代化之中，是中国公共权力实现道德治理的重要途径。继承和发扬优秀的传统伦理道德遗产，同时也是建设良好的现代社会风气的重要条件之一。从儒家伦理道德体系中吸取优秀的精神遗产和思想传统，对其批判继承、发扬光大，使其适应新时代的发展要求，必将有助于丰富我们的道德内涵，有利于现代社会良好风尚的建设。

4. 社会风气与社会政治

社会风气是社会意识形态的产物，即由社会成员某些政治的、伦理的、审美的观念的综合凝结和转化而成，是一种普遍性的社会风貌和力量。一定时期的统治阶级在贯彻落实其方针政策的过程中，通过有形和无形的手段，就把自己的政治倾向和意图带给了社会。正所谓："齐桓公好紫，一国服紫；汉高祖恶儒，诸臣无敢儒冠。"[①] 他们提倡什么、反对什么，都会给特定的社会生活造成巨大的影响，并且这种影响很快就会形成一定的社会心理和价值标准，指导和引领着人们的行为活动。人们为实现某种价值，必然会奉行统治阶级的意图，从而形成强大的社会风气。但是，单纯地由政治导向引出的社会风气，不带有长久的延续性，它会随着朝代的更替或生产关系的变更而消失。好风使人受益，恶风可能成灾。北宋政治家王安石在《风俗》篇里指出，"风俗之变，迁染民志，关之盛衰"，"正风俗"乃"安利之要"。意谓端正风俗是影响人民思想、关乎国家命运和安定繁荣的大事。在政治学看来，社会风气既是政治思想和法权思想的一定程度的反映，也是某种社会思潮的反映，还是社会思想倾向的直接表现形式。

在历史上，一些社会政治思潮与社会风气有着密切联系。每当一股政治思潮兴起的时候，常常会使人们随波逐流，让他们跟随社会风气而行动。在良好的社会风气里，容易培养良好的政治风气，而不良的社会风气也能污染政治风气。改革开放以来，中国共产党

---

① 易鑫鼎编：《梁启超选集》上卷，中国文联出版社2006年版，第27页。

坚持实践是检验真理的唯一标准，从指导思想上为党风的根本好转创造了良好的氛围。随着党的实事求是和密切联系群众的优良作风的重启和恢复，从总体上推动了社会风气向积极进步的方向发展。但是，由于当时中国正处于观念转变、体制转轨和社会转型的重要时期，以及历史的、现实的、经济的、文化的种种条件的限制，社会风气在正反多种因素的作用下呈现出非常复杂的状态，并对社会政治产生了重要影响。

二 公共政策对道德风气产生重要影响

在当代中国，公共政策既是党和政府对社会资源配置的重要手段，也是党和政府在特定时期解决一系列社会公共问题而采取的措施。从社会道德风气的成因来看，公共政策与社会道德风气密切关联，公共政策体现着一定的社会道德性。它们既是社会思想道德建设赖以开展的基本社会条件，又对社会公众的价值观念产生了直接的现实影响。

（一）社会政治活动与社会道德风气的统一性

从唯物史观的角度看，社会道德风气是通过社会个体成员的行为、活动，以及个体成员之间的相互作用，共同呈现出的某种社会态势，它是一种社会意识形态的客观存在。马克思指出：人并非一开始就有"'纯粹的'意识。'精神'从一开始就很倒霉，受到物质的'纠缠'，物质在这里表现为振动着的空气层、声音，简言之，即语言"[①]。马克思在这里给社会风气提供了一个形象的注解，并阐明了社会存在对社会意识的决定作用，语言作为物质存在的具体形式，形成了声音，声音聚集起来形成"振动着的空气层"，这成为社会风气的物理表现形式。在阶级社会里，社会风气的主流恰恰正是统治阶级社会意识的外化和展现，统治阶级的思想也就成为阶级社会占主导和支配地位的意识形态。社会风气作为一定社会环境内群体所产生的集体意向和行为，既是社会意识的直接产物，也是社会存在的间接产

[①] 《马克思恩格斯文集》第1卷，人民出版社2009年版，第533页。

物。其一旦形成，就会反作用于社会意识和社会存在。

社会风气是历史形态的表征，作为社会系统的最表层结构，它是历史态势最直接、最集中、最明显的表征，具有"指示器""晴雨表"的功能。① 特别是在一定历史时期，社会风气被动地接受政治风气的影响。由于政治生活与社会生活的一体化，两者的分际和界限常常被模糊，社会生活没有其相对独立性和自身运行的机制，或者社会风气即政治风气，或者其完全为政治风气所笼罩。"政治上有风声，则社会上有草动"等。而且由于政治是社会体系中最活跃的因素，变化快，所以社会风气也随之波动得也特别厉害。在社会历史发展过程中，社会道德风气也会成为社会政治发展的风向标，政治清明则社会道德风气向上，相反，在社会政治混乱的状况下，社会道德风气也会每况愈下。

（二）政策法规是社会道德风气历史生成的结果

回溯政治学说的历史，传统的政治学说倾向于将政治问题视为道德问题，或者说将政治问题与道德问题相提并论。亚里士多德（Aristotle）在《尼各马可伦理学》中指出：既然政治科学利用了其他科学，而且，它规定我们应当做什么和不该做什么的法律，这门学科的目的就必须包括其他科学的目的，这样，这种目的必定是属于人的善。尽管这种善于个人和于城邦是同样的，政治科学是行为所能达到的所有善之中的至善。② 亚氏将政治科学推崇到至善的地位，凸显了古希腊先哲将政治视作对社会具有极其重要影响的思想。法国启蒙思想家卢梭（Rousseall）曾认为，从道德转向政治而探究道德与政治的关系，是他政治思想的基点。正是对道德风尚的历史研究，开阔了他的眼界。而道德问题是政治问题的内核，离开了道德问题的政治问题，不会有真正的解答。卢梭将民族特性归结于政府的性质，认为使国民更富有智慧和更富有道德的政府就是好政府。此外他还提出一种

---

① 参见吴家清、杨元宏《"社会风气"应纳入历史唯物主义范畴体系》，《华中师范大学学报》（哲学社会科学版）1989年第6期。
② 参见［古希腊］亚里士多德《尼各马可伦理学》，廖申白译注，商务印书馆2003年版。

自认为是一切法律之中最重要的法律,"这种法律既不是铭刻在大理石上,也不是铭刻在铜表上,而是铭刻在公民们的内心里,它每天都在获得新的力量;当其他的法律衰老或消亡的时候,它可以复活那些法律或代替那些法律,它可以保持一个民族的创制精神,而且可以不知不觉地以习惯的力量代替权威的力量。我说的就是风尚、习俗,而尤其是舆论"①。道德价值原则是政治合法性的基石,因此,康德(Kant)说:"真正的政治必须向道德宣誓效忠,只有道德才能剪开政治解不开的死结。"②事实上,道德是古典政治学说或者说政治理想的基础。道德问题与政治问题之间不可分离、相互交融的关系表明:"包括政治制度以及权力体系等在内的政治体系,在倡导和维系良好道德风尚方面具有责任和使命。正是因为如此,很多思想家都将倡导和维系良好社会风尚,视为政治的基础性功能。"③

从社会道德风气的形成来看,它是从人们自己的社会存在、社会历史过程中形成的风俗、习惯和传统影响中,特别是从当时经济、政治、文化的社会实践中,逐步形成的一种义务感和责任感,是人们的世界观在道德领域的一种反映。它通过对人们在思想、精神方面的激励或约束来支配人们的行为,而且以是否形成了人们自身内心信念,来作为是否完成了道德规范对人们行为起到鼓励或约束作用的标志。而从政策法规的历史演化来看,人类早期的政策法规的创制本身就是道德凝成、固化、条文化的过程。在奴隶社会,奴隶主阶级通过把有利于统治的习惯加以确认,使其成为习惯法,并上升为统治阶级的道德。随着时间的延续和推移,进一步将这些习惯法制定为成文法,如古代西亚地区的《亚述法典》、古巴比伦的《汉穆拉比法典》、古罗马时期的《十二铜表法》、中国周代的《周礼》等。这一从统一的社会道德分裂为不同阶级的道德的过程,表明了道德与法律的历史渊源。只是在近现代,道德与政策法律的分野更为明显,但政策法律的

---

① [法]卢梭:《社会契约论》,何兆武译,商务印书馆2003年版,第70页。
② [德]康德:《历史理性批判文集》,何兆武译,商务印书馆1990年版,第139页。
③ 桑玉成:《担负起培养好公民的责任和使命》,《探索与争鸣》2012年第1期。

成长离不开道德土壤这一事实却没有发生根本变化。

（三）公共政策对社会道德风气的导向作用

公共政策是政府或政党对社会利益进行选择、分配，以及在实施过程中所制定的行为准则、行为规范和行动。公共政策对社会风气的影响主要是通过社会利益这一纽带来建立人们的社会交往关系的，它体现了一定的社会价值观念，并对社会利益起到调节作用，进而对人们的社会行为及其评价产生导向性。就公共政策而言，它是为解决社会公共问题而产生的，来源于社会生活的实践，因此，公共政策绝不是什么完全形而上的抽象理论，也不是什么纯粹感性直观的客观实体，它是一种具有实践性的内在的政治观念，经过外化的行为、行动而达到的一定的社会目标。只有公共政策和公共行为，才能实行有效的社会动员和有效的社会组织，从而形成一种"社会大气候"，一种"社会形势"。在一定意义上，整个社会的风气和社会伦理状况，从根本上取决于社会行为的总体伦理性质。[①] 公共政策将不同阶级、阶层的利益及其意识观念转化为具体的行为规范和行动，通过法定程序来公告社会群体及其公共政策主体，什么是本阶层、阶级的利益，如何做到并能够实现其利益目标等内容。相应地，公共政策通过既成的规范，要求和约束不同的社会阶层、阶级应当作为或不应当作为，抑制和防止行为主体偏离本阶层、阶级的利益。由于公共政策是调节社会利益的有效手段，与人们的自身利益密切关联，并对人们的行为和活动起到导引作用，因此可以说，公共政策是社会主体行为的道德实践指南。

改革开放以来，党和政府制定的一系列政策法规，对社会风气具有重要的导向作用。扶正祛邪，惩恶扬善，推动良好社会风气的形成、巩固和发展，需要依靠政策制度的支撑。但往往在具体的社会生活实践中，出现了某些有法不依，有政策不执行、难执行等乱象。究其原因，在于一些人钻政策漏洞，以至于违反法律，却没有得到应有

---

① 参见李鹏程《"市场与道德"问题引发的思考》，《中国特色社会主义研究》1997年第1期。

的惩罚，反而获得了不正当的利益，无形中助长了社会不良风气的蔓延。积极向善的公共政策的制定、颁布和实施，能够使良善的行为得到激励，有效地抑制歪风邪气的滋生，对社会风气产生淳化作用，并对正确的价值观和良好的社会行为起到正向的规范、传导和强化的作用，由此带动社会上更多的个人、群体，依照公共政策所体现的价值观和行为规范投入社会生活的实践中，从而扩展纯正的社会风气。相反，"上有政策、下有对策"的政策执行"变形"，会减损公共政策的有效性和政府公信力，最终使各种政策法规成为一纸空文。而不良的公共政策则会败坏社会风气，助长不道德的社会风气。① 对于今天处于巨大变革中的每个中国人来说，重建社会精神家园，促进社会道德风气从根本好转，发挥公共政策的引导和规范作用显得尤为突出和紧迫。

三 从公共政策之善到道德风气淳化

从经济政策、民主政治、文化政策等方面增强公共政策对社会道德的导向作用，矫治不良的社会道德现象，以公共政策的良策善治促进社会道德风气的淳化，是探究社会道德治理的一个重要的路径选择。

（一）完善经济政策对社会风气的基础作用

社会风气作为社会观念的产物，是随着一定的社会生产力和生产关系的变革而发生变化的，它是社会意识、公众心态的外在表现。经济基础是社会物质结构的基石，对于社会意识结构具有决定作用。因此，经济因素是社会风气形成的根本条件，经济的基础作用往往成为社会风气形成的根本动因。在人们的社会经济活动中，经济利益的驱动，造就了人们特定的心理行为和与之相适应的社会风气。"国家的伟大给个人也带来了巨大的财富。然而，社会真正的丰裕在于善良的风俗，而不是在于豪富。罗马人无限多的财富引起了空前的奢华和浪费。最初由于自己的财富而堕落下去的人，后来却由于自己的贫穷而

---

① 参见郑仓元、陈立旭《社会风气论》，浙江人民出版社1996年版。

堕落了。如果有了超出个人所需的过多的财富，那他就难于做一个好公民。"① 古罗马帝国的衰亡是由于社会物质财富的丰富，导致了社会风气的败坏，以至于帝国灭亡，经济因素在其中起到了根本性的作用。孟德斯鸠（Menlesquieu）在自己的论证中指出，"只有在公民得到自由和独立的地方，在共和的风俗习惯盛行的地方，社会才能顺利地发展"②。

邓小平同志曾反复强调和告诫："风气如果坏下去，经济搞成功又有什么意义？会在另一方面变质，反过来影响整个经济变质，发展下去会形成贪污、盗窃、贿赂横行的世界。"③ 他要求全党"抓精神文明建设，抓党风、社会风气好转，必须狠狠地抓，一天不放松地抓，从具体事件抓起"④。改革开放初期，由于市场经济体制的不完善，导致了极端个人主义、极端利己主义和享乐主义的泛滥，我们必须通过宣扬经济政策对社会风气的积极作用，来防止经济政策对社会风气的消极影响。"树立良好的社会风气是广大人民群众的强烈愿望，也是经济社会顺利发展的必然要求。"⑤ 社会风气是社会经济健康发展与否的指示器。健全社会主义市场经济体系，亟须社会主义精神文明的同步发展为其提供智力支持和精神动力。社会主义初级阶段精神文明建设应当以营造良好的社会风气为重要内容，促进经济社会健康发展。⑥ 当前，要切实坚持社会主义按劳分配制度，重视劳动政策在社会经济活动中对职业道德的重要影响，着力解决社会收入分配不公等问题，促进良好社会风气的培育和形成。

（二）加强民主政治对社会道德风气的主导作用

在构成社会风气的诸多因素中，政治风气是最活跃的组成部分，它对整个社会风气有着极大的影响。政治在国家结构功能中的轴心地

---

① [法] 孟德斯鸠：《罗马盛衰原因论》，婉玲译，商务印书馆1962年版，第54页。
② [法] 孟德斯鸠：《罗马盛衰原因论》，婉玲译，商务印书馆1962年版，第170页。
③ 《邓小平文选》第3卷，人民出版社1993年版，第154页。
④ 《邓小平文选》第3卷，人民出版社1993年版，第152页。
⑤ 《十六大以来重要文献选编》（下），中央文献出版社2008年版，第317页。
⑥ 参见陈友庚《关于社会风气问题的思考》，《湖南社会科学》1999年第1期。

位，决定了社会结构及其成员的政治活动。社会道德风尚不仅是社会成员道德品格的综合体现，同时也受其社会成员道德品格的制约或促进。社会中的人作为"政治动物"，他们的道德品德的状况，又受到社会道德环境的影响。明末清初思想家唐甄在《潜书·柅政》中指出："天下难治，人皆以为民难治也，不知难治者非民也，官也。"这表明国家治理的关键，不在于如何管理老百姓，而在于如何管理官吏。不论是往昔的官吏，还是当今的政治人物和公务人员，都是具有影响力的社会成员，他们往往能对其他社会成员起到示范作用，从而引领某种社会风尚。正所谓"上有好者，下必有甚焉"。在当代中国，社会生活中党员干部的榜样力量，往往会成为普通老百姓遵循的行为方式与价值取向。

在党的七届二中全会上，毛泽东同志语重心长地向全党提出"两个务必"的要求。同时，他强调："只要我们党的作风完全正派了，全国人民就会跟我们学。"① 改革开放后，针对党风与社会风气关系的问题，邓小平同志也曾提出了一系列正确的论断。他指出："讲风气，无非是党风、军风、民风、学风，最重要的是党风。好的党风也要体现在教育中，这才能培养出好的学风。"② "只有搞好党风，才能转变社会风气"③，同时他强调："我们一定要教育好我们的后一代，一定要从各方面采取有效的措施，搞好我们的社会风气，打击那些严重败坏社会风气的恶劣行为。"④ 因为"端正党风是端正社会风气的关键"⑤。执政党的地位及其社会政治功能，凸显了党风对社会治乱与社会风气的巨大影响。良好的党风，有利于纯正的社会道德风尚的形成。反之，党风败坏，则会出现"上梁不正下梁歪"的局面，从而导致社会风气的恶化。中国共产党将加强党的建设作为一项伟大工程，从严治党，端正党风、政风，对于促进社会风气根本好转具有重要意

---

① 《毛泽东选集》第3卷，人民出版社1991年版，第812页。
② 《邓小平文选》第2卷，人民出版社1994年版，第54页。
③ 《邓小平文选》第2卷，人民出版社1994年版，第178页。
④ 《邓小平文选》第2卷，人民出版社1994年版，第177页。
⑤ 《十四大以来重要文献选编》（上），人民出版社1996年版，第404页。

义。马克思说:"道德的基础是人类精神的自律"①,将党的责任、义务自觉转化为公共政策,以回应民众需求,是体现执政党履行道德义务的政治品格之一。党风问题,不仅关系到党组织的凝聚力、战斗力,以及党员领导干部在普通民众中的权威性,而且关系到党和政府的有关政策,能否得到普通民众的信任支持,能否顺利贯彻落实的大问题。因此,"执政党的党风,党同人民群众的联系,是关系党生死存亡的问题"②。党的十七届四中全会又明确强调指出:"执政党的党风,关系党的形象,关系党和人民事业成败。必须……以优良党风促政风带民风,形成凝聚党心民心的强大力量。"③ 党风正则政风清,政风清则民风纯。党风对政风、民风具有十分重要的示范和引领作用。

加强党的作风建设,说到底是加强领导干部的作风建设。领导干部作风是社会风气的"加工厂",而社会风气则是反映领导干部风气的"告示牌"。因此,考核领导干部作风,应当把"风气效应"列为前位指标。社会风气作为一种社会意识,它是社会物质条件和精神条件的集中体现,对社会物质、精神、文化生活具有强大的能动性和反作用力。因此,社会风气对政治风气具有直接和间接的制约作用。强化社会风气对政治风气的制约作用,必须健全民主机制。列宁指出,"民主就是全体居民群众真正平等地、真正普遍地参与一切国家事务"④,克服官僚主义作风,需要在公共政策决策中,使人民当家作主,让人民参与决策、执行决策和监督决策,由人民自己选择、决定自己利益的行为和活动。要进行科学决策,切实转变政府职能。要克服建构全能型政府的盲目性,摒弃政府集政策的制定者、执行者、仲裁者、参与者于一身的弊端,树立责任政府意识。这些都需着力形成一套行之有效的公民参与公共决策的渠道和制度,以及公共决策监管机制和决策责任追究制度。"国家权力来源于人民"的思想在马克思

---

① 《马克思恩格斯全集》第1卷,人民出版社1995年版,第119页。
② 《十四大以来重要文献选编》(上),人民出版社1996年版,第12页。
③ 《中共中央关于加强和改进新形势下党的建设若干重大问题的决定》,人民出版社2009年版,第30页。
④ 《列宁全集》第28卷,人民出版社1990年版,第111页。

早期的理论中就有具体的阐述,他认为,"在民主制中,国家制度本身只表现为一种规定,即人民的自我规定。在君主制中是国家制度的人民;在民主制中则是人民的国家制度"①。在这里,马克思指出,"因为国家制度一旦不再是人民意志的现实表现,它就变成了事实上的幻想"②。在当代中国,"权为民所用,利为民所谋,情为民所系"是权力来源于人民这一思想的具体诠释。

(三) 推动文化政策对社会风气的导向作用

现代大众传媒被喻为继立法、行政、司法之后的"第四种权力",其不仅对社会风气具有放大器作用,而且也会对社会风气产生抑制或消解的作用。中国市场经济的发展,使中国面临着新旧道德价值观念的碰撞和固有体制与新制度的更替,社会的文化价值认同、政治认同乃至于民族身份认同的危机,迫切需要文化政策对现代大众传媒的规制和导引,以在全社会形成良好的社会风气。同时,应当积极发挥舆论宣传导向作用,重视公共政策对社会风气的正向影响,宣传公共政策内在的道德价值,弘扬社会正气。倡导舆论宣传的积极导向作用,以正确的舆论导向引领社会进步。坚持正确的舆论导向,就是要造成有利于进一步改革开放,建立社会主义市场经济体制,发展社会生产力的舆论;有利于加强社会主义精神文明建设和民主法制建设的舆论;有利于鼓舞和激励人们为国家富强、人民幸福和社会进步而艰苦创业、开拓创新的舆论;有利于人们分清是非,坚持真善美,抵制假恶丑的舆论;有利于国家统一、民族团结、人民心情舒畅、社会政治稳定的舆论。③ 舆论宣传工作中的"五个有利于"的论述,阐明了正确舆论导向在建构和谐社会过程中的重要性。

在当代,应当充分认识到多重环境背景下社会舆论对社会风气的影响力,尤其不能忽视"拟态环境"对社会风气的营造与构塑。美国著名记者、新闻评论家沃尔特·李普曼(Walter Lippmann)在1922

---

① 《马克思恩格斯全集》第3卷,人民出版社2002年版,第39页。
② 《马克思恩格斯全集》第3卷,人民出版社2002年版,第73页。
③ 参见《十四大以来重要文献选编》(上),人民出版社1996年版。

年出版的《公众舆论》一书中，将传播媒体与现实生活之间的关系进行了精微的分析，提出了"拟态环境"（Pseudo-environment）的概念。他认为，传播媒体在人与现实环境之间插入的信息环境营造了一种"拟态环境"。这种环境并非客观现实环境的镜像，而是经过媒介传播的选择、加工后向人们提供的模拟环境，具有似是而非或似非而是的特点。但由于媒介传播过程的相对隐秘性，人们往往意识不到这一点，反而把这种拟态环境当成了真实的客观现实环境来接受，并据此做出一定的行为反应。[①] 媒介传播的功能性作用就在于，人们所接受的"拟态环境"虽然是模拟的，非绝对真实的，但人们所做出的行为反应却是现实的，绝对真实的。通过社会舆论来形成"舆论控制"，可以制约政府政策行为，对政策制定与执行的过程会产生极大的影响。因此，"拟态环境"对人们的现实社会生活的影响是巨大的。相比较而言，西方国家在公共政策过程中，舆论工具的宣传导向作用更加明显，"主要政策规划组织提出政策建议后，分发到新闻广播电视机构、联邦政府各部门和国会。新闻广播电视机构在改变政策作舆论准备方面，起着重大的作用。它们还鼓动政界人士采取新的政策立场，其方法是把电视网宝贵的播出时间留给那些要发表赞成新政策方向谈话的人"[②]。在形成民众观念方面，大众传媒传递的信息量足以主导民众的价值判断及其对是非曲直的理解。

每一种良好的社会风气在它形成和发展的过程中，都会遇到各种愚昧风气的抵抗。旧风气被新风气以不可阻挡之势压下去之后，一旦遇到某种复苏条件，就会兴风作浪，抑止新风气的传播。因此，必须加强思想教育，推行新风尚，抵制各种不良风气，才能使文明、健康的优良社会风气占领上风。尤为重要的是，需加强引导人们特别是青年热爱新风尚，摒弃坏习气。例如，新加坡政府为了防止青少年受到黑社会不良风气的影响，在1997年制定了一项文化政策，其中规定：

---

① 参见［美］沃尔特·李普曼《公共舆论》，阎克文等译，上海人民出版社2006年版。
② ［美］托马斯·戴伊：《谁掌管美国》，梅士、王殿宸译，世界知识出版社1980年版，第264页。

16岁以下青少年禁止涉足迪斯科舞厅,如果舞厅违反这项禁令,将被吊销营业执照。另外,青少年也被禁止进入台球厅及晚上摇身一变而成为歌舞厅的餐厅。新加坡行政管理及执法部门认为,这些地方是黑社会吸纳青少年的场所。这一具有道德导引的文化政策有助于青少年的健康成长。[①] 近几年,国内某些媒体违反了国家有关宣传管理的规定,致使恶言丑行在网上传播,社会影响极为恶劣。一些大众传媒放松了对自身承担社会责任的要求,过分追求收视率,渐渐陷入单纯追求眼球刺激的泥潭,不断冲击着人们的道德底线。文化产业的双重属性决定了文化产业政策必须坚持文化产业社会效益和经济效益的统一,不能一味注重文化精神提升的"伪高雅性",同时也要防止文化产业、文化产品商业化的过度趋利性。

公共政策与社会道德都是以经济为基础的社会上层建筑,二者具有相互影响、相互制约与相互促进的作用。社会道德风气的潮流由公共政策主导,体现了公共政策对社会道德风气的显著影响。公共政策具体化为社会经济、政治、文化等层面的内容,为一定的社会制度所规制。在适当的社会制度下形成的社会风气,会对其他领域的社会制度产生影响。其中,社会道德风气的广泛影响,往往会波及公共政策的决策和实施,而社会道德价值观念则会与一定的公共政策价值内涵相联系。虽然,社会道德风气对公共政策的显性影响在实际生活中表现得不是十分明显,但它的潜在性、弥散性影响深远、广泛,可以扩散到社会的不同层次、领域。因此,在进行社会道德治理的路径和方法选择上,可以将公共政策作为一个有效着力点。

---

① 参见丁人同《国家与道德》,山东人民出版社2007年版。

第二章 公共政策的道德价值

社会主义核心价值体系是兴国之魂，是社会主义先进文化的精髓，它决定着中国特色社会主义的发展方向。必须增进社会共识，创新方式方法，健全制度保障，把社会主义核心价值体系融入国民教育、精神文明建设和党的建设全过程，使其贯穿改革开放和社会主义现代化建设的各个领域。在当前改革发展的重要战略机遇期，社会思想价值观念正在发生着广泛而深刻的变化，公共政策对社会道德具有重要影响，从理论上探究公共政策的道德价值，对于增强社会道德治理具有重要的实践意义。

第一节 公共政策的道德价值何以存在

公共政策存在的道德价值主要体现在两个方面：一是公共政策本身内在地包含着道德价值；二是公共政策的本质属性集中体现为社会公共利益，并服务于社会公共利益。而公共政策的伦理分析在于保证其内含的价值导向与社会核心价值观相一致，因此，公共政策是道德价值的现实呈现。[①]

一 公共政策概念内涵的道德价值

公共政策在社会生活中起着十分重要的作用。"公共"本身包含

---

① 参见王正平、李耀锋《论社会公共政策的道德价值》，《上海师范大学学报》（哲学社会科学版）2012年第3期。

着人文关怀的道德意蕴。根据《辞海》的解释，"公"的含义为"公共、共同"，与"私"相对。在《汉语大辞典》中"公共"意为"公有的、公众的、共同的"。因此，"公共"的现代汉语涵义一般可理解为"共同或公用"。与"公共"相对的是"私人"，在《牛津英语词典》中，这一词语产生于15至16世纪，其原始涵义是指"没有获得公共职务或官方职位的"，来源于拉丁语 private，即免职（to deprive）或罢权（bereave）。今天，这一原始含义仍体现在军队士兵的"列兵"，英文单词 private 中，即"没有任何官职或军衔的普通士兵"[①]。在古希腊语中，"公共"一词有两个来源。第一个来源表示人的身体、心智的成熟，强调个体超越自我的利益，能够兼顾他人的利益。第二个来源是"关心"。希腊人把政治共同体（城邦）视为公共，所有的公民（即成年男子和自由民）都可以参与这种共同体。政治共同体的目的在于设立通行的标准和惯例，并且支持、宣传和实施这些标准，这些标准有利于公民的最大利益。[②] "城邦"这种高而广的社会团体的建立，其目的总是为了完成某些事业。另外，公民有对城邦国家保持忠诚的义务，城邦国家也有保护和"关心"公民的责任。在近现代，由"公共"衍生出了"公共性"的问题，汉娜·阿伦特（Hannah Arendt）对"公共性"作出了哲学上的最初定义。20世纪后半叶，"公共哲学"成为一门新兴学科，其开创性的人物有阿伦特（Hannah Arendt）、哈贝马斯（Habermas）、李普曼（Lippman）、沙里文（Sulliwen）、贝拉（Beira）、桑德尔（Sander）等人。其中，日本学界对公共哲学的研究有别于欧美学界，体现出了其研究的独特性。日本学者认为，公共哲学就是要把"公共"作为动词来进行把握的，它以"公""私""公共"之间的"相克—相和—相生"的三元相关思考为基轴，提倡公、私、公共的"三元论"价值观，并在"制度世界"层面来把握"政府的

---

① ［美］赫希曼：《转变参与：私人利益与公共行为》，李增刚译，上海人民出版社2008年版，第115页。
② 参见［美］乔治·弗雷德里克森《公共行政的精神》，张成福等译，中国人民大学出版社2003年版。

公—民的公共—私人领域"三者之间的存在与关系，是在"生活世界"对"自己—他者—世界"进行相互联动的系统性思维的哲学，是促进"活私开公—公私共创—幸福共创"的哲学。① 日本学者的公共哲学内在地包含了公共领域的阶位划分，其中占主导地位的公共领域是国家政治层面，居于次要地位的公共领域是非政府的公民组织，而占主导地位的公共领域则依赖于政策法规来加以维持。公共哲学的研究进路为公共政策的科学研究及其学科结构提供了逻辑基点，同时，公共哲学的幸福目标的实现，也成为公共政策道德价值之旨归。

在中国古代没有政策一词，"政"和"策"一直分开使用。政即政治、政务，本义为管理、规范。《说文解字》曰"政者，正也"，"政以正民"，政即为管理国家事务，治理民众。"策"是指谋略、计划等。"策，谋也。"（《礼记·仲尼燕剧》）"策，谋求也。"（《吕氏春秋·简选》）中国古时"对策""方策"等词都有谋略、筹划的意义。在中国古代，政策就是权力的象征，权力又与利益紧密联系，正所谓"权之所在，利亦随之也"。"功名利禄"一词将士人在政治上求功取名，经济上获得物质利益展现得淋漓尽致。在许多语系词汇中，政治和政策的术语没有什么不同。例如，在法语中，"politique"一词既指政治，也指政策，德语中的"politik"和大多数斯拉夫语言中的"politika"也是如此②，而英文中的"政策"（policy）是由"政治"（politics）一词转化而来的，"政治"（politics）又是源于古希腊语的"poiteke"，其本义是关于城邦的学问。在近代，"政策"（policy）一词由日本传入中国。在现代汉语中，"政策"一词大多与"公共政策"词义相同，具有通用性。③

在现当代，对于公共政策概念的界定，中外学界众说纷纭。弗兰

---

① 参见［日］佐佐木毅、［韩］金泰昌主编《21世纪公共哲学的展望》第10卷，卞崇道等译，人民出版社2009年版，总序。
② 参见［美］伯顿·克拉克主编《高等教育新论——多学科的研究》，王承绪等译，浙江教育出版社1988年版。
③ 参见舒泽虎《公共政策学》，上海人民出版社2005年版。

德（Frand）等人认为，政策本质上是一种姿态，一旦确定下来，有利于构成一种情景，未来的一系列决定都将在这一情景中做出①；伍德罗·威尔逊（Woodrow Wilson）认为公共政策是由政治家，即具有立法权者制定的，由行政人员执行的法律和法规；戴维·伊斯顿（David Easton）②认为公共政策是对全社会的价值做权威性的分配；拉斯韦尔③和卡普兰（Kaplan）认为公共政策是一种有目标、价值与策略的大型计划；托马斯·戴伊（Thomas Dye）认为凡是政府决定做或者不做的事情就是公共政策。④他的这一概括指明了政府是政策制定的行为主体，政策制定的过程是一种选择等重要内容。威廉·詹金斯（Willian Jenkins）认为，公共政策是由政治行动主体或行动主体团体在特定的情景中制定的一组相关联的决策，包括目标选择、实现目标的手段，这些政策在原则上是行动主体力所能及的。⑤ G. A. 阿尔蒙德（G. A. Almond）认为，公共政策作为一种政治结构，"是通过人们自己和他人的期望和行动而建立起来的"⑥，即通过政治精英参与政治决策，来实现利益集团的利益综合、利益表达。詹姆森·E.安德森（James E. Anderson）从专业的角度认为，公共政策是一个或一组行动者为解决一个问题或相关事务所采取的相对稳定的、有目的（有意识的）的一系列行动。⑦这一定义进一步丰富了公共政策的内涵，指出政策存在的多元化及其主体多元性的可能，将政府行动和有意识的洞察力密切联系起来。另外，费希尔（Fcsher）认为，公共政策是对一项行动的政治上的决议，目的在于解决或缓和那些政治日程

---

① 参见［英］米切尔·黑尧《现代国家的政策过程》，赵成根译，中国青年出版社2004年版。
② 戴维·伊斯顿是20世纪50年代政治系统分析理论的创立者。
③ 他在1951年提出"政策科学"概念，并建构了政策科学的基本理论框架。
④ 参见陈振明编著《公共政策学》，中国人民大学出版社2004年版。
⑤ 参见［加］迈克尔·豪利特、［美］M. 拉米什《公共政策研究：政策循环与政策子系统》，庞诗等译，生活·读书·新知三联书店2006年版。
⑥ ［美］G. A. 阿尔蒙德：《比较政治学：体系、过程和政策》，曹沛霖、郑世平、方婷、陈峰译，上海译文出版社1987年版，第62页。
⑦ 参见［美］詹姆森·E. 安德森《公共政策制定》，谢明等译，中国人民大学出版社2009年版。

上的问题，如经济、社会、环境等问题。① 基于国外学者及国内学者的研究，中国有学者认为，公共政策是国家（政府）、执政党及其他政治团体在特定时期为实现一定的社会政治、经济和文化目标所采取的政治行动或所规定的行为准则，它是一系列谋略、法令、措施、办法、方法、条例等的总称。②

通过以上对公共政策这一概念不同界定的梳理，可以明确公共政策主要涵盖了以下核心内容：一是政府对社会财富和资源进行配置的最重要的手段；二是政府在特定时期为解决一系列社会公共问题而采取的措施；三是对社会利益进行选择、分配及在其实施过程中所制定的行为准则、行为规范和行动。公共政策涉及政治、经济、文化和社会建设等层面公共利益的分配和调节，公共政策价值内在地包含了政治价值、经济价值、文化价值及社会价值等方面的内容。马克思指出，"人们奋斗所争取的一切，都同他们的利益有关"③，而"正确理解的利益是全部道德的原则"④，社会道德作为一种社会意识，依赖现实的经济关系和经济活动。公共政策作为调节社会利益最重要的手段，理所当然地包含着内在的重要道德价值。

公共政策与道德价值理念密不可分。一方面制定怎样的公共政策，本身就需要一定的道德价值理念的指导和制约；另一方面，某种公共政策一旦确定和实行，其内在包含的道德价值理念，必然会对社会公众的道德价值观念和社会道德风尚，产生直接的积极或消极的巨大影响。从道德哲学的观点来看，社会活动因为人的存在而不可避免地存在着伦理价值问题，或者说社会道德问题。蒂洛（Tillo）认为，"只要我们还活着，就要同道德这样的价值问题打交道"⑤。公共政策是政府对社会公共事务的管理，当然不能脱离政府中人的关系而存

---

① 参见［美］弗兰克·费希尔《公共政策评估》，吴爱明等译，中国人民大学出版社2003年版。
② 参见陈振明编著《公共政策学》，中国人民大学出版社2004年版。
③ 《马克思恩格斯全集》第1卷，人民出版社1956年版，第82页。
④ 《马克思恩格斯文集》第1卷，人民出版社2009年版，第335页。
⑤ ［美］J. P. 蒂洛：《哲学——理论与实践》，古平译，中国人民大学出版社1989年版，第205页。

在，正是因为公共政策的制定需要人来完成，而公共政策的实施恰恰也需要人来执行，因此，在公共政策的各个环节都离不开人的价值判断，且无不打上人的价值烙印。有道德的生活是人们追求人生价值之所在。实证主义哲学家孔德（Auguste Comte）认为，预防思想、感情和利益上根本分歧的不幸倾向是政府的使命。社会学家涂尔干（Durkheim）指出："我们的道德个性并不与国家相对立，相反，它是国家的产物……国家的基本义务就是：必须促进个人以一种道德的方式生活。"① 在国家治理的现当代，现代型国家通过公共政策对人们的道德生活产生了日益深刻的影响。

同时，公共政策与个体道德发展存在着密切的联系。美国道德心理学家劳伦斯·科尔伯格（Lawrence Kornberg）被誉为"现代学校德育之父"，创立了道德认知发展理论。他将个体道德认知发展阶段分为三个层次："前传统""传统"和"后传统"，而每个层次又包括两个阶段，每个阶段决定正确伦理行为的标准都有所不同。"前传统"：第一阶段——避免惩罚的行为；第二阶段——服务于自己需求的行为。"传统"：第三阶段——得到他人赞同的行为；第四阶段——遵守法律和权威的行为。"后传统"：第五阶段——为社会契约进行的行为；第六阶段——普遍原则支持的行为。这一理论基础以自我为中心逐步向外扩展，是一个从以自我为中心到以团体为中心，进而转变为以原则为中心的过程。道德发展的阶段理论为道德行为的判断提供的理论基础表明，随着时间的推移，个体随着阅历的增加往往会在伦理道德方面更趋成熟，以致促使人们产生"合乎道德的行动"。一般而言，处于较高道德发展阶段的人比处于较低道德发展阶段的人更易做出符合伦理的行为，而以普遍性原则为理论基础往往可以取得最佳的社会效果。科尔伯格的新道德教育方法——"公正团体法"指出，通过建设更高阶段的集体规范和团体观念，可以更好地促进个体（学生）的道德行为。② 康德认

---

① ［法］爱弥尔·涂尔干：《职业伦理与公民道德》，渠东、付德根译，上海人民出版社2001年版，第74页。

② 参见［美］劳伦斯·科尔伯格《道德教育的哲学》，魏贤超等译，浙江教育出版社2000年版。

为,"良好的国家体制并不能期待于道德,倒是相反地,一个民族良好道德的形成首先就要期待于良好的国家体制"①。公共政策的公共性使人的"个体性"包容了"他性",促使具有公共精神的社会成员产生。以公共政策为普遍原则支持的社会道德行为,能够成为合乎个体伦理道德行为活动的范例,这对促进个体道德的发展具有积极意义。同时,也应当认识到,中国特色社会主义道德体系是一个多层次结构,包括了一系列原则、规范。这些原则、规范具有不同的调节范围和职能,适用于不同理解能力的人的需要,使人们的道德水平、精神境界向不同层次的提升成为可能。

应当看到,当我们面对棘手的公共政策问题,为"我们必须做什么"及"什么使生活尽可能地好"这类问题寻找答案时,就不可回避地面临什么是正确的、公平的、正义的或善的,以及我们应该做什么等问题;而不仅仅是什么是可接受的和有用的,或什么是最可接受和最有用的。② 而这些正是社会伦理思想所关照的核心。任何一个社会首先都是以先在性的道德理念、道德理想作为社会治理的追求目标,然后才可能使治理行为、活动得到一种具有普遍性的、实践性的道德。③ 因此,以伦理道德为本体,以伦理道德为精神源泉的公共政策,必然是事实发现与价值转换的融合体,工具理性与价值理性的统一体,其内在地包含着价值理性,具有道德的规定性。

二 公共政策是道德价值的现实体现

美国著名行政学家戴维·K.哈特(David K. Hart)认为:"公共行政并非一项专业技能,而是一种社会实践道德的形式。"④ 人们要求公共行政管理者对公共利益责任的承担并非仅着眼于特定问题的狭窄范围,而是应当遍及社会的各个层面,因而公共政策是为"公共"

---

① [德]康德:《历史理性批判文集》,何兆武译,商务印书馆1990年版,第126页。
② 参见[美]特里·L.库伯《行政伦理学:实现行政责任的途径》,张秀琴等译,中国人民大学出版社2010年版。
③ 参见唐代兴《利益伦理》,北京大学出版社2002年版。
④ 丁煌:《西方行政学说史》,武汉大学出版社2004年版,第419页。

制定的政策,它以"公共性"为逻辑基础,以公共利益为终极目标。公共政策的道德价值,反映着公共政策行为主体对社会利益的价值判断、基本态度和基本立场。因此,公共政策的伦理诉求及其道德价值,集中呈现在社会公共利益的服务之中,且围绕社会公共问题及社会核心价值观展开。

(一)公共政策的本质属性在于集中体现社会公共利益①

对于公共利益概念的解读,人们永远无法形成一致的定义。它犹如一个空盒,不同的理解都可囊括其中。② 在维护和张扬公共政策的道德价值诉求过程中,公共利益往往是公共政策的一个核心范畴。对不同伦理思想的公共利益加以梳理,可以呈现公共利益的基本内涵,也可以为揭示公共政策的本质特征提供理论依据。

1. 公共利益的不同伦理思想基础

一是社会契约论。社会契约思想的代表人物霍布斯(Hobbes)认为,人生来就是利己主义者和个人主义者,国家是一个人格化身,是一群人的统一体,是每一个人以信约的形式将自身权利做出让渡的结果。同时,他指出,"没有武力,信约便只是一纸空文,完全没有力量使人们得到安全保障"③。霍布斯的这一社会契约思想在后世即成为"契约,没有刀剑,就只是一纸空文"的警世语。国家(利维坦)的诞生,可以有效结束一切人对一切人战争的无政府局面。由于人类特有的身份追求、攀比、虚伪、理智性和契约要求,使得人类在追求自身利益和公共利益时与蜜蜂、蚂蚁等动物产生了巨大差别,这主要体现在:在蜜蜂、蚂蚁这些动物之中,共同利益和个体利益没有分歧,它们对自身利益的打算,有助于公共利益。但人类却因为攀比的驱动,以致快乐成为比较的结果。动物的协同是自然而然的,人类的协同则是人为的信约,是大家遵守指导其行动以谋求共同利益的共同

---

① 参见李耀锋《公共利益:公共政策伦理的核心价值诉求》,《人文杂志》2016年第3期。

② 参见 Deborah Stone, *Policy Paradox: The Art of Political Decision Making*, New York: W. W. Norton & Company, 2001。

③ [英]霍布斯:《利维坦》,黎思复等译,商务印书馆1985年版,第128页。

权力作用后的结果。①

罗尔斯拓展了霍布斯、洛克（Locke）、卢梭等人提出的社会契约思想，他的正义论对社会契约论进行了调适。认为在大多数情况下，公共利益可以用两种"正义原则"加以识别：（1）每个人都有权拥有最广泛的基本自由，这种自由要与其他人的类似自由相匹配；（2）社会和经济的不平等应该经过适当的安排，让这些不平等（a）成为每个人利益的合理期待，（b）附属于向所有人开放的职位和官职。如果这些原则相互冲突，第二条就要屈从于第一条。②因此就像在组织人道主义中一样，个人的尊严被奉为至高无上的原则。而完美主义者如尼采等人则认为，由于社会利益是由社会权力精英带来的，因此公共行政人员应该全力支持其上层精英。社会弱势群体的利益分配所遭受的任何不幸，在道义上都是合理的。这一观点则是对正义论的否定。

二是功利论。功利主义创始人边沁（Bentham）认为，为大多数人带来最大幸福的政策就是符合公共利益的公共政策。公共利益是组成共同体的不同成员的利益总和。这一共同体是一个虚构体，是由那些被认为可以作为其成员的单个人组成的。同时，他指出，不懂得什么是个人利益而谈论公共利益是没有意义的。③公共利益是现实生活中人们期望的"普惠性的政策"，即人人都受益的公共政策，但这仅仅是一种理想状态。与边沁同时代的亚当·斯密，在其1776年出版的《国民财富的性质和原因的研究》一书中同样展示出这一思想：一个国家的财富来源于每个公民对自身利益的不懈追求——他可能因此获取报酬或遭受惩罚，个人对自身利益的追逐可以满足公共利益的要求。同时，亚当·斯密揭示了一个人性悖论，即，有公民意识觉醒，公共道德的维护才有可能，而在这种条件下，任何人对公共利益的侵犯就同时是对个体的侵犯。作为功利主义的继承人和发展者，穆勒（密尔）认为，个人利益应服从于社会集体利益，同时，个人利益之

---

① 参见［英］霍布斯《利维坦》，黎思复等译，商务印书馆1985年版。
② 参见［美］罗尔斯《正义论》，何怀宏等译，中国社会科学出版社1988年版。
③ 参见［英］边沁《论道德与立法的原则》，程立显等译，陕西人民出版社2009年版。

间还存在着质和量上的差别，以及个人利益的获得不应妨害他人和社会的利益。为了实现个人利益与社会利益的有机结合，必须依赖政治权力、政治道德和公正的民主。他的这一思想迎合了自由资本主义向垄断资本主义过渡的发展需要。

在今天看来，功利主义的社会效应必须通过合法化来取得，否则最大效应将会失去其存在的理由。功利主义在一个人的收益与另一个人的损失之间进行比较时，往往遮蔽了不同利益之间的有效平衡。而帕累托标准则对功利论进行了修正，帕累托优化或改进认为对社会福利进行评判的标准是：一个人变得更好的同时，又不使其他人的情况变得更差。当一个人在不牺牲他人福利的情况下让自己的福利增加时，他所处的状态就是最优状态。当一种状况未达到帕累托最优，那么就有帕累托优化的可能。在不减少一方的福利时，通过改变现有的资源配置而提高另一方的福利，则是帕累托改进。帕累托改进可以实现的路径有两个：一个是在资源闲置的条件下，一些人通过增加生产量并从中受益，但又不会损害另外一些人的利益；另一个是在市场失效的境况下，一项正确的政策举措可以消减福利损失而使整个社会受益。但帕累托标准在生活实践中面临着困境：一是帕累托标准是一种理想的想象，如果公共部门依照这一标准将会无所作为；二是法律地位的合法性问题；三是受益人与受损人的排序问题。随着对公共利益思想及其实现的进一步研究，卡尔多[①]等人对帕累托原则进行了修正，提出了假想的补偿原理。

2. 公共利益与私人利益之间的辩证关系

公共政策的本质属性在于为社会的公共利益服务，但在现实生活中，公共利益界限的模糊使得对于公共利益的明确判断并非易事，这也往往导致公共政策为公共利益服务出现偏差，使公共政策偏离其最初设定的目标。要明确公共利益的概念和内涵，"利益"这个耳熟能

[①] 1939 年，英国经济学家卡尔多（N. Kaldor）提出了假想的补偿原理即卡尔多补偿，即指如果受益者能完全补偿受损者之后仍有改善，且从总体上来看益大于损，则社会福利便得到了提高。

详的词汇也需要厘清。18世纪的法国唯物主义认识论倡导者爱尔维修（Clande Adrien Helvetius）认为，"利益是我们的唯一推动力"①。他把利益看作人类最基本的活动——物质生产活动的推动力。利益是在经济关系中产生的普遍现象，且是社会经济交往活动中的一个重要尺度。有无利益、利益大小等与利益相关联的评判标准，往往成为社会关系产生的一个出发点，同时也体现着社会交往活动主体的价值观念和行为目的。马克思在《资本论》序言中指出："英国高教会派宁愿饶恕对它的三十九条信纲中的三十八条信纲进行的攻击，而不饶恕对它的现金收入的三十九分之一进行的攻击。"②列宁认为，"必须到生产关系中间去探求社会现象的根源，必须把这些现象归结为一定阶级的利益"③。在阶级社会，利益矛盾成为阶级斗争的根源，由此而演化出了社会关系。可以说，在整个社会系统中，有多少种不同的区格划分，就会有多少种不同的利益分类，经济领域有经济利益，政治领域有政治利益。利益的纽结布满了人类社会交往的网格，个人利益、群体利益、富人利益、穷人利益、生存利益、发展利益等，这些不同的利益元素共同构筑了人类社会的缤纷图景。

  在社会生活领域，公共产品（public goods）的客观存在体现了公共利益的现实性。而"一项公共政策就是一种典型的公共物品"④。美国经济学家约瑟夫·E.斯蒂格利茨（Joseph E. Stiglitz）认为，公共物品具有非竞争性消费的特征，它是一种不会因为一个人的消费而影响到其他人消费的产品。它区别于私人产品（private goods）的另一个特征是它的非排他性。⑤另外，公共物品与个人物品的区别在于个人物品的可分割性和公共（社会）物品的不可分割性，公共物品

---

  ① 北京大学哲学系外国哲学教研室编译：《西方哲学原著选读》（下卷），商务印书馆2004年版，第183页。
  ② 《马克思恩格斯文集》第5卷，人民出版社2009年版，第10页。
  ③ 《列宁全集》第1卷，人民出版社1984年版，第464页。
  ④ [美]罗伯特·古丁、[美]汉斯-迪特尔·克林格曼主编：《政治科学新手册》下册，钟开斌等译，生活·读书·新知三联书店2006年版，第761页。
  ⑤ 参见[美]约瑟夫·E.斯蒂格利茨《公共部门经济学》，郭庆旺等译，中国人民大学出版社2005年版。

的实现服从于公共需求或政治需求，而非个人需求。它是通过公共渠道以协作的方式采取的行动。① 公共产品的共同消费性，导致现实中"搭便车"（free riding）问题的出现。现代英语中"Free rider"原意为"自由骑手"，后来特指白搭车者或免费搭车者。"免费搭车者难题"是指在自愿交费的情况下，追求个人利益最大化的成员具有强烈的逃避交费的意图，进而产生了占集体其他成员便宜的动机，一旦成行则最终会造成非排他性的公共产品的无效率提供。这个出自美国西部的白搭车者的掌故，与早在1740年大卫·休谟（David Hume）提出的"公共悲剧"现象如出一辙。在社会共同体中，如果采取自愿捐献的方式供应公共产品的话，由于每个人都存在着免费享受通过他人的捐献而提供的公共产品的欲望，而一旦人人都这样做（即充当免费搭车者），那么，社会最终将没有任何公共产品可以提供，致使公共悲剧随之发生。这也和中国古老的寓言故事"三个和尚没水喝"是一个道理。

围绕着公共产品的收费问题，经济学家常常提起"灯塔"（light house）故事，即被偷看了灯光却只能无奈地让没有付费的船只逃之夭夭的现象。时至今天，"灯塔"甚至成了公共产品的代名词。而早在1848年，穆勒就分析了关于"灯塔"这一经典的公共产品问题，与现当代相比较，在没有电的古代，依赖于人生火维持的"灯塔"是一种成本昂贵的公共产品。航行的船只因为"灯塔"的指引而获益，却无法向他们收取费用。只有通过政府征税的办法，才能维持"灯塔"的正常使用。在这里，公共产品遇到的是一个典型的市场失效问题，由于在公共产品的供应中，并不存在一种类似于竞争市场中的协调刺激机制，所以靠自发的市场机制无法实现公共产品的最佳资源配置。在市场失灵的情况下，由于公共物品的消费不足或供给不足，公共物品会受到严重的侵蚀甚至会退化。公"益"物品可能会变成一种公"害"物品，公共事物的悲剧会达到极其严重或者爆炸

---

① 参见［美］丹尼尔·贝尔《后工业社会的来临——对社会预测的一项探索》，高铦等译，商务印书馆1984年版。

的程度。① 相应地，缺失道德的公共政策，会导致公共政策的"非公共化"，一旦损害了公共利益，必将使做好事的目标不能实现，进而导致好事变成错事，有些则变成坏事。"消除一切利益偏向，就要求在深入进行公共政策评价之前，将所有的利益要求放在同一道德层面上。而要尝试对利益问题提供一个抽象答案，就需要将这一问题转移到公共利益与个人利益之间的关系问题上来。"②

探究公共利益不能忽略私利的存在，正是公共利益与私人（个人）利益的共生性和交互性，催生了公共利益这一概念的发展和完善。个人（私人）利益即是在一定社会条件下产生的个人的社会生活需要。在希腊城邦，"人在本性上是政治的，即社会的"，而体现这一政治性的政治生活是建立在私人生活基础之上的，每一位公民都位于私有的生活和公有的生活两种存在秩序之中。③ 社会与政治是紧密结合的，政治性动物只是指每个自由公民，"私域的个人"仅仅是那些没有公民身份即不能参与公共生活的奴隶。而共同性（koinoonia）就是在友爱和关心的统一体中产生的。在中世纪，"私人领域""个人领域"与"政治领域"之间没有明显的界线，政治仍然具有私人领域的特性。区别于中世纪的公益（common good），即只是承认私人拥有共同的物质或精神利益，人们寻求的公共利益，仅仅是为了保护个人的私有物和照顾个人的生意。因此，更为确切地说，中世纪的公益仅仅存在于私人领域，而非政治的公共领域。而到了17世纪末，公共利益（public interest）才开始取代公益、共同的善（common good），公共利益也才成为政治经济学上的重要词汇。④ 在斯宾诺莎（Spinoza）去世后，于1677年出版的《政治学文集》中，斯宾诺莎对政治组织进行了较为详尽的研究。他试图设想和建构这样一种政治

---

① 参见［美］文森特·奥特罗姆《美国公共行政的思想危机》，毛寿龙译，上海三联书店1999年版。

② ［英］戴维·米勒主编：《布莱克维尔政治思想百科全书》，中国政法大学出版社2011年版，第275页。

③ 参见［美］汉娜·阿伦特《人的境况》，王寅丽译，上海人民出版社2009年版。

④ 参见 A. O. Hirschman, *The Passions and the Interests*: *Political Arguments for Capitalism Before Its Triumph*, Princeton: Princeton University Press, 1977。

制度：采取行动追求其自身利益的个人，将受到因这样的行动而在这种制度中产生的制度性结构的引导，进而增进其在政治集团中的同类成员的利益。① 在资本主义的萌芽初期，一味地将公共利益与私人利益割裂开来的思想观念遭到了摒弃，因为私人利益并非万恶之源，在资本主义的历史发展过程中，恰恰是私人利益非恶的观念及其对私人利益的追求产生了促进资本主义发展的作用。18世纪初，伯纳德·曼德维尔（Bernard Mandeville）在《蜜蜂的寓言：私人的恶德，公众的利益》一书中，阐述了"私人恶德即公共利益"这一悖论。他从人的自私自利的本性出发，提出了利己主义目的论观点，揭示出在道德和经济社会的动力之间存在着根本的张力，受利己主义种种"不道德的行为"这只"看不见的手"的驱动，整个社会公共利益得以提高。可以看出，伯纳德·曼德维尔的这一思想成为后世不同时期自由主义理论的来源。

法国思想家托克维尔（Tocqueville）将私人利益与公共利益之间的关系，确定为"正确理解的利益"原则。他坦言："'正确理解的利益'的原则并不怎么高深，而是十分明确易懂的。这个原则不以达到伟大的目的为主旨，而是要不费太大力气就能达到所追求的一切。由于任何文化程度的人都能理解，所以人人都容易学会和不难掌握。它切合人的弱点，这一弱点可以理解为人的自私自利的本性，正是这一原则抓住了人的本性的弱点，所以它不难对人产生巨大的影响。同时，这一影响力具有持久性，因为，它以个人利益对抗个人本身即人性的弱点，并在引导人的激情时能产生刺激作用。"② 同时，托克维尔承认，"'正确理解的利益'的原则，也并不是什么新东西。但只有今天的美国人才普遍承认了这个原则。这一原则还在不断地普及推广，深入人们的一切活动，见于人们的一切言论。不管穷人还是富人，都张口不离这个原则"。相比较而言，它在欧洲国家与在美国只

---

① 参见［美］布坎南、塔洛克《同意的计算——立宪民主的逻辑基础》，陈光金译，中国社会科学出版社2000年版。
② ［法］托克维尔：《论美国民主》下卷，董果良译，商务印书馆1988年版，第653页。

是具体表现不同而已。在欧洲，这一原则没有美国那样完善，而且应用的范围有限，特别是很少有人公开主张。即使自己作为一个欧洲人，他也毫不含糊地批判了欧洲人虚伪的献身精神，在他们的心底献身精神已荡然无存。"而美国人喜欢利用这一原则去解释他们几乎一切的行动，用来处理人与人、人与国家之间的关系，自鸣得意地说明，他们的光明磊落的自爱是怎样使他们互相援助，和为国家的利益而情愿牺牲自己的一部分时间和财富。"就美国人而言，对于"无私激情"的使用，与其他国家的人具有同样的冲动，但不失其理性。"他们绝不承认他们会为这种感情冲动所左右，他们宁愿让自己的哲学生辉，而不愿让自己本身争光。"①

托克维尔提出这一原则的目的在于同个人主义进行斗争。这一目的具有实践意义。作为当时官方的道德原则，给予被统治者教育的期望，是普通民众应该坚守忘我无私、为善而不图回报的价值观念。他认为，不论是贵族时代，还是其他时代，对美好德行的讨论是不同时代永恒的话题，但不同时期对于德行的功效却有不同的界定。其原因在于，个人利益与社会利益具有统一性，"个人利益和全体利益有符合和相通之处"，"在美国，人们几乎绝口不谈德行是美的。他们只相信德行是有用的，而且每天按此信念行事。美国的道德家们绝不劝他们的同胞为了表现伟大而去牺牲自己。但他们敢于宣称，这种牺牲精神对于牺牲者本人和受益者都是同样必要的"②。在现实社会生活条件下，一味强调个人牺牲精神，往往会导致个人虚无主义。在美国，绝不反对每个人可以追求自己的利益，但又极力证明个人利益应当来自诚实。这表明个人利益的获得应具有正当性，诚实是个人利益获得的道德要求。在利己主义方面，法国人与美国人的不同之处在于，"美国人公开主张利己主义，而我们则口头上不说但实际上奉行"。其产生的实际效果表现在，"每个美国人都知道牺牲个人一部

---

① ［法］托克维尔：《论美国民主》下卷，董果良译，商务印书馆1988年版，第652页。
② ［法］托克维尔：《论美国民主》下卷，董果良译，商务印书馆1988年版，第651—652页。

分利益可以保全其余部分。法国人是要把全部利益都保住，而结果往往是全部丧失"。正因为如此，追求功利是正当的行为，而且这一行为是任何力量都不可阻挡的，它与人们追求日益发展的身份平等共同发展。"个人利益即使不是人的行动的唯一动力，至少也是现有的主要动力。"① 在这里，更为重要的是，"每个人对于自己的个人利益是如何理解的"。托克维尔提出了借助教育的手段来实现理性精神。他认为，"美国人对这一原则的所有组成部分并不都明明白白。但是，其中所包含的大多数真理都是清清楚楚的，也即只要能对人进行启发教育，人人便都可以理解。可见，只要不遗余力地进行教育就可以了，因为盲目的献身和本能地为善的时代已成为遥远的过去，而自由、公共安宁和社会秩序本身通过启蒙和教育可以实现的时代即将来临"②。

托克维尔认为，形成这一原则的有效路径在于，它不要求人们发挥伟大的献身精神，只促使人们每天做出小小的牺牲。这一原则有其固有的局限性，"只靠这个原则还不足以养成有德的人"，但其限度有它的裨益之所在，"它可使大批公民循规蹈矩、自我克制、温和稳健、深谋远虑和严于律己。它虽然不是直接让人依靠意志去修德，但能让人比较容易地依靠习惯走上修德的道路"。③ 正是美国民众在日常生活中一些看似细小的琐事上勇于否定自我的精神，才使他们能够为了别人而牺牲自己的某些个人利益。同时，他认为，这一原则不是高于社会水准的道德规范，但对于普通民众的实际意义在于，它的存在可以提升社会的整体道德水平（即使对于个别高水准的人而言是有所下降的）。

托克维尔关于"正确理解的利益"原则的思想，是建立在克服

---

① ［法］托克维尔：《论美国民主》下卷，董果良译，商务印书馆1988年版，第654页。
② ［法］托克维尔：《论美国民主》下卷，董果良译，商务印书馆1988年版，第654—655页。
③ ［法］托克维尔：《论美国民主》下卷，董果良译，商务印书馆1988年版，第653页。

"多数人暴政"的民主制度基础之上的。他具体阐述了美国独特的社会价值观和精神，其中对于美国独特于欧洲的例外主义表现不乏溢美之词。在19世纪美国快速发展的过程中，个人主义对个体利益的维护和促进具有积极意义。同时，也应当认识到，在这一阶段的美国，社会利益包括个体利益在不同地域产生了巨大的差异和不平等，这也正是美国内战的重要原因。

在关于公共利益与个人利益关系的诸多争论中，存在着不同的评价标准。其中，以约翰·罗尔斯、罗伯特·诺齐克（Robert Nozick）等人为代表的"个人利益优先论"，和以查尔斯·泰勒（Charles Taylor）、迈克尔·桑德尔（Michael Sandel）等人为代表的"公益优先私利论"最具代表性。分配正义（又称社会正义或经济正义）在亚里士多德的语义中，指的是确保应该得到回报的人按他们的美德得到利益的原则，尤其应考虑到他们的政治地位。① 而现代意义上的分配正义则指，国家保证财产在全社会进行分配，以便让每个人都得到一定程度的物质手段。茨威格（Stephen Zweig）写道："无论是谁，全部放弃了个人享乐（即使是自愿放弃的），也必然会把放弃作为法律强加于人，而且将试图使用武力，把对他是自然的，但对民众却是不自然的事物强加于人。"② 在社会主义制度中，必须承认和关心个人利益，即使到共产主义社会也依然如此。邓小平同志在回答意大利记者奥琳埃娜·法拉奇（Oriana Fallaci）的"共产主义是否也承认个人利益"问题时，明确指出共产主义"承认"个人利益。他说："共产主义的高级阶段，生产力高度发达，实行各尽所能，按需分配，将更多地承认个人利益、满足个人需要。"③

在阶级社会，表现公共利益最为普遍的形式是国家利益。对于国家利益的起源，马克思、恩格斯指出："正是由于特殊利益和共同利益之间的这种矛盾，共同利益才采取国家这种与实际的单个利益和全体

---

① 参见［美］塞缪尔·弗莱施哈克尔《分配正义简史》，吴万伟译，译林出版社2010年版。
② 转引自何怀宏《底线伦理》，辽宁人民出版社1998年版，第261—262页。
③ 《邓小平文选》第2卷，人民出版社1994年版，第351—352页。

利益相脱离的独立形式，同时采取虚幻的共同体的形式，而这始终是在每一个家庭集团或部落集团中现有的骨肉联系、语言联系、较大规模的分工联系及其他利益的联系的现实基础上，特别是在我们以后将要阐明的已经由分工决定的阶级的基础上产生的。"① 在欧洲历史上，"国家利益"曾作为"国家的理由"而风靡一时。在马基亚维利（Machiavelli）的《君主论》发表后，"国家的理由"便成为政治思想家和政治家关注的重要话题。S. 克拉斯纳（Stephen Krasner）作为新自由主义国家理论的代表人物，他主张国家利益或国家理念决定政策。马克思认为，阶级是"有组织的人类利益集团"。国家利益不仅是占统治地位的阶级所支配的公共利益，而且是公民对社会甘愿奉献的重要动因。在如何正确处理个人利益与社会利益的关系问题时，从职业选择角度去思考可能是再贴切不过的了。马克思在《青年在选择职业时的考虑》一文中，具体指明了青年在选择其终身所欲从事的职业时所拥有的自由度和道德义务。"在选择职业时，我们应该遵循的主要指针是人类的幸福和我们自身的完美。不应认为，这两种利益会彼此敌对、互相冲突，一种利益必定消灭另一种利益；相反，人的本性是这样的：人只有为同时代人的完美、为他们的幸福而工作，自己才能达到完美……历史把那些为共同目标工作因而自己变得高尚的人称为最伟大的人物。"② 在资本主义发展初期，资产阶级代言人一方面宣扬资产阶级和新贵族阶级的价值取向；另一方面又将这一理念赋予了一种吸引人的、对全人类有利的形式，并把其提高到了"造福大众"的地位。马克思针对这一点指出："任何一个要想把在它之前占统治地位的阶级赶走而取而代之的新阶级，为了实现它的目的，必定要把自己的利益说成是社会全体的共同利益……把自己的思想装点成公共的形式。"③ 在现当代，研究腐败问题的学者约瑟夫·A. 圣图里亚（Joseph St. Turia）对"政治腐败"给出的定义是："只要当时最好的民意和道

---

① 《马克思恩格斯文集》第1卷，人民出版社2009年版，第536页。
② 《马克思恩格斯全集》第1卷，人民出版社1995年版，第459页。
③ 转引自［英］弗朗西斯·培根《新大西岛》，何新译，商务印书馆1959年版，附录，第66—67页。

德判定它牺牲公共利益而满足私人利益……那么，它就必定被当作是腐败的行为。"① 这一定义以公共利益与私人利益为区分标准，对"政治腐败"的基本属性进行了划定，为腐败治理提供了理论依据。

3. 利益阶层的形成与发展

美国学者厄尔·莱瑟姆（Earl Latham）认为，公共政策实际上是利益集团之间权力相互斗争所达成的一种势力均衡，也就是说公共政策的产生过程，实际上是公共权力主体之间进行权力角逐的过程。② 从经济效应来看，社团群体是为了增进其成员利益而存在的。亚里士多德早就指出："人们为了获得特别的好处，通过为生活的目的提供某些特别的东西而聚在一处；同样，政治社团看来是为它所带来的总的好处而自发地聚到一处并继续存在下去的。"③ 社会心理学家莱昂·费斯廷格（Leon Festinger）认为："集团成员身份的吸引力并不仅仅在于一种归属感，而在于能够通过这一成员身份获得一些什么。"④ 而现代政治学"集团理论"的奠基人阿瑟·本特利（Arthur Bentley）指出，"不存在没有其利益的集团"⑤。每一个团体都有其利益，利益成为不同社会团体、阶层、阶级关系的纽带。同时，本特利认为，"不以其他利益团体为参照物，就没有一个利益集团有意义"。这也恰好应和了尼布尔的观点："公民的想象力无论如何丰富，也无法遮蔽公共政策追求团体私利的目的性。"⑥ 共同体的利益来源于个体利益又高于个体利益，它优先于团体成员的自我利益，这是共同体成员所应担当的责任。共同体利益的功能在于，它能够把成员的具体利益整合和抽象，产生

---

① 俞可平：《权利政治与公益政治》，社会科学文献出版社2000年版，第146页。
② 参见张小雁《公共政策的法治化》，《探索》2003年第6期。
③ 转引自［美］曼瑟尔·奥尔森《集体行动的逻辑》，陈郁等译，上海人民出版社2011年版，第6页。
④ ［美］曼瑟尔·奥尔森：《集体行动的逻辑》，陈郁等译，上海人民出版社2011年版，第6页。
⑤ ［美］曼瑟尔·奥尔森：《集体行动的逻辑》，陈郁等译，上海人民出版社2011年版，第7页。
⑥ ［美］R.尼布尔：《道德的人与不道德的社会》，蒋庆等译，贵州人民出版社2009年版，第9页。

集聚效应，实现个体成员独立无法实现的利益。① 马克思主义从来不否定个人利益，即使共产党作为执政党对其党员的合法利益也应当给予关心和保护。正如刘少奇所指出的，"在我们党内，党员的个人利益要服从党的利益，为了党的利益，还要求党员在必要的时候牺牲自己的个人利益。但是，这并不是说，在我们党内，不承认党员的个人利益，要抹杀党员的个人利益，要消灭党员的个性。党员总还有一部分私人的问题需要自己来处理，并且也还要根据他的个性和特长来发展他自己。因此，党允许党员在不违背党的利益的范围内，去建立他个人的以至家庭的生活，去发展他个人的个性和特长。同时，党在一切可能条件下还要帮助党员根据党的利益的要求，去发展他的个性和特长，给他以适当的工作和条件"②。与个人利益相比较，个人主义以个人利益为根本出发点，以牺牲他人和社会利益来实现自身个体利益为前提，在处理个人利益和集体利益关系时，坚持了个人利益至上的原则。

社会分工使人们在长期的社会生产过程中形成了相对稳定的阶层，这些不同阶层会组成不同的利益群体。当具有共同利益诉求的社会成员通过组织化的行为，以影响公共政策决策、维护和协调团体利益时，就形成了利益团体。在电子技术时代，利用互联网并基于会员制所组成的电子成员，构成了区别于传统利益集团的新型行动组织。相对而言，利益群体只有产生有组织化的利益行为、活动，才能称之为"利益团体"。在西方国家，利益团体谓之为"利益集团"或"压力集团"。利益团体往往是政策倡导者，他们把注意力集中在政策问题上，并为实现他们所喜欢的方案而寻求政策议程的机会，即所谓的"政策之窗"③。被称为"美国宪法之父"的詹姆斯·麦迪逊（James Madison），也曾被誉为研究利益群体的"美国最重要的理论家"，他认为，利益群体是建立在损害个人利益或社会公共利

---

① 参见［美］曼瑟尔·奥尔森《集体行动的逻辑》，陈郁等译，上海人民出版社2011年版。
② 《刘少奇选集》上卷，人民出版社1981年版，第135页。
③ 参见［韩］吴锡泓、金荣枰编《政策学的主要理论》，金东日译，复旦大学出版社2005年版。

益基础之上的公民利益共同体。在封建社会，君权神授的法则成为庇护专制的律令。资产阶级与封建贵族斗争的结果使资产阶级形成了自己有组织形式的政党。"直到19世纪下半叶，政党和利益集团才被人们当作民主政治中的合法组织而广为接受（美国和英国的政党制度属于例外，因为这两个国家的政党在19世纪已经获得了合法地位）。"① 自近代以来，政党功能的逻辑起点是它的利益代表性，政党代表着不同阶级、阶层的利益，政党的利益表达、利益聚合功能是政党利益代表功能的具体呈现。随着经济社会的发展，社会结构层次逐渐复杂化，导致了社会利益的不断分化。不同政治主体或非政治主体都具有利益代表的可能，诸如包括政党在内的社会团体、非政府组织等。社会利益群体的客观存在，需要人们理性地看待这一社会现象及其活动。利益团体在当代中国的政治功能主要表现在："一是能够疏通和拓宽利益表达渠道，提供了一种意见表达和意见综合机制；二是采取协商方式实现利益诉求，使相关利益者与政府之间形成一个缓冲区间，避免了直接冲突；三是有利于形成重要的信息传输和社会监督主体；四是可以改善党群关系，促进政府运行机制的完善和公开透明。"② 其中，社会利益的分化对社会发展的积极影响还包括：它有利于促进和激励社会生产效率的提高。而利益团体的消极影响主要表现在："通过非理性、非合法性的参与方式和行为，影响公共政策过程的公平公正，对执政党能力提出挑战，可能危及和谐社会关系的建构和社会稳定。"③ 当利益团体将自己获得利益的方式或手段变成一种"权利"时，他们就会变成"既得利益"团体，这种既得利益是一种只取不予的权利。社会学的大量证据表明，已获得利益的富有集团、阶级对于威胁或有损于他们收益的变

---

① ［英］韦农·波格丹诺主编：《布莱克维尔政治制度百科全书》，邓正来译，中国政法大学出版社2011年版，第311页。
② 汪永成等：《社会利益集团政治化趋势与政府能力建设》，《武汉大学学报》（人文科学版）2005年第1期。
③ 朱光磊等：《当代中国社会各阶层分析》，天津人民出版社2007年版，第523—524页。

迁都持反对态度，从而成为社会变迁的一种阻碍。而从现有社会利益分配格局中没有获得利益的，如遭受剥削的集团或阶级都倾向于发起和支持社会变迁。① 由于既得利益团体的存在，就可能导致政治腐败，导致社会不同利益的严重失衡，加剧社会矛盾激化。如何利用其正面影响，防止利益团体行为活动的扭曲，应当是政治治理的一项重要内容。

马克思说过，"人们为之奋斗的一切，都同他们的利益有关"②。在中国传统文化中，"君为主，民为本"的思想长期占统治地位，君与民的利益关系存在统一性。传统文化一方面强调君以利民而利己，以害民而害己；另一方面，只有推崇行"君道"，才能有利于普通百姓。"君道不废者，天下之利也"（《吕氏春秋·恃君》）。中国古代民本思想的最终利益着力点在于"君惟邦主"，主权在君。马克思和恩格斯在《共产党宣言》中强调："在无产阶级和资产阶级的斗争所经历的各个发展阶段上，共产党人始终代表整个运动的利益。"③ 中国共产党的合法性主要来源于，在各项社会生活中能够代表最广大人民的根本利益，充分尊重、保护人民的利益。但是，我们应该认识到，随着社会变迁，改革开放的进程使中国由一个"去分层化"社会转化为"再分层化"社会，社会结构分层的出现将社会利益群体进行了详细分化。党的十三届二中全会的工作报告指出："在社会主义制度下，人民内部依然存在着不同利益集团的矛盾。"④ 这是首次提出中国社会存在着不同的利益集团。

4. 公德与私德的对立统一性

在道德领域对正确利益的理解是公德与私德价值观念的具体展现。在中国传统伦理思想中，儒家主张道德精神上的立公去私，提倡

---

① 参见［美］威廉·费尔丁·奥格本《社会变迁——关于文化和先天的本质》，王晓毅等译，浙江人民出版社1989年版。
② 《马克思恩格斯全集》第1卷，人民出版社1995年版，第187页。
③ 《马克思恩格斯文集》第2卷，人民出版社2009年版，第44页。
④ 《谈中央政治局四个月来的主要工作及今后进一步贯彻十三大精神的思路与布局》，《人民日报》1988年3月16日。

在公共领域拒斥个人私利，视个人道德与公共道德同构于一体，私人生活领域和社会公共生活领域同属于共质，"德一而已，无所谓公私"，"但其发表于外，则公私之名立焉。人人独善其身者谓之私德，人人相善其群者谓之公德"。由"推己及人"思想，衍生出"公德者，私德之推也。知私德而不知公德，所缺者只在一推。蔑私德而谬托公德，则并所以推之具而不存也"①。虽然这些强调了私德与公德之间的统一性，但私德在本质上不仅仅是个体德性的现实存在，同时也体现了公共领域的社会道德基础。在现代转型期，实现私德与公德的区隔、分化，私德本位向社会性公德本位转换，促使建构中国公共理性成为可能。充分发挥公共主体的独立性，其核心在于发挥公共主体的公共精神的典范作用。

在经济领域，随着资本主义商业和工业的兴起和发展，"追求个人物质利益是人类行为的完全合法形式"的思想大行其道。同时，这一思想认为是个体对私人利益的追求生成、构筑了公共利益，并成为公共利益发展的基石。相应地，公共利益有助于促进和保护私人利益，公共利益要求对私人利益进行保护。18世纪下半叶，美国独立初期，詹姆斯·麦迪逊（James Madison）力排众议，主张将13个前殖民地组成一个更大的整体，这一提议认为，将不同利益包容于一体，借助诸多利益冲突，既可以防止个人或一方独大，又可以阻止形成暴虐专横的多数。正是依赖诸多私利之间的矛盾冲突，公共利益才得以存在和实现。同时，公共利益的实现，也有助于抑制私人利益的恶性膨胀和泛滥。美国的社会政治实践恰恰成为功利主义思想的一个有效的注解。在现当代西方社会思想领域，对于公共利益的区分一直是学者们争论不休的话题，这从英语的不同表达就可以表明，诸如"public good""public interest""public use"和"public purpose"等。② 在西方工业革命迅猛发展时期，对私利的尊崇也扩展到了文化领域，并

---

① 易鑫鼎编：《梁启超选集》下卷，中国文联出版社2006年版，第594—599页。
② 参见 Amanda M. Olejarski, "Public Good as Public Interest? The Principle of Tangibility in Eminent Domain Legislation", *Public integrity*, Fall 2011, Vol. 13, No. 4。

成为一种社会发展的路径选择。

在现代政府职能的实现过程中，公共政策致力的公共利益目标是其管理核心。无论是美国罗斯福总统1933年的"新政"，还是20世纪60年代美国约翰逊总统推行的"伟大的社会"计划，都将从事政府管理视为投身公共利益，为公共利益服务。美国社会因而俨然成为一个公共利益的联合体。这些现代政府理念与休谟的政府功能思想正相吻合。共同体中的群体规模直接影响到决策的实现可能。如果共同体的规模较小，则他们就有可能就公共产品的供应计划和成本分摊问题达成协议。而如果共同体的规模庞大，其达成协议就很困难，决策成本也极高。正如大卫·休谟（David Hume）所认为的："两个邻人可以同意排去他们所共有的一片草地中的积水，因为他们容易互相了解对方的意图，都会预料到自己不参加的直接后果，也就是等于放弃了整个计划。但是要使成千上万的人都采取这样的一致行动是很困难的，而且也是不可能的；他们对于那样一个复杂计划难以协商一致，至于要执行那个计划就更加困难了，因为各人都在找寻借口，要想使自己省却麻烦和开支，而把全部负担加在他人身上。而政治社会就容易补救这两重困难……因此在政府管理下就到处修桥、开港、筑城、凿渠、造舰、练兵，虽则政府是由带有一切人类弱点的人所组成的，这却是一种最最美妙、最最精巧的发明创造——一种在某种限度内摆脱了所有这些弱点的结合体。"①

作为宪政经济学派代表人物之一的詹姆斯·M.布坎南（James McGill Buchanan）将经济交换论引入政治领域，创立了公共选择理论。他认为，借助传统经济学中的基本假定和基本分析工具，可以揭示政治活动决策参与者的理性经济人的本质，通过集体行动和政治过程来决定公共物品的需求、供给和产量，促使政府成员在决策过程中进行对话与选择，可以以此缩小和限制政府的权力，防止多数主义政治侵夺公共资源。由于公共利益的模糊性、公共决策体制及方式的局限性、信息的不完备、选民的自利性，以及决策执行的困难等因素的

---

① ［英］休谟：《人性论》，关文运译，商务印书馆1980年版，第578—579页。

制约，政府的干预可能会产生"寻租现象"，出现用较低的贿赂成本获取较高的收益或超额利润等不法行为，从而导致公共政策失灵。政府行为尤其是政府成员的行为，必须受到伦理道德的约束。①

（二）公共政策的本质属性在于为社会公共利益服务

公共政策作为政府用以管理社会的工具，产生于对"政策需求的回应"。它是按照公共利益采取的公共行动，是为社会共同幸福进行的努力，在维护一定社会群体的利益与需要上起到了巨大的政治作用。公共政策是调节、平衡社会各利益矛盾，维护公共利益的产物，是公共利益的诠释和道德的表达。它本身即是公共行政的价值追求、理想信念的张扬和弘范。公共政策反映着公共意志，其本质属性在于它体现了公共性的社会利益，这一社会利益为公众所领受。"公共性"的伦理特征鲜明地体现在它的公正性、公平性、公开性上。公共政策的公正性彰显了公共权力机关的伦理责任，公共政策的公平性彰显了公共权力机关对公民权益的平等保护的伦理精神，公共政策的公开性彰显了社会民主制度为民众所感知的、可以广泛参与的伦理限度。公共政策在管理社会公共事务中发挥着重要的作用，这具体体现在公共政策的两个基本功能上。首先，公共政策具有目的导向功能，它既具有应然的导向性，也具有实然的行动性，是事实与价值的统合，是工具理性与价值理性的融汇。在现当代，由于社会风险的增加，公共政策的前瞻性或预防性显得尤为重要。其次，公共政策是社会公共事务管理的工具和手段，是社会利益的调节器。在现代治理中，必须通过有效的治理机制，建立合理的治理结构，使多元利益主体积极参与其中，发挥国家政权机关、政协组织、党派团体、基层组织、社会组织及广大人民群众等多元利益主体参与治理的积极性，提高改革决策的科学性，实现最大公共利益的善治。

从实质上讲，公共政策问题是指那些在现实中给大部分人带来影响并且具有较大意义的问题，而且该问题通常很难甚至不可能通过个

---

① 参见［美］布坎南、［美］塔洛克《同意的计算——立宪民主的逻辑基础》，陈光金译，中国社会科学出版社2000年版。

第二章　公共政策的道德价值

人行为得到解决。① 通过集体公共行动达到政策目标，以实现可能的价值或机会，是公共政策问题得以解决的必然选择。当人们的价值、观念、利益或生存条件遭受到威胁时，此刻出现的问题能否成为公共政策问题，在一定程度上取决于人们是否对这些问题取得共识，也取决于人们对其所做出的判断是否正确。公共政策的伦理分析就在于，"我们的问题不是去做正确的事，我们的问题是知道什么是正确的"②。伦理道德如影随形般地影响并贯穿于公共政策过程，公共政策是社会道德文明价值取向的具体呈现。

通过集体社会意识的培育与利益导向相结合的途径，引导人们正确处理各类社会利益矛盾，发挥利益的道德价值引导作用，促使公共利益意识在公民道德建设中的重要性得到关注。在社会政治生活领域，公共利益意识的养成首先必须要有公民意识的根基，公民意识主要体现在公民对政治、政府的理解，对公共政策的理解，以及对民主原则的信仰。公众参与意识是公民意识在公共政策制定、实施等环节的具体表现，公众作为公共政策过程的利益相关者，当公共利益和不同群体的经济利益、实际政治利益、成本效益方式等发生冲突时，应当把公共利益放在首位，防止出现"搭便车"的现象③对集体行动产生妨碍。

对于公共利益的实现，人们持有不同的评判标准。一种观点认为，公共政策的科学性体现着公共利益，具体展现在政府管理中，"研究行政的目的是要使行政建立在以稳固的原则主导的基础上，使行政方式摆脱凭经验、靠摸索的模式，避免由此而造成资源的浪费和管理的混乱"④。另一种观点认为，公共利益是有道德的行政行为

---

① 参见［美］詹姆森·E. 安德森《公共政策制定》，谢明等译，中国人民大学出版社2009年版。
② ［美］威廉·N. 邓恩：《公共政策分析导论》，谢明等译，中国人民大学出版社2011年版，第2页。
③ 20世纪60年代中期，曼瑟尔·奥尔森的《集体行动的逻辑》提出了"搭便车"现象，即既然集体行动的结果是公共物品，那么每个人都会预期其他人会尽力提供，而自己尽力不作贡献，其结果也能够被自己享受，而不论自己是否参与产生这种结果的合作。
④ Woodrow Wilson, *The study of Administration*, *Political Science Quarterly* 2, June 1886.

在实现公共政策目标时产生的结晶,政府职员以有道德的行政行为来展现他们为公共利益谋取福利。前一种观点是以技术理性的角度来看待公共政策的科学性所体现的公共利益;后一种观点则将公共政策中的主体——人的有道德的行为结果,作为评判公共政策道德性所固有的公共利益价值的依据。就中国当前具体的房产政策而言,必须坚持公共利益的价值取向,确保住房政策的民生性、社会性。住房政策不仅仅具有经济政策功能,更为关键的是它还具有公共政策功能。切实转变住房政策理念,明确住房政策的价值定位和发展目标,克服以往住房政策以拉动经济增长为目标导向的诱惑,将住房政策列为推动民生发展的核心内容,这些都充分地体现了住房政策的本质属性。

环境问题是一个关涉多层面的社会利益问题。从眼前利益来看,它可能使少数人受益,但从长远利益来看,它可能使大多数人受损。科学技术发展到了今天,人类与其生存发展环境的关系越来越密切,环境问题也日益突出,而环境政策的效果则需要一个较为长期的社会检视过程。公益诉讼是实现环境保护政策中公共利益诉求的一个重要途径。改革开放后的40年,中国共制定了8部环境保护法、15部自然资源法,颁布了环境保护行政法规50余项,部门规章和规范性文件近200件,国家环境标准800多项,批准和签署的多边国际环境条约51项,地方各级人民代表大会和地方各级人民政府制定的地方性环境法规和地方政府规章共1600余项。[①]中国环境法律和标准体系的不断健全和完善,有效地促进和加快了环境污染问题治理的进程。但是,随着中国经济的突飞猛进,人口、经济活动等的分布与区域资源、环境、生态的承载能力严重不协调,环境污染问题亦越来越严重。由于"先开发、后保护,先污染、后治理"的恶性发展循环,环境、资源与经济社会发展的矛盾日益尖锐。例如,血铅超标事件频繁发生,成为严重的环境污染问题。从2009年8月的陕西省凤翔县

---

① 参见《改革开放30年以来我国环境保护事业取得积极进展》, http://www.gov.cn/gzdt/2008 - 11/14/content_ 1149033. htm。

615名儿童血铅超标，到2011年初安徽怀宁的20多名儿童血铅超标，以及2011年3月的浙江台州168人血铅超标，2011年5月的浙江省湖州市德清县发生的332人血铅超标的污染事件。① 多起重金属污染事件，为中国环境问题再次敲响了警钟。环境问题不仅危及当代人的生活质量，而且危及子孙后代的身心健康和未来社会的发展。目前，在中国有关环境政策法规中虽然规定了公众参与环境监督的权利，诸如分别于2003年施行和2006年发布的《中华人民共和国环境影响评价法》和《环境影响评价公众参与暂行办法》，但亟须法规政策明确公众参与的具体程序、方式和保障机制，特别是在公众意见未被采纳时和如何实现公众权利的救济制度等方面更加需要完善。

公益诉讼是为了维护公共利益而提起的一种诉讼，是社会公共利益已经实际遭受民事损害或可能发生损害（这一损害不仅局限于经济利益的损害，还包括美学、娱乐和环境价值在内的公共利益的直接或间接损害）时，在没有合适的原告主体提起诉讼的特殊情形下，所建立的一种事后民事救济和事前民事预防的机制。环境公益诉讼是公益诉讼的一个重要内容。在美国，公益性环境诉讼条款最早见于1970年的《清洁空气法修正案》②。在这一法案颁布之后，美国联邦政府相继修订、制定了一系列环境保护法，这些法律大多包含了公民诉讼条款的规定。公民参与环境决策不仅局限于听证，而且也可以通过法律诉讼的途径来积极介入环境政策的实施。这一诉讼不是为了解决个案，而是为了督促环保机关及企业积极采取公益措施，以保护公共利益。当前，中国面临着严峻的环境污染问题，围绕污染事故的公益诉讼就成为社会普遍关注的焦点。2012年8月31日，全国人大常委会表决通过了关于修改《中华人民共和国民事诉讼法》的决定。新法修订后增加了"公益诉讼"的相关规定："对污染环境、侵害众多消费者合法权益等损害社会公共利益的行为，法律规定的机关和有关组

---

① 参见刘世昕《多起血铅超标事件敲响重金属污染警钟 整治提速》，http：//www.hzrd.gov.cn/zxzx/szxx/201105/t20110520_255346.html。

② 美国1970年的《清洁空气法修正案》是在1963年的《清洁空气法》基础上设立的，该法案中公益性环境诉讼条款由参议员埃德曼德姆奥吉尔引入。

织可以向人民法院提起诉讼。"这一规定为环境公益诉讼制度的不断完善奠定了基础。环境问题涉及重大公共利益，对于维护社会稳定、建构和谐社会产生了直接影响。在中国社会转型期和环境敏感期，积极探寻公众通过合法程序保护环境的新机制，是化解重大环境纠纷的有效途径之一。2012年酝酿的《中华人民共和国环境保护法》修正案，依照《中华人民共和国民事诉讼法》的新规定，提出进一步明确环保部门和社会环保组织提起环境公益诉讼的主体资格，以有利于促进社会公共利益的有效保护。①

2012年1月15日，广西龙江流域发生了镉污染事件，此次污染对龙江流域的环境公共利益产生了重大影响，为从法律途径维护环境公共利益，"2012年2月10日，中华环保联合会委托志愿律师事务所——北京市某律师事务所律师，向广西壮族自治区河池市环保局出具律师函，认为此次污染事件不但对特定公民、法人的民事权益造成损害，还对不特定主体也就是国家和社会公众的环境权益造成了巨大损害。建议广西壮族自治区河池市环保局对广西龙江河镉污染事件肇事企业提起环境公益诉讼，代表国家通过诉讼方式对此次龙江河镉污染事件的侵权主体提起民事诉讼，以维护国家和社会公众的合法权益。如果该局在此次事件发生起后60日内未提起诉讼，中华环保联合会将履行其职责，向管辖权的人民法院提起公益诉讼"②。中华环保联合会对于广西龙江河镉污染事件发出的律师函，为维护公共利益提供了法律保护范例。

（三）公共政策伦理分析是其内在价值导向与社会核心价值观一致性的确证

公共政策是对公共利益的权威性分配，公共政策伦理是公共权力部门和社会公众在制定、执行、监督与调整的过程中，应当遵守的道德价值理念和行为规范。社会核心价值观在整个社会价值体系中居于

---

① 参见《环保组织：环境公益诉讼的主力军——〈民诉法〉修正案评析与〈环保法〉修改建议》，《中国环境报》2012年10月12日。
② 《我会建议广西河池市环保局对龙江污染事件肇事企业提起环境公益诉讼》，http://www.acef.com.cn/envlaw/news/38271.shtml.

第二章 公共政策的道德价值

核心地位,发挥着主导作用,决定着整个社会价值体系的基本特征和基本方向,为建构和谐社会提供了精神动力。公共政策伦理分析的主旨在于,运用社会主导的价值标准和伦理规范,对公共政策目标及过程进行合法性的追问和阐述,以确证每一项政策所达目标的正当性,进而实现规避公共政策的异化风险。事实表明,忙于向"科学性"贴近,以实证技术为方法论,难以解决公共政策科学所面临的许多深层次的社会危机,公共政策问题往往涉及的不是公共政策得以实现的技术层面的问题,而是事实与价值的统合问题。

伴随着中国社会主义市场经济体制改革和发展的不断深化,政府职能的转换和政策价值理念的转变,促使社会公共问题日益凸显。在某些公共政策的制定与执行的过程中,由于某些公共政策价值取向的偏差和某些公共政策出现的道德风险,导致了公共政策出现了决策失误和失灵等诸多问题。应当清醒地看到,缺失合理的道德价值的公共政策,最终会消解社会道德价值的规范和指导作用。同时,每一个社会占主导地位的道德价值理念都必须借助公共政策这一手段,才能真正深入人心,指导广泛的公民道德实践。某些公共政策出现的道德价值偏差或缺失,阻碍了其有效实施及社会积极效应的实现。经济、政治、文化等不同领域的政策的具体表现形式,都是由公共政策的内在特性塑造的。如果将公共政策描述为具有人格的主体,那么,一个有效的公共政策就会像企业家那样具有某种类似的品性。管理学大师彼得·德鲁克(Peter Drucker)指出:事业成功的企业家,"全都是,或者至少有一个相同之处,那就是他们都不是冒风险的人。他们尽可能确定那些不得不冒的风险,并且把风险降低到最低程度"。通过系统分析机会来源,认准机会并加以利用,成为企业家成功的重要条件。① 明确公共政策的道德风险则要求在公共政策过程中,确定公共政策的道德风险,并且控制其道德风险不再扩大乃至规避其所产生的风险。针对公共政策可能产生的道德风险,

---

① 参见[美]戴维·奥斯本、[美]特德·盖布勒《改革政府》,周敦仁等译,上海译文出版社2006年版,前言。

公共政策伦理分析涉及公共政策的公共利益与私人利益、目的与手段、公平与效率、权利与义务、事实与价值之间的关系应当如何等相关内容。今天，西方国家公共政策的制定和执行正在努力走出以往技术主义的误区，开始重点关注公共政府的价值方面。"事实上，由于在现实生活中，一味指靠政策科学自身来解决公共政策执行失灵中的问题已显得底气不足，而要挖掘出公共政策执行的内在根源，找到一种更为有效的解决途径，必须诉诸一种更为彻底、宽宏的伦理分析视角。"① 公共政策的伦理分析重在于突出公共政策的伦理导向性，提高公共政策的合法性和道德的正当性，以促进全社会的思想道德建设。

第二节　提升公共政策的道德价值何以可能

公共政策内在地包含着价值情感，并以这种价值情感构成了它们的伦理要素。每一个社会的良好道德秩序与风尚都需要该公共政策的基本价值导向的支撑。公共政策是支持社会基本道德价值理念和规范的物质与精神基础。在制定公共政策、处理公共事务和实现公共管理目标的过程中，其所确定和实施的公共行为规范、行动准则和活动策略等，在本质上就包含了道德价值，对社会道德建设起到了直接的现实作用。体现良好道德价值理念和规范的公共政策，在社会利益调节和精神导向方面起到了决定性的作用。

一　公共政策的调节功能

公共政策作为社会和谐的"调节器"，具有以社会价值为导向化解社会矛盾的作用。在社会治理过程中，公共政策不仅仅是社会和谐的"调节器"，更为重要的是，和谐社会需要体现社会公平正义价值观的公共政策来实现。因此，在公共政策的制定和执行过程中，如果能够将社会道德评价融入公共政策的全过程，并置于社会道德的大背

---

① 孙云峰：《公共政策伦理研究的反思与展望》，《唯实》2008年第4期。

景下，以社会道德资源作支持，可以使其具有道德上的正义感，并获得合法性和合理性，这不仅是社会进步和对民意尊重的体现，也是对公共政策本身的很好的保护和促进，有利于社会管理的有效实现。当社会道德生活出现危机时，利用公共政策解决社会道德生活困境就成为一种可能。譬如在面对家庭道德关系中的一些偏差或不良倾向时，可以通过经济政策的导向作用加以缓解或解决。英国作为世界上离婚率较高的国家之一，有4%的婚姻面临破裂。早在1999年，英国政府就通过了一项法律，以减轻离婚率过高而带来的社会补贴的负担，该法律规定，离婚后妇女有权得到前夫退休金的一部分。该法律规定的理由在于：很多妇女的美满婚姻尽管中途夭折，但她们多年来给予丈夫的支持是很大的，为前夫的退休金也作出了贡献。因此，即使宣告婚姻结束，承认这部分贡献也是公平合理的。这是用经济手段解决家庭婚姻这类道德问题的例证。[①] 在社会发展的新阶段，需要把握新趋势、新特点、新动向，通过理论创新来促进社会建设，实现社会和谐治理，这是当代中国政治生活的重要议题。通过公共政策这一手段来实现宏观的社会管理，尤其在面对养老、医疗、就业、住房、收入分配等问题时，依托税收、司法、立法等方式来促进和谐社会建设，这样的公共政策过程就是社会治理的具体展现。和谐社会的建设是一种有利于促进人的自由全面发展的过程，这其中包括人的身心、人与人、人与社会、人与自然关系的协调，它涉及包括作为主体的人在内的社会生态系统的治理和完善。与以往主要侧重于"发展"与"效率"不同，当下所强调的创新社会管理，则更多着眼于"公平"与"和谐"，维护社会程序正义和结果正义，实现社会的实质正义。这一社会治理突破了传统社会管理理念，同时也需要借鉴国际经验，融合不同的文化背景、不同组织及同一组织的不同成员，通过政府机构（包括社会组织）来处理社会事务、提供社会公共服务，同时要以善治为目标，化解社会矛盾，以期达到协调社会秩序，维护社会稳定的目的。

---

① 参见丁大同《国家与道德》，山东人民出版社2007年版。

二　公共政策的基本价值固化功能

公共政策使建构和谐社会中的基本价值取向具体化。公共政策是为实现公共利益而制定和实施的行动准则，它本质上是调整人与人之间关系的具体举措。和谐社会"善治"目标的实现，需要"良策"，即体现社会基本价值原则的公共政策来规范指引和贯彻执行。人人拥有享受社会福利的权利，这是20世纪公共政策的价值观，并且在大多数福利国家的立法中都得到了确认。当前，"上学贵""居不易""看病难""食品不安全"等关系民生的最基本问题，让尚未真正富起来的公民承担了过于沉重的改革成本，如何让人民共享改革发展的成果成为我们这个时代亟待解答的问题。在收入分配体制转型的过程中，原有"平均主义"的计划经济分配体制被打破，目前正在逐步形成和实现有利于社会稳定的新型市场经济分配体制和格局。在此进程中，由于社会主义市场经济体制的不完善、依法行政有待加强及社会组织的缺失等问题的存在，初次分配、二次分配及第三次分配出现了一些失序和不规范的现象，社会收入差距面临着持续扩大的问题。收入分配领域的矛盾严重影响了弱势群体的利益，使他们成为不公平竞争的利益受损者。实质上，社会弱势群体问题一直是一个关乎社会公平的问题，如果漠视社会弱势群体的利益，对他们缺少充分的关注，必然会导致人与人之间缺失公平、正义、诚信和友爱，和谐社会建设也就会失去道德基础。公共政策无疑应当使社会主义的价值取向具体化，使之在社会管理的方方面面，活生生地体现出来。中国的公共政策应当以致力于全社会的进步和正义为宗旨，维护和增进社会公共利益，把解决弱势群体的社会保障问题置于经济社会发展中更加突出的地位，这不仅可以使人们"业有所就、老有所养、病有所医、贫有所济"，而且也能够使人们实现"多劳多得、乐业幸福、老有所乐"。同时需要注重社会群体的普遍受益，将社会公正和社会安全转化为具体的社会保障制度。

三 公共政策的社会道德水平提升功能

将社会基本价值理念全方位地渗透到公共政策中,有助于提高整个社会的道德水平。党的十七大报告中提出,"必须坚持统筹兼顾,要正确认识和妥善处理中国特色社会主义事业中的重大关系,统筹城乡发展、区域发展、经济社会发展、人与自然和谐发展、国内发展和对外开放,统筹中央和地方关系,统筹个人利益和集体利益、局部利益和整体利益、当前利益和长远利益,充分调动各方面积极性。……既要总揽全局、统筹规划,又要抓住牵动全局的主要工作、事关群众利益的突出问题,着力推进、重点突破"①。公共政策是政府对社会资源进行配置的最重要的手段,其影响深远。公共政策存在的合法性、合理性直接关系到国计民生的目标和愿景的有效实现。公共政策本身是社会道德价值的规范化、法律化,对社会道德产生了显著和持久的影响。美国学者彼彻姆(T. L. Beauchamp)指出:"因为法律常常以一定的道德信念为基础——这些道德信念指导法律学家制定法律——所以法律能够使道德上已经具有最大的社会重要性的东西形成条文和典章。法律反对盗窃、谋杀和歧视,正是建立在关于勿盗窃、勿残杀、平等待人的道德信仰的基础上的。所以,法律学家把这些信仰列入法律的范围,是由于它们具有最高的社会重要性。"② 法律反映道德的方式不可胜数,人们的研究至今都无法穷尽:"成文法或许只是法律的外壳,要求借助于达到原则去实现;各种可行使的契约或许会受限于道德和公平的概念;民事和刑事的赔偿责任可能因为一般的道德责任观念而有所调整。"③ 公共政策的提议、制定、执行及调整过程,可以说是国家酝酿、创制政策法规的行为,本质上是在不断规划有道德的生活和社会价值结构的大型设计,因而也是社会道德观

---

① 《十七大以来重要文献选编》(上),中央文献出版社2009年版,第13页。
② [美]汤姆·L. 彼彻姆:《哲学的伦理学》,雷克勤等译,中国社会科学出版社1990年版,第17页。
③ [英]H. L. A. 哈特:《法律的概念》,许家馨等译,法律出版社2011年版,第204页。

念和道德规范积聚、固化的过程。公共政策所选择的社会价值，也就成了社会的基本价值。同样，公共政策的合法性的普遍化地位，对社会道德也具有强化和导引作用，并拓展了道德发展的空间。由于公共政策在社会管理中具有其他社会管理手段不可替代的作用，公共政策作为对社会不同反映的回应，直接干预和服务于不同层次的利益，调适不同主体的物质或非物质需求，将社会中个别、特殊的道德价值通过公共政策形式的一般化、普遍化，使其上升到整个社会层面的合法化，这在客观上为社会新道德的创设和发展提供了新的增长点。另外，公共政策作为政府管理社会的重要手段，是一种不可抗辩的"硬约束"，具有权威性。公共政策一旦形成，就会成为一种既定的对象和现实的力量，在很大程度上又影响着人们的思想、观念及其性质和内容。从政府管理的过程来看，任何一个公共政策的执行都是政府行为，而且是非常审慎、严肃的政府行为，在一般情况下需要依据法定程序，以规范性的成文形式出现，并通过政府公告向公众发布。公共政策的公开性决定了其执行会受到社会的普遍关注，需要经受社会成员持续地在总体方面和技术细节上的道德审视，这实际上预示着公共政策具有促进社会道德进步的作用，也同时面临着某种道德风险的可能。一个在道德上被公众认可的公共政策的出台与执行，必将对社会的发展产生深刻而持续的影响。公共政策道德价值的表达体现在公共政策的优劣或善恶方面，即公共政策的正道德价值、零道德价值或负道德价值等方面，一个公共政策的理性目标是追求它的正道德价值。同时，公共政策的价值目标为善的可量化性提供了可操作的标尺，使社会价值评价和选择成为可能。一方面，政策制定者可依据量化的善来逐步使社会前进到"道德的高地"；另一方面，政策执行的参与者可依据量化的善，成为社会道德的积极实践者，这些都对社会道德整体水平的提升起到了普遍的促进作用。

第三章　国内外公共政策对社会道德建设的经验

公共政策作为一门新兴学科，从20世纪初期才逐渐得到理论界的重视。国外将政策过程纳入科学的建构，经历了众多的实践和理论上的探索，这些经验对于建设符合中国国情的社会主义理论体系具有积极意义。面对如何建设中国特色社会主义理论体系这一重大课题，我们应当从中国国情出发，呈现中国问题，总结中国经验，汲取以往中国公共政策的经验和教训，同时借鉴国外一些有益的经验，以期推动中国特色社会主义道德体系建设的现代化。

第一节　中国公共政策对社会道德建设的经验

在社会主义社会的发展过程中，应该根据不同历史阶段的实际情况，针对不同方面的社会公共问题，来制定和实施路线、方针和政策，也就是社会主义实践中的战略和策略问题，并服从于社会主义的性质和基本原则。与此同时，中国革命道德的形成与发展也经历了不同的历史波折。"从中国革命道德的发端来说，中国革命道德萌芽于1919年五四运动前后，经历了工人运动和农民运动、土地革命战争、抗日战争、解放战争，以及社会主义革命与建设，逐渐形成并不断发扬光大。中国革命道德，以实现社会主义和共产主义的崇高理想为最终目的，以全心全意为人民服务为宗旨和核心，以集体主义为基本原则，高举爱国主义与国际主义相结合的旗帜，形成了无私奉献、顽强拼搏、艰苦奋斗、勤俭节约等革命精神。中国革命道德是中华民族极其宝贵的精神财富,是当代中国时代精神的重要体现。"① 中国革命道德对中国的革命和建设事业发挥着极其重要的作用。中国革命和建设造就了"长征精神""延安作风"和一大批彪炳历史的道德典范,这些都表明了在党的历史进程中始终渗透着道德精神。正如邓小平同志指出:"为什么我们过去能在非常困难的情况下奋斗出来,战胜千难万险使革命胜利呢?就是因为我们有理想,有马克思主义信念,有共产主义信念。"② 江泽民同志也曾强调:"我们党在长期的革命和建设中,形成和发展了一整套优良传统和优良作风。这是我们的政治优势,是我们治党治国的传家宝,任何时候都丢不得,丢了要吃大亏。"③ 中国共产党充分认识到中国革命传统道德及其规范在中国革命和建设中的重要作用和现实意义。

一 改革开放前的公共政策与道德建设

中华人民共和国成立前夕,为夺取新民主主义革命的最后胜利,中国共产党召开了七届二中全会。这次会议提出了在全国胜利后,把中国稳步地由农业国转变为工业国,实现向社会主义过渡的基本任务。并告诫"务必使同志们继续地保持谦虚、谨慎、不骄、不躁的作风,务必使同志们继续地保持艰苦奋斗的作风"④,警惕资产阶级"糖衣炮弹"的袭击。会议明确规定:"禁止给党的领导者祝寿,禁止用党的领导者的名字作地名、街名和企业的名字,保持艰苦奋斗作风,制止歌功颂德现象。"⑤ 同时,会议制定了促进革命迅速取得全国胜利的各项方针和革命胜利后的各项基本政策,为夺取全国胜利及之后由新民主主义社会向社会主义社会的过渡在思想上和政治上都做了充分准备。"两个务必"凝结着深刻的历史经验,体现了我们党的根本宗旨,展示出马克思主义政党的政治本色。坚持"两个务必"

---

① 罗国杰:《论"五四"以来的中国革命道德》,《高校理论战线》2000年第1期。
② 《邓小平文选》第3卷,人民出版社1993年版,第110页。
③ 《十四大以来重要文献选编》(中),人民出版社1997年版,第1192页。
④ 《毛泽东选集》第4卷,人民出版社1991年版,第1438—1439页。
⑤ 《毛泽东选集》第4卷,人民出版社1991年版,第1443页。

是贯彻党的根本宗旨的重要保证，是提高党的领导水平和执政水平的基本要求，是适应新形势、完成新任务的迫切要求，对于加快社会发展具有特别重要的意义。

在中国的历史进程中，土地问题历来是不同社会发展阶段的重要问题，中华人民共和国的社会发展也不例外。改革开放之前，中华人民共和国的土地政策主要经历了两个时期。一是废除封建地主阶级土地私有制，实行农民土地所有制，以促进农业生产，为中华人民共和国的工业化道路奠定了基础。1950年6月颁布的《中华人民共和国土地改革法》提出了"依靠贫农，团结中农，有步骤地、有分别地消灭封建剥削制度，发展农业生产"①的土地改革总政策，极大地解放了农业生产力，提高了农民生产积极性，使农业生产得到迅速发展。这与中华人民共和国土地政策第三个时期，即改革开放后集体土地家庭承包经营时期相比较，其区别是农村实行家庭联产承包责任制，使土地的所有权与使用权分离，但国家拥有土地所有权。新土地政策是通过政府力量，无偿没收地主和富农的土地财产，将其无偿分配给贫农的，它冲击了人们固有的私有制观念，强化了农民与政府的依附关系，从制度层面抑制了广大农民通过劳动致富的思想观念的形成。二是建立"三级所有、队为基础"的农村集体土地所有制时期。通过社会主义改造和人民公社运动，变农民土地所有制为农村集体土地所有制。在农业合作化之初，合作社成为基层政权组织。平均主义和"共产风"盛行是人民公社化运动的一个重要特点，在人民公社体制下，干活"磨洋工""搭便车"，干部"多吃多占"，以及集体行为的"瞒产私分"等现象普遍存在。从1958年底起，国家对农村人民公社进行了整顿，经过一系列曲折而惨痛的过程，最终否定了"一大二公"的方针，重新肯定了农村人民公社的集体所有制性质。

在国民经济恢复时期（1949—1952年），国家采取了有效的工业经济政策，同时建立社会主义国有经济，对官僚资本采取没收的手段，开展"五反"运动和"三反"运动（1951—1952年）等。民族

---

① 《毛泽东选集》第4卷，人民出版社1991年版，第1317页。

资本主义工商业的发展具有两面性：一方面，其为国家工业化和国民经济的恢复作出了贡献；另一方面，资本家的唯利是图，以及对国家工作人员进行收买，也产生了一系列不良后果。因而，"五反"运动打击了扰乱正常经济秩序的投机活动，向着违法的资产阶级"开展一个大规模的坚决的彻底的反对行贿、反对偷税漏税、反对盗骗国家财产、反对偷工减料和反对盗窃经济情报的斗争"①，在党政机关的工作人员中，则开展了"反对贪污、浪费和官僚主义"②的"三反"运动，节减国家机构经费，稳定物价，实行新民主主义经济政策，形成一种计划与市场共同发挥作用的格局，使国民经济得到恢复和初步发展。从历史的角度来看，"五反"运动成为打击资产阶级、进行社会主义顺利改造的重要环节，消解了在人们思想中形成的资产阶级"自私自利""唯利是图"和"非道德"的价值观念，从根本上削弱了资产阶级私有财产观念的社会地位。

在过渡时期，中国共产党提出了"一化三改"的总路线和总任务，即变私有制经济为社会主义公有制经济，将社会主义工业化和社会主义改造紧密结合；引导农民、手工业者个体经济走合作化道路，实现了将资本主义工商业转变为国家资本主义的目的。到1956年底，中国生产要素市场基本消亡，产品市场也在国家的计划控制之下，形成了以指令性计划为主、指导性计划为辅的计划体制，国家控制绝大部分社会资源的制度格局基本形成。③1958年，中国共产党又提出"鼓足干劲、力争上游、多快好省地建设社会主义"④的总路线，确立了"以钢为纲，全面跃进"的目标，以"追求建设的高速度，以大炼钢铁为中心"，但这却违背了经济发展的客观规律，致使国民经济比例失调，生态环境遭到严重破坏。

1956年，党的八大为中国的社会主义建设指明了方向，明确指出了社会主要矛盾，即"人民对于经济文化迅速发展的需要同当前经

---

① 《毛泽东文集》第6卷，人民出版社1999年版，第192页。
② 《毛泽东文集》第6卷，人民出版社1999年版，第6页。
③ 参见陆学艺主编《当代中国社会流动》，社会科学文献出版社2004年版。
④ 《建国以来重要文献选编》第十五册，中央文献出版社1997年版，第264页。

济文化不能满足人民需要的状况之间的矛盾；全国人民的主要任务是集中力量发展社会生产力，实现国家工业化，逐步满足人民日益增长的物质和文化需要……"① 会议提出了在综合平衡中稳步前进的经济建设方针，这一方针要既反保守又反冒进。应该看到，"三大改造"完成后，社会主义生产关系中存在的弊端和问题不是解决了，而是变得更为突出。譬如，1957年初的"退社"风潮，1957年"整风"过程中出现的"不满"等，都表明脱离实际的具有美好愿望的道德规范具有的虚幻性。1957年以后，党在指导思想上发生了"左"的错误，提出"以阶级斗争为纲"，把无产阶级和资产阶级的矛盾作为中国社会的主要矛盾，并进一步提升为整个社会主义阶段的主要矛盾。政治上，"反右"（1957年）、"反右倾机会主义"（1959年）和"社会主义四清"（1964年）三次大的群众性政治运动，其根源都在于"左"倾意识形态的日益膨胀。1958年，中国社会泛滥着"左"倾思潮和"共产风""吃大锅饭"政策，则削弱了一部分劳动者的积极性和创造性。由于政策的多变，且缺乏连续性和一致性，无法具有可持续发展的基本条件，最终导致人民生活水平的大幅度下降。

自1963年起，在农村开展了一场带有阶级斗争性质的社会主义教育运动，反右派斗争扩大化，严重干扰和阻碍了国民经济和社会的正常发展，给社会主义建设带来了严重后果。"文化大革命"也使国民经济和社会发展遭受了重大损失。而"两个凡是"的思想，不但没有使党从极"左"思想教条的束缚下解脱出来，还阻碍了新工作局面的有效开创。

这一段时期，通过"阶级斗争"等理论来解决社会经济发展存在的问题，不仅阻碍了国民经济调整初期出现的经营管理形式的发展，甚至也阻断了所有制结构多样化和利用市场机制的探索。在实行社会主义经济制度的条件下，重视社会主义的按劳分配政策，强调了社会一切成果的取得和分配必须按照劳动，而不是按权力、出身、资本等进行分配。这一举措的核心是"不劳动者不得食"。改革开放之前，

---

① 《十一届三中全会以来重要文献选读》（上），人民出版社1987年版，第308页。

在计划体制下举全国之力来实现政策诉求，其中推行的激进模式、计划模式、命令模式导致了命令经济的出现，而劳动政策也具有了鲜明的意识形态特征，同时，在平均主义的劳动报酬体系下，出现了与社会劳动价值原则相背离的结果。与此同时，国家在社会公共产品供给中处于包揽地位，承担了相当大的责任，开始逐渐加深了对社会公平和财富再分配的重视。又由于其对民众基本权利的重视超过了对民众基本生活质量需求的重视，再加上整体经济发展水平比较低，在政策上采取统购统销制度、人民公社制度和户籍制度等，以致优先发展重工业的国家战略安排，忽视了人民群众的"眼前利益"和基本生活质量的诉求，使城乡二元社会产生了较大差异，社会公共产品的提供在城乡之间出现了结构性失衡。

回顾中华人民共和国成立之后改革开放之前的中国社会的道德状况，传统道德在一定程度上丧失了其存在的社会条件。直到中华人民共和国成立之后，人们才体会到确立新道德的重要性。

二 改革开放后的公共政策与道德建设

改革开放以来，政策法规成为社会调控的重要手段，而改革又是通过政策这一工具加以推动的，这表明公共政策与社会道德建设成效之间的关系密不可分。

（一）理解公共政策

政策与法律的界限划分、政策与改革之间关系的明晰，有助于更好地理解公共政策。

1. 政策的张力与法律的空间

政策是政府或政党的管理活动和行为，违反政策的有关规定会受到行政处罚或政党纪律处分。法律是人们行为活动的规范，若违反了有关法律法规，则根据情节需承担一定的行政管理责任、民事责任或刑事责任。相对而言，违反法律所承担的责任比违反政策所承担的责任更明确，可量化的操作性更强。在社会道德风气的调控中，政策与法律功能相辅相成，在一定程度上政策是法律的一种补充。特别是在社会转型过程中，当原有法律法规不能适应新条件、新环境时，社会管理往往通过政策调控以弥补法律的不足。为了适应新情况，出台新政策和做出新的规范要求，可以暂时以替代法律的形式达到社会管理目的。在某种意义上，政策可以成为法律的动力和来源，政策对法律的制定、执行和完善具有导向、指引作用。同时，某项政策的长期有效性有待于时间的检验，这就为新的法律制度创设提供了条件，而某些政策经过立法程序也可以成为法律制度。另外，政策的连续性需要稳定的法律做保障，而法律化的政策则更为稳定和连续。在社会主义革命和建设初期，为了应对复杂、多变的社会发展形势，常常会通过政策手段来应对社会问题。这样也无形中促使人们在心里产生了政策多变的疑虑。要使政策具有相对的稳定性和连续性，其有效途径就是政策的规范化、法律化，尤其是党的成熟的意见和建议，要通过法定程序转化为具有普遍约束力的法律法规，避免以党代政，要切实摒弃"人治"，依法执政，依法行政，才能最终实现"法治"。

相比较而言，政策与法律在社会管理体系中交叉、融合，甚而具有同一性的特点。中国理论界有学者认为，可以将中国公共政策体系在形式上分为两个部分，即法律形式的公共政策和非法律形式的公共政策。法律形式的公共政策主要表现为宪法、法律、法规、规章，强调法律的形式合法性及法律的效力的位阶原则，需要下位法遵守上位法，一切法律、法规服从于宪法。非法律形式的公共政策的效力等级取决于公共政策主体所拥有的公共权力的等级。一般这些等级分为中央政策、地方政策和基层政策。地方政策和基层政策不得与中央政策相违背，必须杜绝"上有政策，下有对策"的现象。[①] 也有一些国内外学者将公共政策划分为"软法"（soft law）和"硬法"（hard law）。对于"软法"的定义，国内外学者常常引用法国学者的概念来进行界定："软法原则上是不具有法律约束力，但可以产生实际效力的行为准则。"[②] 从这一软法的定义可以看出，公共政策作为"软法"具

[①] 参见张润泽《形式、事实和价值：公共政策评估标准的三个维度》，《湖南社会科学》2010年第3期。

[②] Francis Snyder, "Soft Law and Institutional Practice in the European Community", in S. Martin, eds., *The Construction of Europe*, Kluwer Academic Publishers, 1994, p. 198.

有法律的形式特征。本书涉及的公共政策体系涵盖了法律体系，并将法律归于公共政策的范畴之内。

2. 改革发展与政策选择的关联性

改革的推动与政策活动密切关联。就政策而言，往往存在着"政策剩余"和"政策匮乏"的矛盾，即在某些方面许多政策大量重复、交叉，而在另一些方面又存在着政策真空和缺失的现象。当前需要以政策效应带动和促进改革发展，使其成为改革开放的重要动力源。改革开放过程中的"政策倾斜""政策实验"或"政策试水"，以及填补政策缺失，废止、清理不合乎时代发展要求的政策，是改革开放战略性谋划的前奏。对于某一地域来说，政策可以切实关系到某一地方、某一区域具体的利益问题。改革则是关系到制度层面的创新，而不仅仅是局部的利益问题。改革是一种变革，变革越具有根本性，新和旧之间的通约性就越差。从国家层面来看，改革是谋一国之发展，事关全局利益。就上海而言，政策是谋一城之发展，事关上海城市的发展利益。政策的变化调整意味着社会利益某种程度的分配变化。同时，人们对政策的关切，使得政策对社会群体的思想价值观念的变化具有了很强的导向性，加深了对社会群体成员的行动、活动的影响。譬如，在高等教育领域，20世纪六七十年代开始的世界高等教育发展的"黄金时代"的一二十年来，高等教育发展一直以众多新政策和新改革为特征。即使"政策"和"改革"在概念上具有不同的含义，但仍把它们作为互换的概念来使用。这是因为，高等教育的每一次改革都表明或反映了一种政策的确立（当然，反之不一定成立）。[①]"事件之火车就是在其前面摊开自己铁轨的火车，时间之河流就是冲垮其河堤的河流。"[②] 无论是"政策"还是"改革"，都是行为主体的一种自我的变革和行动。

---

① 参见［美］伯顿·克拉克主编《高等教育新论——多学科的研究》，王承绪等译，浙江教育出版社2001年版。
② ［英］齐格蒙特·鲍曼：《后现代性及其缺憾》，郇建立等译，学林出版社2002年版，第84页。

(二) 改革发展过程中公共政策的利弊得失

从广义的角度来说，自中华人民共和国成立以来，政治与经济在某种程度上具有合一性，政策又大都是以公共政策这一特质发挥了一定作用，所以也可以说，政策与公共政策具有同一性和互换性。只不过"公共政策"这一专业术语随着改革开放的深入才得以广泛使用。在20世纪90年代末，中国社会的公共问题及其矛盾凸显，公共政策的取向和重视其内涵的公平正义等社会道德原则关联的程度密切。改革开放之初，党中央及时停止使用"以阶级斗争为纲""群众运动"为原则的工作方法，并在全国范围内开展了大规模的平反和"摘帽"运动，恢复了实事求是和密切联系群众的优良作风，坚持实践是检验真理的唯一标准，在指导思想上为党风的根本好转创造了良好的氛围。党的十一届三中全会的召开，启动了中国体制改革的进程，"以经济建设为中心"成为一切工作的指导方针。邓小平同志指出："我们评价一个国家的政治体制、政治结构和政策是否正确，关键看三条：第一是看国家的政局是否稳定；第二是看能否增进人民的团结，改善人民的生活；第三是看生产力能否得到持续发展。"[1] 改善民生、发展民生、追求幸福生活、实现共同富裕成为政治建设的重要内容和使命。改革开放以来，"以经济建设为中心"的政策导向，具有鲜明的、积极的社会伦理意义。正是改革开放，转变了人的思想观念，解除了人的思想禁锢，才为充分调动广大人民的积极性和创造性提供了巨大的自由度和可能性。奖勤罚懒，充分保护劳动者的合法利益，明确了人们对集体和国家应负的责任。而"解放生产力，发展生产力，消灭剥削，消除两极分化，最终实现共同富裕"[2]，则是对社会主义本质的核心解读和诠释，其内在意蕴是历史唯物主义的继承和创新。党的十八大报告中提出了"两个新凡是"："凡是涉及群众切身利益的决策都要充分听取群众意见，凡是损害群众利益的做法都要坚决防

---

[1] 《邓小平文选》第3卷，人民出版社1993年版，第213页。
[2] 《邓小平文选》第3卷，人民出版社1993年版，第373页。

止和纠正。"① 对照改革开放前夕的"两个凡是",可以看出,中国共产党的执政方式正在朝现代化的方向转变。

"两个新凡是"的核心内涵充分体现了"以人为本""以人民为中心"的发展理念。人民群众既是中国特色社会主义事业的建设主体、动力主体、价值主体,也是建设社会主义小康社会的发展主体、发展目标。"相信谁、依靠谁、为了谁,是否始终站在最广大人民的立场上,是区分唯物史观与唯心史观的分水岭,也是判断马克思主义政党的试金石。"② 此外,"两个新凡是"也充分体现了中国共产党科学执政的理念。权为谁授,政为谁执,利为谁谋,是权力观的基本问题。中国是社会主义国家,人民是国家的主人,国家的权力属于人民,领导干部的权力是人民赋予的,领导干部是为人民服务的,是人民的公仆,而不是"官老爷"。因此,树立正确的权力观,始终保持党同人民群众的血肉联系,体民情、顺民意、掌好权、用好权,真正地实现好、维护好、发展好人民群众的根本利益,是中国各项政策的价值体现和目标指向。

但在总体形势正确的前提下,中国仍然存在着一些不容忽视的现象和问题。譬如,"六五"期间(1980—1985年),出现了"唯 GDP 论",以及政绩工程、形象工程等现象;"七五"期间(1986—1990年),出现了经济过热、通货膨胀等问题;"八五"期间(1991—1995年),腐败现象有所滋长;"九五"期间(1996—2000年),经济发展不协调的问题突出,收入分配差距拉大,贪污腐败、奢侈浪费等问题严重;"十五"期间(2001—2005年),经济增长中出现了高投入、高消耗、低产出的问题,使得经济增长方式从粗放型到集约型的转变成为一个迫切的政策和战略问题。据世界银行报告,2004年,中国国民生产总值占全球的4%,但消耗的一次性能源占世界的12%,淡水占15%,氧化铝占25%,钢材占28%,水泥占50%。③

---

① 《十八大以来重要文献选编》(上),中央文献出版社2014年版,第23页。
② 《十六大以来重要文献选编》(上),中央文献出版社2005年版,第369页。
③ 参见顾钱江、赵晓辉《"十一五"期间中国发展模式将发生嬗变》,http://news.sohu.com/20051008/n227144756.shtml。

在这一时期,"三农"问题也很突出。"十一五"期间(2006—2010年),有关民生的住房、医疗、教育等问题凸显。改革开放之后,中国总体经济实力得到很大增强,人民群众的物质生活得到极大丰富,但是应当深刻地认识到中国文化软实力有待加大提升力度,人民群众的精神文化水平尤其是社会思想道德与社会主义市场经济发展的不协调,使得社会主义道德体系建设面临着严峻的挑战。

随着改革开放逐步深化和经济体制改革进入攻坚期,中国的道德危机重重,其原因是多方面的。其中的一个重要方面是,对公共政策所包含的道德价值重视不够。改革开放以来,中国经历了急剧的社会转型,随着单位体制和人民公社制度的解体,国家政策体系也发生了根本性变化。许多过去由国家承担的福利、服务职能和责任转移给了个人、家庭、社会和市场,有关民生的基本公共服务领域社会化和市场化的取向,使中国原有的二元政策体系进一步离散化、碎片化。[1]在改革发展过程中,对一些改革方案或政策的理解和执行,使得中国的行政方向越发注重发展经济的功利原则。对一些政策的片面理解和片面执行,导致了区域发展的不均衡,沿海和内地的发展水平差距扩大,社会生产效率和产品质量下降,环境污染和生态保护等方面的问题突出。[2]

改革开放后,尤其是20世纪80年代以来,中国社会风气发生了一定程度的变革。对财富的追求释放了人们的物质欲望,而在精神层面上则出现了道德淡化的倾向,社会公德、公平正义、人文关怀等包含公共精神的社会基本原则在一定程度上遭到漠视。随着中国市场经济的不断完善,工业化、城镇化、信息化、数字化和智能化的高速发展,切实需要转变社会风气,促进思想和制度协同发展,推进利己和利他的有效平衡,使优良的传统美德和新道德在日常行为中得以践行。目前,中国社会发展过程中的社会道德面临着严峻的挑战。其中

---

[1] 参见岳经纶、郭巍青主编《中国公共政策评论》(第4卷),格致出版社2010年版。
[2] 参见李鹏程《"市场与道德"问题引发的思考》,《中国特色社会主义研究》1997年第1期。

社会风气中精神层面好的方面主要表现在，公民主体意识、权利意识和竞争意识的焕发和不断增强。而社会风气中精神层面坏的方面主要表现在，公民社会责任意识、公共意识、诚信意识的匮乏和缺失。

三 中国公共政策对社会道德建设的两条基本经验

回顾中国不同时期和不同政治、经济和社会生活等领域的施政策略可以看出，国家的制度安排和政策措施对社会道德的影响也存在着差异。在中国新民主主义革命和社会主义建设过程中，中国共产党作为执政党，在决策上成功地领导全国各族人民实现了马克思主义普遍真理与中国的具体实际相结合。从中国公共政策建设取得的成就来看，实事求是和实现群众利益是公共政策建设的根本旨归，坚持群众路线的两个基本原则是公共政策建设的根本保障。

（一）实事求是

实事求是是毛泽东思想的精髓和灵魂，是马克思主义中国化的重要成果。它既是中国共产党进行决策的思想路线、组织路线，也是中国共产党进行决策的核心价值观和第一原则。"实事求是，一切从实际出发，理论联系实际，坚持实践是检验真理的标准，这就是我们党的思想路线。"[①] 它是中国革命、建设和改革的"行动哲学"和"实践哲学"。政治路线是指导政党团体行为和活动的基本原则，它需要依赖政策和策略的执行来完成。我们常常说"纲举目张"，这里的"纲"即政治路线，它是政党的行动纲领。"目"就是政党必须运用正确的政策和策略来实现其目标，是政党具体行动的措施和方法。政策和策略在社会实践中应起到重要作用，毛泽东同志曾反复告诫，"政策和策略是党的生命，各级领导同志务必充分注意，万万不可粗心大意"[②]。在社会主义革命、建设和改革时期，党的政策、路线和方针贯彻的基本政策原则就是实事求是。

所谓"实事"就是客观存在着的一切事物，"是"就是客观事物

---
① 《邓小平文选》第2卷，人民出版社1994年版，第278页。
② 《毛泽东选集》第4卷，人民出版社1991年版，第1298页。

的内部联系,即规律性,"求"就是需要我们去研究。"我们要从国内外、省内外、县内外、区内外的实际情况出发,从其中引出其固有的而不是臆造的规律性,即找出周围事变的内部联系,作为我们行动的向导。而要这样做,就须不凭主观想象,不凭一时的热情,不凭死的书本,而凭客观存在的事实,详细地占有材料,在马克思列宁主义一般原理的指导下,从这些材料中引出正确的结论。这种结论,不是甲乙丙丁的现象罗列,也不是夸夸其谈的滥调文章,而是科学的结论。这种态度,有实事求是之意,无哗众取宠之心。这种态度,就是党性的表现……"① "一个党,一个国家,一个民族,如果一切从本本出发,思想僵化,迷信盛行,那它就不能前进,它的生机就停止了,就要亡党亡国。"② 同时,既要坚持实事求是,又要勇于创新,摒弃和克服故步自封和不敢大胆创新的弊病。邓小平同志指出:"改革开放胆子要大一些,敢于试验,不能像小脚女人一样。看准了的,就大胆地试,大胆地闯。深圳的重要经验就是敢闯。没有一点闯的精神,没有一点'冒'的精神,没有一股气呀、劲呀,就走不出一条好路,走不出一条新路,就干不出新的事业。"③ 总结历史经验可以看出,中国共产党搞革命所取得的一切胜利,靠的是实事求是。同样,要实现中国四个现代化,依然需要靠实事求是。

胡锦涛同志在总结中国决策的历史经验与教训时指出,"在历史上的一些时期,我们曾经犯过错误甚至遇到严重挫折,根本原因就在于当时的指导思想脱离了中国实际。我们党能够依靠自己和人民的力量纠正错误,在挫折中奋起,继续胜利前进,根本原因就在于重新恢复和坚持贯彻了实事求是"④。历史实践表明,什么时候能够实事求是,决策成功的可能性就大;什么时候违背实事求是,决策失误的可能性就大。实事求是是中国共产党的决策哲学,是中国的决策成功之道。科学决策既是一个从实践中来到实践中去的不断往复的递进过

---

① 《毛泽东选集》第3卷,人民出版社1991年版,第801页。
② 《邓小平文选》第2卷,人民出版社1994年版,第143页。
③ 《邓小平文选》第3卷,人民出版社1993年版,第372页。
④ 《胡锦涛文选》第3卷,人民出版社2016年版,第529页。

程，也是一个来自不同地方的实际、从群众中来的过程，还是一个按照国情、民情、世情、党情制定方针政策和开展工作的认识和实践活动。

列宁围绕社会主义经济建设的规律性问题的探索，最根本的一条指导思想就是实事求是，尊重实践，摆脱市场经济属性的困扰，最终走出了一条以公有制和市场经济为基础的合作制的社会主义道路，有效地促进了社会生产力的发展。中国社会主义革命和建设的经验教训表明，要坚持实事求是的思想路线，必须克服以往社会经济发展片面追求高速度、高指标的弊病，从社会主义初级阶段的国情出发来搞建设，尊重客观经济规律和社会发展规律，使生产关系不断适应生产力的发展要求，不凭主观愿望办事。同时，坚持实事求是的一个重要工作方法就是要调查研究，即一切实际工作者必须向下做调查，获得实情，掌握第一手资料，这是科学决策的前提条件。而对于只懂得理论不懂得实际情况的人来说，这种调查工作尤为必要，否则他们就不能将理论和实际相联系。毛泽东同志指出："'没有调查就没有发言权'，这句话，虽然曾经被人讥为'狭隘经验论'的，我却至今不悔；不但不悔，我仍然坚持没有调查是不可能有发言权的。"[1] 党的历史经验表明，调查研究是党的思想路线——实事求是的基石。江泽民同志曾在1993年明确提出，"没有调查就没有发言权，没有调查就更没有决策权"[2]。只有在客观观察、实地调查和科学分析的基础上，才能进行科学决策。在当代中国，落实科学发展观，是坚持实事求是、与时俱进和弘扬求真务实之风的时代精神的体现。在努力实现中华民族伟大复兴的中国梦征程上，需要"出实策、鼓实劲、办实事"，"真抓才能攻坚克难，实干才能梦想成真"[3]。

（二）以实现群众利益为根本旨归

以群众利益实现为根本，坚持群众路线，是实现政党伦理向群众

---

[1] 《毛泽东选集》第3卷，人民出版社1991年版，第791页。
[2] 《江泽民文选》第1卷，人民出版社2006年版，第308页。
[3] 《习近平谈治国理政》，外文出版社2014年版，第48页。

生活伦理有效转化的重要指针。马克思主义唯物史观认为，人民群众是历史的创造者，是社会变革的决定力量。中国共产党把马克思主义普遍真理和中国革命的具体实际相结合，在历史实践中创立了群众路线，并将对政策的社会认识、操作过程确立为"实事求是，一切从实际出发"和"从群众中来，到群众中去"的理论和实践过程，其最终目的是实现好、维护好人民群众的根本利益。

1922年，党的二大通过的党章规定："党的一切运动必须深入到广大的群众里面。"党的七大把群众路线的基本精神正式写入党章总纲。在中华人民共和国成立初期，包括群众路线在内的党的一系列优良传统和作风曾经遭到了严重的破坏。党的十一届三中全会以后，党的群众路线逐步得到恢复和发展。党的十一届六中全会通过的决议对群众路线重新作出概括性的说明，即指出，"群众路线，就是一切为了群众，一切依靠群众，从群众中来，到群众中去"[①]，并将群众路线与实事求是和独立自主共同视作毛泽东思想"活"的灵魂。在改革开放和现代化建设的进程中，党的群众路线在新的实践中得到了进一步丰富和发展，并充分体现了中国共产党的执政理念和社会主义基本制度的根本要求。"党的理论、路线、纲领、方针、政策和各项工作，必须坚持把人民的根本利益作为出发点和归宿，充分发挥人民群众的积极性、主动性、创造性，在社会不断进步的基础上，使人民群众不断获得切实的经济、政治和文化利益。"[②] 这是中国特色社会主义社会区别于一切剥削的阶级社会的根本标志。党的十八大报告提出："坚持用制度管权管事管人，保障人民知情权、参与权、表达权、监督权，是权力正确运行的重要保证。"[③] 群众参与是现代化治理实现的基本保障，群众路线是实现民主决策和民主监督的有效途径。党的十八大着眼于新形势、新任务、新要求，提出了围绕保持党的先进性和纯洁性，在全党深入开展以为民、务实、

---

① 《十一届三中全会以来重要文献选读》上，人民出版社1987年版，第340页。
② 《江泽民文选》第3卷，人民出版社2006年版，第279页。
③ 《胡锦涛文选》第3卷，人民出版社2016年版，第635页。

清廉为主要内容的党的群众路线的教育实践活动,为群众路线注入了时代精神和新的活力。① 这必将对巩固党的执政基础、执政地位和国家长治久安产生重大而深远的影响。

群众路线的根本性问题关乎群众切身利益。在面对社会不同的利益诉求时,如何处理好得失问题,是社会主义革命和建设初期的现实问题。刘少奇同志曾在《如何正确处理人民内部矛盾》一文中指出,"人民内部矛盾还特别表现在分配问题上面。不是讲生产关系与生产力的矛盾吗?生产关系与生产力的矛盾表现在什么地方?我看是大量地表现在分配问题上。农民说工人分多了;小学教员说青年工人分多了;你房子住多了,我没有房子;评了你升级,不评我升级,这都是分配问题。我建议同志们要好好研究这个分配问题。例如整个国家的分配,积累占多少,消费占多少,军政费占多少,文教费占多少,这个工业部门那个工业部门各占多少,生产人员和非生产人员各占多少,还有小学教员分多少,青年工人分多少,干部分多少,等等。总而言之是个分配问题。这些问题都属于生产关系。生产关系必须适应生产力发展的水平。我们现在是社会主义制度的国家,分配的原则是按劳取酬,公平合理。如果不按劳取酬,不公平合理,就阻碍生产力的发展。如果按劳取酬贯彻得比较好,分配得公平合理,大家满意,就会促进生产力的发展"②。这些论述表明了共产党人如何辩证地看待得失的问题,以及如何有效解决社会利益的问题。

坚持问政于民、问需于民、问计于民,不断满足人民群众的合法诉求,既是密切党与人民群众关系的基础,也是实现人民群众实际利益的保障。中国共产党需要建立科学民主的决策机制,不断完善体民情、集民智、应民意、惜民力的决策机制,推进决策的科学化和民主化。凡属正确的决策,必然是将群众的意见集中起来,化为系统的意见,再回到群众中去、使之成为群众的自觉行动;要坚

---

① 参见高永中《毫不动摇地坚持和发展党的群众路线》,《光明日报》2013年9月3日。
② 《建国以来重要文献选编》第十册,中央文献出版社1994年版,第236页。

持遇事同群众商量的优良传统,改进工作作风,深入实际、深入基层、深入群众,从人民群众的实践中汲取营养和智慧,探索建立健全体现群众意愿的民主决策机制,凡是涉及群众切身利益的重大决策都充分听取群众意见,凡是损害群众利益的做法都坚决防止和纠正;要把政策明明白白地交给群众,把实际情况和工作部署向群众讲清楚,把党的主张转化为群众的自觉行动。"天下事非一家之私议"①,倾听民声,尊重民意是科学决策的必然选择;要注意听取群众评价,增加群众的话语权,加强党内监督、民主监督、法律监督、舆论监督,让人民监督权力,让权力在阳光下运行;要充分发扬民主,增强群众决策论证。民主不一定使政策决策效果最好,但它可以防止产生最坏的结果;要实行善政、亲民的公共政策,将群众利益体现在各种法律政策制度之中,体现在政府行为和活动之中。激发人民群众参与政治建设的热情,将群众路线制度化、常态化,运用群众路线的方法开展群众路线教育的实践活动。2013年6月18日,习近平总书记在党的群众路线教育实践活动工作会议上指出,"教育实践活动借鉴延安整风经验,明确提出'照镜子、正衣冠、洗洗澡、治治病'的总要求。这四句话、12个字,概括起来就是要自我净化、自我完善、自我革新、自我提高,说起来简洁明了,但真正做到就不那么容易了。"② 中国共产党作为执政党其作风建设的根本目的在于,察实情、出实招、办实事、求实效,做到开门搞活动,请群众参与,让群众评判,受群众监督,提升政府公信力,以取得群众满意的成效。坚持实事求是就是要坚持调查研究与公共参与的有效结合。调查研究是坚持实事求是的方法论,实现公共参与,坚持群众路线,就是要向群众多学一点,问计于民,尊重人民群众的首创精神,这样距离科学决策、民主决策就接近一步,距离公共政策决策失误就会更远一些,这样才能有效地保障人民群众的各项权益,实现发展成果由人民共享,最终促进人的全面发展。

---

① 蔡元培:《中国伦理学史》,北京大学出版社2009年版,第140页。
② 《习近平谈治国理政》,外文出版社2014年版,第375页。

第二节 国外公共政策对社会道德建设的经验

新加坡作为一个欧亚文化和亚洲族群共同交融而存在的城市国家，其公共政策以共同价值观为引导，对社会道德产生了较为广泛的影响；美国遗产税政策对社会道德产生的社会效应，在引导社会公平正义等方面具有积极的道德规范作用。这些都对促进中国公共政策的善治具有可资借鉴的意义。

一 新加坡公共政策产生的社会道德效应

新加坡公共政策以共同价值观为基础，驱动了公共政策的有效形成。同时，在公共政策的制定、执行过程中，实行了以公共政策为导引，将非制度化的伦理道德转化为制度化的公共政策，并通过住房政策、中央公积金制度和赡养父母法令等，以激励或约束社会成员履行责任和义务，践行社会道德。新加坡公共政策对于社会道德产生了较为持久的影响，推动了整个社会道德建设的发展。在中国社会转型的关键期，中国特色社会主义道德体系建构面临着诸多机遇和挑战，研究新加坡公共政策的道德价值对中国具有积极的借鉴意义。[①]

（一）共同价值观是新加坡公共政策道德价值理念的核心

作为一个欧亚文化和亚洲族群共同交融的城市国家，新加坡的公共政策一直致力于在多元文化中构筑某种价值认同，这一价值认同对于公共事务内在的伦理价值取向和社会道德的影响发挥着不可替代的作用。1965年之后，新加坡的道德重建着力于从儒家传统文化的转化方面挖掘道德资源，这主要体现在社会共同价值观的确立。新加坡把儒家的"忠孝仁爱礼义廉耻"视为儒学的核心思想，认为这一思想既是做人的准则，也是政府的治国之纲，并以此确立了社会利益高于个人利益的儒家伦理或亚洲价值观为核心的"共同价值观"。新加

[①] 参见李耀锋《论公共政策的价值导向与道德治理》，《上海交通大学学报》（哲学社会科学版）2014年第3期。

坡的共同价值观的基本框架在发展过程中得到了不断完善,先后经历了"国家为先;家庭为根,社会为本;求同存异,协商共识;种族和谐,宗教宽容"四个维度,向"国家至上,社会为先;家庭为根,社会为本;关怀扶持,同舟共济;求同存异,协商共识;种族和谐,宗教宽容"五个维度的转换,并将上述五方面的内容以《共同价值观白皮书》的形式发布。后来又对这五方面的内容进行重新修订,最终确定为"国家至上,社会为先;家庭为根,社会为本;社会关怀,尊重个人;协商共识,避免冲突;种族和谐,宗教宽容"[①]的社会共同价值观。在《共同价值观白皮书》颁布后,新加坡政府通过公众提意见和建议参与的方式提出家庭价值观,把共同价值观中关于家庭价值观的内容具体化。新加坡共同价值观深受传统儒家文化价值观的影响,在家庭内部强调"父慈子孝""夫义妇顺""兄友弟恭"的家庭互助的观念和责任。认为家庭是国家的核心,社会的砖石,没有家庭,也就没有个人。在新加坡的现代化建设的过程中,家庭伦理文化的积淀,成为劳动者积极性和创造性的重要动力,以家庭为单位的共同价值观推动了新加坡的经济和社会的发展。

新加坡的公共政策内在地蕴含着重整体、重社会、重家庭的儒家伦理价值取向,体现的是实用主义思想。这种实用主义思想不仅体现在新加坡的治国方面,相应地也体现在新加坡的公共政策对家庭传统文化的维护方面,公共政策的制定非常重视家庭在社会和谐、稳定发展中的基础性作用,以"家庭为根"的公共政策,巩固了维护社会保障体系的传统基石。除了中央公积金制度保障之外,其家庭这一非制度性的保障功能也具有巨大作用,它使政府、社会及家庭三者之间在养老方面形成合力,而制度性保障措施对非制度性保障措施则发挥了重要作用。家庭既是社会文化传承和道德教育的基本载体,又是个人养老防病、危机救助的重要场所。

家庭作为社会个体成员道德养成的生发地,对整个社会道德产生

---

① 龚群:《新加坡公民道德教育研究》,首都师范大学出版社2007年版,第106—111页。

了重要影响。在培育儒家价值观的社会认同过程中，新加坡公共政策力图在全社会形成一种良好的孝道文化。不仅要在全社会成员中形成孝道文化，而且还必须重视孝道等传统思想观念的教育传导，使幼儿较好地接受优秀传统文化价值的熏染和培育，树立优秀的传统文化价值观念，这样等到他们成人时就可以不受外来文化的干扰以致迷失。而家庭可以把社会价值观念用潜移默化而不是正式讲授的方式传给下一代。从新加坡自然资源的有限性来看，如果三代同堂的家庭随意性地分裂，就必须要有足够的土地兴建组屋以满足民众需求。这样很容易造成房产重叠购置、土地浪费，不利于新加坡社会的整体发展。相比较而言，大家庭环境既有利于年轻人赡养和照顾老人，也有利于传统文化的传导，强化家庭教育责任，使家庭成员关系亲密和谐。在新加坡整个社会的发展过程中，"家庭为根"这一基本价值理念成为其执政党的政党核心理念之一，并具体体现在了公共政策过程之中。

（二）新加坡公共政策对整个社会道德建设的推动作用

新加坡公共政策通过住房、中央公积金等举措，不断完善社会保障体系，致力于在整个社会领域达到增进共同利益、规范公民行为、满足民众需要、协调社会关系和维护社会秩序的目的。其中，新加坡在住房政策方面，着力于维护社会秩序和促进传统家庭美德的发展，中央公积金政策成为家庭互助的支撑和保障，并以政策和立法形式来实现对社会弱势群体的帮扶和救助等。通过一系列公共政策过程来对社会道德产生导引和规范的作用，是新加坡公共政策道德价值的具体体现。

1. 新加坡住房政策对社会传统美德的维护和促进

从20世纪60年代开始，新加坡政府就推行了组屋政策，由政府投资建设拥有独立厨卫设施的单元房组屋，解决了中低收入家庭的住房问题，实现了"住有所居，居者有其屋"的目的。在1961—1995年，新加坡住房发展局（HDB）共实施了7个"建屋发展五年计划"，累计建设公共住房超过70万个单元。组屋政策对于维护社会稳定，推进种族融合，使民众安居乐业，提高家庭凝聚力，增强国民对新加坡的归属感和国家认同具有重要意义。新加坡组屋政策也成了一系列公共政策的平台，诸如社区服务、医疗、教育、种族关系、社会家庭关系等公共政策都围绕着组屋政策进行，制定出各种富有人文关怀的政策措施，将政策效用发挥到了极致。另外，按种族配额分配住房，实行种族一体化，公共住房政策也达到了融合各族国民的效果，种族和谐为家庭和谐营造了良好的社会氛围。相比较而言，新加坡的组屋售价远远低于市场价格，这是由于充分考虑到中低收入阶层的承受能力，组屋价格根据中低阶层的收入进行了定价。为了降低组屋的购买成本，1966年，新加坡政府颁布了《土地征收法》（Land Acquisition Act），扩大了政府征用土地建造组屋的权力，以确保政府低价、低成本获得土地使用权，使住房、工业化和城镇更新计划能在可承受的开发费用之内实施。① 在充分考虑国土资源的有限性时，新加坡政府在2010年8月规定，私宅屋主若购买组屋，必须在半年内脱售私宅。2013年1月又规定，拥有组屋的永久居民不能出租整间组屋，并在购买私宅后的半年内须脱售组屋。② 新加坡政府又以优惠的财政政策推动了组屋建设和发展，以低息贷款的形式给予新加坡住房发展局资金支持，通过支付大笔财政预算以维持组屋的顺畅运转。对于新加坡住房发展局出现的收支亏损，则由财政预算给予补贴。另外，新加坡组屋政策同时也成为城市发展"公开的秘密武器"。新加坡组屋建设并融合了卫星镇的建设理念，即卫星镇居民基本能够保证日常生活上的自给自足。同时，卫星镇方便了人们生活，减少了多数人交通远行，避免了不必要的能源浪费、时间浪费，提升了宜居的城市生活水平。③

新加坡围绕组屋政策制定的系列公共政策，不仅仅在于解决"易居""宜居"的问题，更在于注重组屋政策对于恪守五伦、奉养父母的传统家庭伦理道德的继承和推动作用。保持三代同堂的家庭传统，关系到家庭结构和社会结构的建构，关系到把家庭单位连成一体

---

① 参见［新加坡］梁文松、曾玉凤《动态治理》，陈晔等译，中信出版社2010年版。
② 参见《检讨组屋政策须多方面考虑》，新加坡联合早报网，http://www.zaobao.com/yl/sl130401_001.shtml。
③ 参见《城镇化需完善的远期规划》，《参考消息》2013年3月11日第11版。

的伦理关系和结合力的问题。源于儒家的"五伦"(君臣关系、父子关系、夫妻关系、兄弟姐妹关系和朋友关系)文化传统,在新加坡传统文化价值观中具有重要地位。子女奉养父母是应尽的责任,如果将这一责任推向国家和社会,必将危害家庭这一社会基石,同时也破坏了东方的传统文化。这些都是新加坡公共政策的道德价值理念的根本出发点。新加坡组屋政策的点滴细微之处,常常能显现出人文关怀。在住房的规划与设计方面,新加坡政府专门设计和提供了一些可供一家几代人共同生活需要的住房,充分考虑共同居住的空间和便利性,既可以保证家庭成员各自的生活空间,又可以通过一些共享的活动空间将家人联系起来。进入21世纪后,由于长期的低生育率,新加坡的生育率总和一直保持较低水平。在此过程中,新加坡人口老龄化进程出现"时间短、速度快"的特点,在2000年65岁及65岁以上老年人占总人口比例为7.2%,新加坡已迈入老年型社会。政府鼓励大家庭的亲人住在比邻组屋里,有利于相互帮助照顾,如祖父母可以帮助照顾孙子,已婚子女便于照顾父母。同时,对于子女探望父母给予政策鼓励,政府会给予子女住房距离父母住房较近者一定的住房补贴,并免除子女探望父母时的部分小区停车费。由于新加坡地少车多,停车位很紧张,小区的停车费较贵,通过这一措施可以鼓励子女多看望父母。在新、旧住宅分配过程中,充分考虑近亲家庭更容易住在一起的特点,新加坡住房发展局在旧组屋的转售或对换方面会对此进行协助,使新旧组屋的对换在价格上更吸引人。在针对年轻人照顾老年人的问题方面,新加坡住房发展局设置了专门条款规定,年轻的单身男、女不得购买组屋,但如果与父母或四五十岁以上的年长者同住,可以放宽购买条件。① 在20世纪70年代,新加坡政府曾实行鼓

---

① 新加坡的政策以家庭为核心,为了鼓励国人结婚生子,单身者购买组屋有重重限制,以往单身者必须要35岁以上才能购买组屋,且只能在新加坡住房发展局指定的房地产项目的二手市场购买组屋。随着社会形态的改变,新加坡单身者越来越多,新加坡政府因此决定放宽单身者购买新组屋的限制。从2013年7月开始的组屋预购活动,单身者年满35岁且月收入在新币5000元以下,可以直接向新加坡住房发展局购买二房式(1房1厅)的新组屋。《二手屋价飙 新放宽单身者购屋限制》,http://paper.wenweipo.com/2013/03/10/GJ1303100012.htm.

励核心家庭的政策，以使小家庭比大家庭具有更大优势来获得组屋。20世纪80年代以后，组屋政策得到调整，使三代同堂的家庭在配屋方面享有优先权并给予价格优惠。年轻夫妇首购组屋，可获得40000新元，如所购的房屋距离父母住所1000米以内，可再获得10000新元奖励。如子女和丧偶的父亲或母亲一起居住，则父亲或母亲房屋遗产可享受遗产税减免优待等。① 目前，新加坡已婚子女与父母同住一组屋或同在一组屋区居住的比例高达41%。

2. 新加坡中央公积金制度对家庭互助的保障和支持

新加坡中央公积金制度在家庭互济功能方面的发挥，与新加坡领导人极力倡导的"恪尽孝道、注重家庭、尊敬和关爱老人"的价值观念密不可分，而这一价值理念也充分展示了新加坡共同价值观的精神实质。1955年，新加坡英国殖民政府开始实施中央公积金制度，并成立了专门负责管理公积金的中央公积金局。中央公积金制度以"效率优先，机会平等"的价值理念为指导，形成了既注重社会公平，又兼顾社会效率的管理机制。新加坡政府行政的一个重要伦理观念是，"如果从工作和进步中取得的成就和利益，没有公平地让全体人民分享，我们就不会得到他们全心全意的合作和参与"。1959年，在熟练工人和非熟练工人的收入差距扩大的情况下，新加坡通过国家建设费用的投入，提供更多的津贴，缩减了人们在住房、卫生和教育等方面的差距。同时，将那些住在一房或两房组屋单位的非熟练工人变成三房式组屋的屋主，并给予他们子女读书方面的财政援助。而"机会平等"的价值理念，则体现在会员储蓄账户的积累是获得最基本保障的前提。而引入效率机制，则使公积金制度成为一项具有激励性的社会保障制度。目前，公积金制度中高额的储蓄基金，为新加坡的经济发展注入了强劲动力，而公积金政策的宏观调控，则成为新加坡经济持续并快速发展的助推器，发挥了显著的经济效益。1968年，中央公积金推出公共住房计划，积极介入低收入阶层的住房体系，以公积金账户提供资金，帮助低收入人员购买组屋。低收入人员的组屋

---

① 参见唐鹏主编《新加坡的公民道德建设》，民族出版社2010年版。

首期付款可以由公积金普通账户存款抵用，其余部分则由每月公积金交纳的款额分期支付。此外，新加坡住房发展局还通过发放贷款的方式，以满足普通账户存款不足支付的人员申请，申请者则以将来的公积金进行偿还。从1981年开始，在"住宅产业计划"的推动下，会员可以动用公积金存款购买私人产业，以满足会员对不同层次的住房需求。

新加坡公积金制度以会员形式，采取了强制储蓄的公积金计划，其中所有入职的新加坡公民和永久居民都是公积金局的会员。这一制度以个人为主体，家庭为中心，政府为引导，积极有效地增强了家庭凝聚力，在家庭互济方面发挥了重要作用。目前，会员公积金账户包括普通账户、特别账户和医疗储蓄账户三个部分。公积金账户在家庭成员之间具有有效的互济功能。其中，会员普通账户除可用于购买住房和经核准的保险、投资、教育等支出外，还可以转移到父母的退休账户中供父母使用。1987年，中央公积金局推出"最低存款填补计划"，在年龄超过55岁的父母公积金存款少于最低存款额的情况下，该计划许可公积金会员自愿填补父母退休账户，补充金额为最低存款额与其父母55岁时退休账户存款之差。对于为父母填补公积金账户的子女，政府通过"敬老保健金计划"给予子女经济奖励，并给予税收优惠。其"三代同堂花红"政策规定，纳税人与年迈父母同住的，其扣税额度增加到5000新元的优惠，为祖父母填补公积金退休账户的人员，也可扣除税额。新加坡的医疗保健政策规定，个人享受的医疗保健不只是提供给个人，祖父母、父母、配偶和子女等直系亲属都可以分享。在理由充分的条件下，个人可以申请动用公积金医疗保健账户的存款，支付大家庭成员的医药费。从1995年7月起，会员还可以为配偶填补，以保障其晚年生活。2009年实行的公积金终身入息计划同最低存款计划一样，也可以在家庭成员之间互助。在医疗保障方面，参与商业医疗保险项目的会员，具有一定的支配权来使用其保健储蓄账户中的存款，可以为本人或家属购买大病医疗保险，也可为其直系亲属及其配偶支付老人保障计划的保费，这为储蓄不足的老年人能够过上有保障的生活提供了家庭支柱。

3. 政策和立法对社会弱势群体的扶持和帮助

20世纪90年代之后，新加坡政府采取积极有效的措施给予这些人员更多照顾，使社会保障制度不断完善。同时，通过积极的公共政策，建构社会扶助体系，不断规范社会力量的养老服务工作，依赖政策支持促进养老机构建设。而政府提供了90%的建设资金作为投资主体，来加强养老设施的建设，并对其机构服务运作成本给予津贴支持；实行"双倍退税"的鼓励政策，允许国家福利理事会认可的养老机构面向社会募捐[1]；实施"公共援助计划"（PAS），向那些没有亲友互助或本身没有生活来源的贫困家庭直接提供现金津贴。其扶助的对象包括：没有生活来源的残疾人、贫困老人（男65岁以上、女60岁以上）、寡妇、孤儿（12岁以下）和无法缴纳医疗费用者等。

目前，"老有所养"成为新加坡面临的现实问题，新加坡借鉴西方一些国家"以房养老"的政策经验，提出本国"以房换养"的多种养老举措。一是在符合相关条件下，组屋拥有者可以出租部分或全部居室换取养老收入。二是独居的老年夫妇可以通过住房以大换小的方式获得净收入补贴日常开支，或进行一些风险小的投资以获得收益。同时，住房以大换小可以选择一次性或分步骤完成。例如，卖掉私人住宅后，换取五房式组屋，用五房式组屋可以再换取三房式组屋等。另外，政府帮助老龄人员出售房屋，凡是年龄54岁以上出售公寓的，政府将提供2万新元资助，并批准其入住政府正在为老龄人员修建的公寓。三是私人建造的商品住房可以参加"倒按揭"，即退休者将自己的住房抵押给金融机构，按月从该金融机构获得现金收入。当退休者出现死亡，该住房出售、搬出或原贷款到期等情况，住房抵押将自动变现并结算利息。[2]

通过政策安排和立法强化家庭成员责任，引导社会成员践行传统孝道，以及家庭养老模式等政策的推行，新加坡政府正在促进以家庭

---

[1] 参见张善斌《新加坡老年人照料经验及其启示》，《中国民政》2006年第10期。
[2] 参见鲁丽玲等《"以房养老"能否让老人安度晚年》，《中国社会报》2007年10月17日。

和谐引领社会和谐目标的实现。1982年,新加坡实施了"赡养父母及残疾人个人所得税扣除"计划。纳税人与父母及残疾兄妹共住一起,赡养父母及残疾兄妹,可以享受每人2500新元的个人所得税的税务扣除。新加坡是世界上第一个将"赡养父母"确立为法律的国家。1994年,新加坡制定了"奉养父母法律",1995年,又通过《赡养父母法令》,规定子女必须照顾和赡养年老的父母,违法者将受到罚款10000新元或一年有期徒刑的法律制裁。并于1996年成立专门处理有关赡养父母的仲裁法庭。现在,这一法案得到修正,通过法律程序开始前的调解过程,希望为父母和子女提供沟通交流的平台,力图在通过法律解决问题前达成协议,避免关系破裂。"父母向子女索讨赡养费时,在法律程序开始前,须先经过赡养父母总监调解,如不成功,才能通过赡养父母仲裁庭向子女追讨赡养费。赡养父母总监将在父母和子女达成共识的情况下发出书面协议,这份协议和仲裁庭判决一样,具有法律效力。"①《赡养父母法令》促使子女积极履行赡养父母的责任。该法规同时提出了具体的家庭守则,确立了家庭伦理的一般规范和原则,并将家庭成员之间和睦共处的亲密关系确立为法治的最高目标。

(三) 新加坡公共政策的道德限度

20世纪80年代以来,随着新加坡的家庭核心化、小型化和人口寿命的延长,老龄化、高龄化现象加剧,传统家庭价值观遭受到现代化与西化带来的道德危机。亚洲共同价值观与西方个人主义的对立,以个人和家庭为主导,以政府保障为托底的安全网的社会功能结构及其社会性互济,正随着贫富差距的拉大而面临诸多挑战。家庭养老功能随着工业化的转型也发生了转换,由前工业化社会的主要承担者,在工业化和后工业化社会中,逐渐呈现弱化趋势。新加坡家庭养老等公共政策力图寻找某种平衡,在实现社会"共同价值观"的基础上,既体现公共政策道德价值的内在张力,又展示出公共政策道德价值的外在尺度,将社会无限的人文道德关怀融入有限的公共政策实践过程中。

---

① 《修正赡养父母法案》,《星洲日报》2010年10月6日。

新加坡社会保障政策主要是围绕社会经济发展而展开的，这使国民从日益提高的社会保障中获益，不仅解决了国民未来衣食之忧，而且还能促进社会生产效率的提高。新加坡社会保障制度由社会保险和社会福利两个部分构成，社会保险是主体部分，依托于中央公积金制度的建立；社会福利是附设部分，发挥辅助作用，主要是对无法维持最低生活水平的成员给予政府救助，如对低收入家庭发放住房补贴、生活救济和救助金等。新加坡中央公积金制度规定，公积金发放到70岁为止，对于花光了公积金的古稀老人，只要儿孙健在，政府就会终止派发"免费面包"，这样他就只能依靠儿孙养老。新加坡的这一做法，避免了国家社会福利支出超出政府财政的支付能力限度。如今西方一些高福利国家在财政上面临着许多困境，如公共财政支出过多地投入非生产领域，以致社会福利超支，使国家陷入"高税收—高福利—高税收"的恶性循环，最终导致公共政策失灵，使其失去经济竞争力并呈现高福利难题等。

（四）新加坡借助公共政策推动社会道德治理的启示

新加坡公共政策普遍受到民众的支持，究其缘由，主要包括两个方面：一是以共同价值观为统领的公共政策具有长远的愿景规划，让民众能置身其中，好政策的可持续性在代际之间可以传递，能够给享受政策优惠的子女带来更好生活；二是以制度和机制让民众有平等的机会，为社会创造财富，并得到相应的报酬。① 政府通过政策调节，采取集体行动，理智和坚定地维护着整个社会的利益，并通过公共政策的道德导向作用，有效地推动社会道德建设。新加坡的这些有益的经验都可以为中国社会主义道德建设提供借鉴。

1. 以公共政策为导引进行社会道德的有效治理

考察新加坡有关国民生活的公共政策，我们可以体会到细致入微的社会道德建设举措。新加坡虽然是一个实行市场经济的国家，但是在住房、医疗等领域，国家实施的公共政策是通过政府和市场

---

① 参见魏新文、吕元礼《新加坡社会保障体系的三重基石》，《中共中央党校学报》2009年第3期。

的共同作用产生效力的，以确保住房、医疗等保障制度的有效落实。党的十八大报告提出通过建构社会主义核心价值体系及树立社会主义核心价值观来引领中国特色社会主义发展的正确方向。但在具体的社会生活实践中，必须将它的精髓贯彻于公共政策之中，要切实地对公共政策过程起到指引和规范的作用，同时也需要不断地将其深化、细化和具体化。

2. 通过公共政策的制定和完善，使社会道德实践具体化

新加坡政府一直致力于捍卫和弘扬"共同价值观"，倡导以传统家庭为根基和以社群化价值观为主的伦理道德，它超越了现代科技和个人中心主义，把价值观建设列为国家发展目标。新加坡重视家庭结构、人际关系和社会利益等思想，并将这些思想作为治国理念，贯穿于可知和可达致的公共政策之中，推动了社会道德建设。新加坡通过组屋政策，在维系三代同堂的家庭结构方面起到了积极的价值导向作用，防止了家庭无限度地分裂。家庭分割，房产重叠购置，容易造成土地和社会资源的浪费，不利于新加坡社会的整体发展。同时，大家庭环境有利于年轻人赡养和照顾老人，也有利于传统文化的继承，强化家庭教育责任，使家庭成员关系亲密和谐，使幼儿能够较好地接受优秀传统文化的熏染和培植，可以有效增强青少年抵御外来文化侵扰的能力。随着中国人口老龄化加剧，养老问题日益突出。据《中国老龄事业发展报告（2013）》称，2013 年中国 60 岁及 60 岁以上老人突破了 2 亿大关，达到 2.02 亿，占总人口的 14.8%。由于越来越多的年轻人在家乡之外工作，中国空巢老人占老年总人口的一半。独生子女组建家庭不断普及，生活在"高压锅"（高房价、高物价等的代名词）里的一对年轻夫妇，不仅承担着抚养下一代的责任，还要承担着赡养、照料父母及祖父母的沉重负担，中国必须出台相应的配套政策使这一法律制度得以有效地实施。在住房开发和置换、公积金管理等方面，应当便于老少家庭有分有合地代际互动，实现家庭成员互济的政策支持。通过税收减免或政策补贴等，鼓励家庭支持互助，减少子女无法孝敬、不能孝敬及不孝敬老人事件的发生。在公共政策保障家庭功能得以发挥方面，可借助公共政策的有效调节作用，弘扬中华民

族尊老爱幼的传统美德，建立以家庭为单位抵御各种社会风险的屏障，推进整体社会和谐的建构。

3. 通过适宜、高效的动态管理，达到公共政策的善治

新加坡的"共同价值观"是其公共政策道德价值理念的核心，将"国家至上，社会为先；家庭为根，社会为本；社会关怀，尊重个人；协商共识，避免冲突；种族和谐，宗教宽容"五个方面内容作为其共同价值观，对于公共政策的制定、实施等具有指引和导向作用，同时又以社会道德结构来更好地把握社会经济成果及其发展。同样，公共政策对社会道德产生规约、激励作用，也有效地推动了社会整体道德的治理和建设。新加坡公共政策对社会道德产生的持续影响表明，一定时期的公共政策即使是最优化的，也会随着社会条件和环境的变化而失灵。创建一种高效、稳定、公平和能够为广大公众所认同的公共政策，需要创新性变革，不断调适公共政策及其政策目标乃至于改变公共政策过程和实现的方式，从而可以最终实现社会的长远利益，促进社会整体道德的向善性。在中国长期城乡二元制社会结构的条件下，社会阶层利益日趋分化，社会矛盾日益复杂化，城市管理和乡村建设在如何保持社会均衡发展，让人民共享改革发展成果，推动良好社会道德的传承和发展等方面，需要公共政策的及时保障和调适，以促进和谐社会的建设和人的全面发展。

4. 准确把握公共政策的道德尺度，增强社会可持续发展的张力

尽管新加坡具有较为完善的社会保障制度，但它仍然是一个非福利性国家。新加坡政府认为，应当极力倡导自食其力，培养公民的自主自立精神，严格实行按劳分配原则，避免政府沉重的财政负担。政府通常采取积极介入的政策，制定和完善公共政策法规，以公共政策为导向，但又不包办代替，充分发挥个人、家庭、社会及政府的共同作用来构筑负担得起的社会保障安全网。新加坡政府始终坚持"授人以渔"的主导哲学，不是向穷人"送鱼"，而是"送渔具"和"教会他们怎样捕鱼"。针对少数族群的扶持，重点是帮扶少数族群的中小学教育，通过教育和加强同其他种族交往来发展其自身，而不是一味依赖特殊权利进而产生"等靠要"的观念。在社会保障方面增加社

会"温情",向穷人提供帮助,但不养懒人。政府的福利政策除了对不幸者、老弱病残者及赤贫者提供必要的救助外,把建立和完善社会保障制度的重点放在如何做到社会公平正义、竞争合作且充满活力,并为每个人提供合理的机会上。帮困不能养懒人,扶贫政策更要鼓励自力更生、勤劳致富。通过这些实实在在而又掌握道德限度的公共政策,新加坡在全社会倡导了仁爱、劳动、自食其力、尊老爱幼的美德。

对于中国而言,如何准确把握公共政策的道德尺度和增强社会可持续发展的张力十分重要。一方面,我们应当防止福利政策超过社会承受的限度,致使国家入不敷出,最终可能引发国家和政府债务危机;另一方面,应当严格把握社会公共福利政策的道德尺度,防止在行善的名义下,助长不良的道德风气。建立有效的社会保障体系,切实将向善的公共政策落到实处。对于弱势群体的帮扶,应重在采取有效的措施来提高其自力更生的能力,从根本上解决弱势群体的困境,走可持续发展之路。

二 美国遗产税政策产生的社会道德效应

2000年10月,美国众议院通过投票决定,在之后10年内逐步废除遗产税,这为美国第四次取消联邦遗产税迈出了历史性的一步。如今,美国遗产税的征收与废止牵动着中国民众的心弦,同时在我们国人心目中会产生这样一种思想倾向:美国既然行将废止,我们又何必重蹈覆辙去征收遗产税。其实,遗产税作为一项公共政策,在美国只影响了不到2%的富人,针对的是少数富人群体,作为一种"富人税",有其历史的动因及规律。虽然,美国遗产税与其他税种相比,只是一个小税种,其税收收入在联邦政府财政收入中的比重很小,一般仅占联邦财政收入的1%。例如,1998、1999和2001财政年度的遗产税税额为231亿、300亿和284亿美元,分别占同期税收总收入的1.4%、1.5%和1.3%。[①] 但是,遗产税关涉社会利益的分配,并

---

① 参见刘佐主编《遗产税制度研究》,中国财政经济出版社2003年版。

对社会道德产生了重要影响。探究美国遗产税在引导社会公平正义等方面所具有的道德引导作用，可以为中国遗产税征收提供借鉴，对于中国特色社会主义道德体系的建设具有一定的启示和意义。①

（一）遗产税的一般伦理理论基础

遗产税是财产所有人死亡，在其所有遗产移转于他人时，政府对于继承人或被遗赠人继承财产时，就其财产价值所课的赋税。② 简而言之，遗产税是以遗产为征税对象，依法对死亡人所有财产征收的赋税，属于财产税类的税收制度。遗产税这一制度可溯及4000多年前的古埃及和罗马时期，但当时并未形成体系性的赋税制度。现代遗产税起源于1598年的荷兰。而其在财政上成为一种税源，仅仅是19世纪末才成熟而形成的制度。遗产税作为政府调节社会经济发展的一种方式，往往与赠与税合二为一，即两税适于同一税率。对于遗产和税收，本杰明·富兰克林（Benjamin Franklin）说："世界上只有两件事情是不可避免的，一是死亡，二是税收。"③ 而"征税征到死"则是对遗产税作为"死亡税"的一种无可奈何的"怨忌"。从世界范围来说，遗产税已有数千年的历史。目前，大多数西方国家都征收遗产税。遗产税作为公共政策具有协调社会、国家和个人关系的功能，是调节社会利益分配的一种重要手段，其伦理理论渊源主要包括社会契约论、社会公益理论等基本思想。④

1. 社会契约论思想

以格劳秀斯（Grotius）、霍布斯、洛克、孟德斯鸠和卢梭等为代表人物的经典契约论思想家认为，国家起源于契约，以公民契约为基础产生了国家（政府），而国家的管理和运行有赖于税收的支撑。同时，国家的有效运行有利于公民财产及其国家的安全保障，可以更好

---

① 参见王正平、李耀锋《美国遗产税政策的伦理基础及其对社会道德产生的影响》，《湖北社会科学》2014年第5期。
② 参见朱博能《遗产税论》，台北：正中书局1942年版。
③ ［美］丹·米勒：《征收遗产税的依据》，顾信文译，《国外社会科学文摘》2000年第10期。
④ 参见朱博能《遗产税论》，台北：正中书局1942年版。

地满足公民的需要和维护社会稳定。霍布斯指出,"属于平等正义范畴的公平征税不依赖于财富的平等,而依赖于每个人由于受到保卫而对国家所负债务的平等……主权者向人民征收的税不过是国家给予保卫平民各安生业的戴甲者的薪饷"。而"税收的平等与其说是要取决于消费者的财富均等,倒不如说是取决于消费本身的均等"①。洛克认为:"诚然,政府没有巨大的经费就不能维持,凡享受保护的人都应该从他的产业中支出他的一份来维持政府。"② 同时,他指出,政府税收权力的行使,不得侵犯公民的权利。"但是这仍须得到他的同意,即由他们自己或他们所选出的代表所表示的大多数人的同意。因为如果任何人凭着自己的权势,主张有权向人民征课税赋而无须取得人民的那种同意,他就侵犯了有关财产权的基本规定,破坏了政府的目的。"③ 洛克的这一思想指出了税收法定的基本原则。法国启蒙思想家孟德斯鸠认为,"国家的收入是每个公民所付出的自己财产的一部分,以确保他所余财产的安全或快乐地享用这些财产"④。孟德斯鸠的这一思想进一步阐明了公民的税收义务。系统论述了社会契约思想的卢梭则认为,社会契约的目的在于"要寻找出一种结合的形式,使它能以全部共同的力量来维护和保障每个结合者的人身和财富","每个结合者及其自身的一切权利全部都转让给整个的集体"⑤。而每一个人因社会公约而转让出来的一切自己的权力、财富、自由,仅仅是全部权利中那些用途与集体有重要关系的部分。从现代经济分析法学派的思想来看,契约思想体现着权利和权力的相互转换。就遗产税征收而言,则是实现利益的权利与义务之间的交换,它是公民接受国家保护利益时的代价。交换的社会价值不仅在于社会资源的合理配

---

① [英]霍布斯:《利维坦》,黎思复等译,商务印书馆1985年版,第269页。
② [英]洛克:《政府论》下篇,叶启芳、瞿菊农译,商务印书馆1964年版,第88页。
③ [英]洛克:《政府论》下篇,叶启芳、瞿菊农译,商务印书馆1964年版,第88页。
④ [法]孟德斯鸠:《论法的精神》上册,张雁深译,商务印书馆1961年版,第213页。
⑤ [法]卢梭:《社会契约论》,何兆武译,商务印书馆1980年版,第23页。

置，而且在于交换双方利益的满足时的价值评价。同时，遗产税作为一种公共政策，其服务的对象是公共产品，公共产品所具有的非排他性与非竞争特性，要求公共产品作为公共服务必须凭借国家、政府来实现，并由其来承担公共服务的费用与公共需要的供给，税收制度的建立是筹措满足公共需要的生产资金和寻求财政支持的重要保障。

其中，与社会契约论思想具有同一理论源流的思想包括"劳务价值说"（"劳务成本说"）、"权利说"（"法律说"）等。"劳务价值说"认为，遗产税是国家检验遗嘱劳务的报酬。把遗产税比作保险费，国家即属公司，遗产即属保险之目的物。而在欧洲国家，"权利说"是一种较为普遍的理论，该理论认为遗产继承权利并非天赋，继承遗产的合法实现得益于国家法律的保证。因此，遗产税是对国家法律维护遗产继承权利实现的一种给付，国家应该拥有死亡者遗产的部分支配权。同时，遗产税也是增加国家财政收入的一种工具，并具有对继承人权利进行限制的功能。因此，遗产税这一社会承诺、契约也就成为国家公力救济的一种手段。

2. 社会公益说

西方财政学创建者瓦格纳（Adolf Wagner）提出"四项九目"的税收原则：财政收入原则（充足、弹性）、国民经济原则（税源、税种选择）、社会正义原则（普遍、平等）和税务行政原则（确实、便利、节省）。[①] 他认为，遗产税符合国民经济原则中的税种选择原则。国家直接进行遗产征税，税负直接作用于纳税者本人，不与死亡人之外的他人发生经济关系，因此这一税种不会转嫁于他人而损害其他人的利益。遗产税的税收转嫁和税收归宿主要通过其税制的设计来体现，无论是实行先征遗产税，然后再将遗产分给继承人的总遗产税制，还是在遗产继承时遗产继承人同时又是遗产税的纳税人的分遗产税制，以及总分遗产税制即混合遗产税制，它都是一个优良的税种。瓦格纳的税收原则理论适应了当时政府从消极的"守夜人"到社会政策执行者职能转变的需要。与劳动所得课税相比，继承财产的课税

---

① 参见杨志勇等编著《公共经济学》，清华大学出版社2008年版。

应当更重。征收遗产税既能为国家储聚财富，又能创造社会福利，对于促进社会发展，调节社会大多数人的经济利益关系具有重要意义。遗产税一方面促进个人努力；另一方面有福利群众之益，分富民之所余，而不加贫民之负担，且取之于未得之财产，使纳税人忘其严苛，在社会上调剂其贫富，此其所以为良税也。① 税收的社会政策核心作用在于调节社会财富的再分配，对于社会富裕阶层课以重税，减轻低所得者税收负担，这样可以纠正收入分配的不公。另外，瓦格纳认为，遗产税可以鼓励个人对社会慈善事业、福利事业和公益事业的捐赠。旧福利经济学派的代表人物庇古（Arthur Cecil Pigou）与瓦格纳持有相同的观点，他认为，利用税收不仅可以对国民收入进行再分配，使社会财富分配趋向公平，而且可以避免市场经济因为追求生产效率所产生的财富分配不均，遗产税可以使生产资源配置达到最优。同时，庇古认为国家税收必须符合公平和效率两项原则，其中税收公平原则有两重含义：一是横向的公平，指对经济情况相同的人应当课以相同的税收；二是纵向的公平，指对经济情况不同的人应当课以不同的税收，即纳税能力强的人多纳税。这两项原则成为现代税收领域的黄金律。美国的第14条宪法修正案把横向平等写入了美国宪法，指出任何基于种族、肤色或是宗教信仰不同而实行歧视性的税制都是横向不平等的，是违反宪法的。为了达到遗产税在纵向上的平等，应当实行累进税率。

3. 税收公平理论

税收公平理论也被称为平均社会财富说。理查德·阿贝尔·马斯格雷夫（Richard Abel Musgrave）作为20世纪最主要的政治经济学家之一，被誉为现代财政学之父，其在《财政理论与实践》一书中，对国家税收进行了多视角的思考。他认为政府必须在税收的各个环节发挥作用，尽管遗产税在收入上的比重较小，但它仍然是一个重要的社会政策工具，它可以通过政府对市场的干预，来满足公共利益的需求和对特殊利益集团的约束，达到抑制财富代际传递，限制财富过分集

---

① 参见朱博能《遗产税论》，台北：正中书局1942年版。

中，促进社会财富公平分配的目的。① 由于消费品存在社会商品和私人商品两种形态，因而必须通过市场和政府的双向调节，通过税收来发挥资源配置、收入再分配和经济稳定三种功能，以解决经济失调和社会不公平等问题。作为宪政经济学派代表人物之一的詹姆斯·M.布坎南与马斯格雷夫的观点虽然不尽相同，但同样认为税收具有调节国民收入、满足公共利益的作用，税收需要体现正义。布坎南认为通过集体行动和政治过程来决定公共物品的需求、供给和产量，政府成员作为理性经济人，需要在决策过程中进行对话与选择，以此缩小和限制政府的权力，防止多数主义政治侵夺公共资源。政府行为，尤其政府成员的行为必须受到伦理道德的约束。在税收范畴上，政府权力与个人权利的关系必须处理好，税收必须走向公平。因而遗产税是调节社会财富公正分配的有效杠杆。同时，他主张通过立宪的手段来控制赤字的规模，维持预算平衡，反对政府过度介入再分配的过程当中。如果政府收入大量地依赖于公债而不是征税权受纳税人控制的税收，会使行政部门的权力得不到应有的控制，这将破坏宪政制度的稳定。②

约翰·梅纳德·凯恩斯（John Magrard Keynes）认为，社会财富分配不公是资本原始积累过程中起点和手段的不公正导致的，因此，遗产税具有对社会财富再分配的矫正功能。凯恩斯的遗产税理论表明，通过对部分富人的遗产征税，可以实现社会财富在起点上的公平与公正。在促进社会公平的过程中，遗产税能够实现这一社会价值指向。这一社会价值指向的实现可以从两个方面加以体现："一是遗产税本身蕴含了正义税的价值；二是遗产税通过对社会财富的再分配实现新的起点正义。"③ 因此，凯恩斯认为，通过累进税率，税收体系中的遗产税等直接税可以促进社会公平和增进社会消费。保罗·萨缪

---

① 参见［美］马斯格雷夫《财政理论与实践》第5版，邓子基、邓力平译校，中国财政经济出版社2003年版。
② 参见刘守刚《西方财政宪主义理论及其对中国的启示》，《财经研究》2003年第7期。
③ ［英］约翰·梅纳德·凯恩斯：《就业、利息和货币通论》，高鸿业译，商务印书馆1983年版，第317页。

尔森（Paul A. Samuelson）认为，"遗产税可以避免形成一个永远有钱的阶级，不劳而获"①。新剑桥学派的琼·罗宾逊（Joan Robinson）和尼古拉斯·卡尔多（Nicholas Kaldor）等人认为，遗产税可以改变财富和收入分配的不均。著有《累进课税论》的塞利格曼（Edwin R. A. Seligman）也认为，遗产税体现了税收的公平原则。由于继承关系，继承人财产的增加，相应增加了其税负能力，因而其应当向国家缴纳一定的税收。由于个人所得税的普遍征收，遗产税征收体现了税收公平。爱德华·N. 沃尔夫（Edward N. Wolff）的研究结果表明，"各国对小额遗产免税的做法，有利于维护公平"②。根据帕累托次优选择，即使没有谁能够得到很大改善，但至少能让一些人变得不那么富有了。③从税收公平理论中，可以透视其核心内容主要包括两个方面：一是遗产税是一种富人税，通过税收影响调节收入分配，具有"劫富济贫"、实现社会公正的功能；二是遗产属于继承人偶然所得，非其劳动所得，遗产税是个人所得税的一种补充，可以延迟调节收入的隔代转移，为同代人创造相对公平的社会环境，避免世代因袭式的家族影响，有利于社会进步。

4. 税收正义论

在某种意义上，人类社会的发展是社会整体财富的增长和积聚过程，当这种过程出现财富的不平均分配，并且日益集中于少数群体时，则会加剧社会结构的不断分化。因此，税收正义能够克服社会财富的聚集与垄断，实现社会财富的分配正义。罗尔斯的正义论是继承传统的契约论发展而来的，正如他本人指出："我所尝试做的乃是将传统上由洛克、卢梭及康德所代表的社会契约论普遍化，将它推向一个更高的抽象层次。"④从政治哲学的角度，他探讨了税收与正义之间

---

① 许建国、蒋晓蕙：《西方税收思想》，中国财政经济出版社1996年版，第202页。
② 杨盛军：《论税收正义——兼论中国遗产税开征的道德理由》，博士学位论文，中南大学，2010年。
③ 参见［美］林德尔·G. 霍尔库姆《公共经济学：政府在国家经济中的作用》，顾建光译，中国人民大学出版社2012年版。
④ ［美］罗尔斯：《正义论》，何怀宏等译，中国社会科学出版社1988年版，第2页。

的关系,指出公共政策的正义性主要体现在公共利益与私人利益的协调,需要国家对收入的再分配来满足公共利益,而分配的合理性有赖于社会制度的正义安排。就社会财富这块"蛋糕"而言,并不是它越大越好,如果分配"蛋糕"的机制不公正,那么就会导致更大的不平等。遗产税可以纠正财富分配中的偏差,避免有害于政治自由的公平价值和机会公正平等的权利集中。[①]而税收与财产权利制度应以保证财产所有制中的平等自由制度和它们所确立的权利的公平价值为限度。罗尔斯以其"原初状态"理论为依托,认为在理想的税收环境下,税收正义的最佳实现方式是通过一种按比例的支出税进行征税。这种通过设定征税基准,采取累进税率的征税方式,可以阻止社会财富和权力的集中,维护第一个正义原则和机会公正平等有关的社会基本结构的正义。同样,持有社会公正理论的阿玛蒂亚·森(Amartya Sen)认为,社会贫富差距对人们的福利状态产生了重要影响,即使人均收入和个人财富得到增加,也并不能预示着个人福利的根本改善。要使个人福利普遍提高,必须依赖于个体基本能力的增强,以及公共政策的补充。他将"能力"和"生活质量"作为社会公正的核心范畴,并指出能力和收入之间存在相对的剥夺关系,贫困则是"基本可行能力的被剥夺,而不仅仅是收入低下"[②]。公共政策能够减轻或消除贫困者的被剥夺感,从而增强贫困者摆脱贫困的基本能力。

与税收正义论观点基本一致的是"溯往征税说"。该学说从人性恶的角度阐述了征收遗产税的理由,认为对遗产课征税收是遗产税的表面现象,其实质在于对死亡者生前通过避税积累财富而死后无法逃税的财产税的追偿缴纳。

5. 马克思主义税收理论

税收同其他社会存在一样,是历史的产物,它作为经济范畴具有与国家本质相关联的内在属性,作为政治范畴是社会资源再分配的基

---

① 参见[美]罗尔斯《正义论》,何怀宏等译,中国社会科学出版社1988年版。
② [印度]阿玛蒂亚·森:《以自由看待发展》,任赜、于真译,中国人民大学出版社2002年版,第85页。

础,并成为社会关系的调控方式。马克思主义税收理论来源于马克思主义国家学说,国家是阶级矛盾不可调和的产物,税收是阶级存在的外在表现形式,税收的来源是国民的劳动,并且是国家无偿向公民取得之物,资本主义国家税收实际上是资产阶级保持统治阶级地位的手段。对于无产阶级国家政权来说,无产阶级专政不仅体现在政治上占有统治地位,而且体现在经济上占有处于支配地位的经济权力,同时,上述二者权力的获得必须有赖于足够的经费与威信。由于资本主义制度的财产私有性,无产阶级在革命过程中应当对私有财产的代际继承采取限制措施,即征收遗产税。税收基于一种国家行为,关涉政府、个人、社会之间的利益。马克思认为,"为了维持这种公共权力,就需要公民缴纳费用——捐税"①。同时,针对遗产继承,可以采取过渡性措施:"(1)更广泛地征收在许多国家中业已存在的遗产税,把由此得来的资金用于社会解放的目的;(2)限制遗嘱继承权,这种继承权不同于没有遗嘱的继承权或家属继承权,它甚至是私有制原则本身的恣意的和迷信的夸张。"②恩格斯指出了遗产税的重要意义,即为了有效地实现革命目标,可以采取"用累进税、高额遗产税、取消旁系亲属(兄弟、侄甥等)继承权、强制公债等来限制私有制"③。马克思和恩格斯主张,通过征收高额累进税等公共政策,可以"对所有儿童实行公共的和免费的教育"。随着时代变迁,对于个体合法财产的尊重和保护已经得到法律的确认,在如何防止贫富差距扩大,促进社会公平方面,遗产税无疑已成为当代马克思主义伦理理论的重要内容。

6. "遗产充公说"

"遗产充公说"认为,应当没收无遗嘱的财产。其代表人物之一的边沁指出,继承人对被继承人的财产加以继承,而无遗嘱的遗产应当被国家没收。穆勒进一步发展了边沁的理论,提出应当采取遗产累

---

① 《马克思恩格斯文集》第4卷,人民出版社2009年版,第190页。
② 《马克思恩格斯文集》第3卷,人民出版社2009年版,第89—90页。
③ 《马克思恩格斯文集》第1卷,人民出版社2009年版,第686页。

进税对遗产权加以限制，防止财富过分集中。同时，他认为遗产的继承应当限于继承人独立生活所需费用的部分，其他部分则应当通过税收形式为国家所有。该理论认为，遗产继承权同财产私有权没有必然联系，这一继承权是由于死者意愿而获得的，如果遗产没有遗嘱，则应当为国家所有，这样一来该制度还可减少遗产继承分配纠纷。1853年，英国颁布的《遗产管理办法》确定的遗产累进税制度，包括西方一些国家的遗产税税率设置是依据继承人与被继承人的亲疏关系来确定的，都主要以这一理论为基础。

上述有关遗产税的理论思想涵盖了理论界关于税收存在之理由的基本内容。遗产税的实施结果，主要体现在两个政策目标方面的实现，即经济方面的增加国家财政收入和社会方面的调节收入再分配，以缓和社会贫富不均的矛盾。

（二）美国遗产税的历史回顾及其产生的社会道德影响

遗产税作为社会历史的产物，从美国第一次开征到目前的征收与废止之争，与美国的历史几近同样久远。美国遗产税的施行与废止，不仅体现在社会经济（财政）方面，而且也体现于社会道德方面。

1. 美国遗产税的历史回顾

在遗产税成为美国联邦政府的固定性税收之前，该税常常是联邦政府军事经费筹集的一种手段，并经历了"开征—废止—开征"的往复过程。美国在1797年首次开征联邦遗产税，其目的是为美国海军的发展筹集资金，以应付当时美国与法国的紧张关系，随后于1802年废止了遗产税；1862年第二次开征遗产税，是为了满足南北战争筹措军费的需要，于1870年再度废止；该税的第三次开征则是在1898年，目的是筹集美国与西班牙的战争军费，后来于1902年再次停征；1916年遗产税在美国第四次开征，其目的是筹集第一次世界大战的军事经费，随后成为固定税种。美国赠与税曾于1924年至1925年征收两年，而后停止了征收。1930年美国再次开征赠与税，并于1932年通过立法长期开征赠与税。1976年将遗产税和赠与税两税合并，统称"遗产税"。其中，美国联邦和州两级政府均具有开征遗产税的权力，州以下的地方政府则由州政府授权征收该税，遗产税、赠与税税收收入主要来源于联邦政府的征收。同时，州一级的遗产税可以抵免联邦遗产税。就各州遗产税而论，每个州征收遗产税的税率由各州议会自己设定，但各州又规定不一、多种多样，其中少数州不开征遗产税或已废止遗产税。目前，美国联邦遗产税的基本框架是由1976年的《税收改革法》予以确立的，对各种财产转移征税作了统一的规定。20世纪70年代末80年代初，是美国经济自大萧条以来衰退最严重的时期，1980年，全国性抗税运动是当时经济状况的一个"晴雨表"。在20世纪末近20年的时间里，美国经济以较高的速度持续增长，成为又一个黄金时代，这主要得益于以下三方面原因：一是里根政府的减税政策和放松经济管制的影响；二是20世纪90年代以信息产业为主导的新技术产业的拉动；三是克林顿政府降低利率刺激投资的政策作用。2000年下半年开始，美国经济形势发生了逆转，2001年美国经济开始出现负增长，个人消费支出呈现增长趋缓的状态。1999年和2000年，美国国会先后两次通过关于逐步废止遗产税的法案，但最终都被时任总统克林顿否决。近年来，为解决国内经济问题，加强对富人的税收调节，美国在2010年遗产税征收出现"空窗期"的一年后，于2011年恢复了对联邦遗产税的征收。

2. 美国征收遗产税对社会道德的影响

首先，采取遗产税累进税率体现了税收正义。税收政策正义问题的关键所在，是由哪个收入阶层来承担最重的税赋。随着收入的增加，那些收入增加的人，其交纳的税额也应当相应增加，这是累进税的基本要求。随着经济的发展和人们财富的递增，采取不断提高遗产税的免税额，并相应降低遗产税最高边际税率的累进税率这一手段，既是解决收入的结果公平的重要举措，也是实现遗产税税收正义的一种技术路径。按照效率原则，累进税率结构应该是税率档次少，边际税率低，而公平原则应该是税率档次多，边际税率高。从美国开征遗产税的现状来看，公平原则优先于效率原则。美国政府正是通过加强对富人的税收调节，来解决国内经济问题的。"根据美国2000—2001财政年度开征遗产税统计数据显示，共实行了17级超额累进税率，边际税率从18%至55%不等。"① 2001年布什政府通过经济增长与减税法案，使美国遗产税改革方案成为正式的法律，该法于2002年1月1日起实施。根据此法，2002—2009年，美国遗产税的免征额逐步增加，从2001年的67.5万美元增加到2009年的350万美元，而税率则从55%随之逐年递减至2009年的45%。2003年，美国众议院以264票对163票，投票通过了永久性终止不动产遗产税法案。2010年末，奥巴马政府将遗产税起征点定为500万美元，税率为35%。在2010年遗产税征收"空窗期"的一年之后，2011年美国又重新征收了遗产税，2013年美国联邦遗产税税率为18%—40%的12级超额累进税率。② 从美国整体遗产税征收状况来看，从1977年以后，遗产税逐年提高了税收起征点（免税额），并相应降低了税率。除2011年外，遗产税的免税额是随着经济的发展和人们财富的递增而不断提高的，这是一种动态的"水涨船高"的遗产税征收政策，同时它设定了较高的遗产税率和较优惠的扣除政策，通过影响遗产拥有人的财产收益状况和价值取向，刺激其对捐赠的偏好和选择，从而促进社会捐赠的供给效应，鼓励遗产拥有人将更多的遗产捐赠给公益事业。通过多税率档次，高边际税率，有利于调节社会利益平衡，以达到收入的结果公平。

在美国的历史进程中，税收正义所实现的结果平等与机会平等之间的问题，往往是其公共政策价值理念的核心论域。美国建国之初开征遗产税，将自由、平等精神充分体现在了自由主义所主导的政府政策过程中，遗产税作为财产转移税，在体系的设置、税率结构和纳税人的确定等方面都试图体现对公平的追求。因而，财产转移税成为缓解贫富差距的杠杆，公益事业发展的助推器。美国政府通过采取遗产税的高额累进税率和多种不同的减免税优惠，来调节社会收入再分配，防止社会贫富差距悬殊，以此缓和社会矛盾。在美国成立初期，为了实现对白手起家创业者的鼓励及防止出现类似英国的世袭贵族富

---

① 刘佐主编：《遗产税制度研究》，中国财政经济出版社2003年版，第73页。
② 参见刘浩等《遗产税制度及其对我国收入分配改革的启示》，北京师范大学收入分配研究院课题组课题研究中期报告，http://www.ciidbnu.org/news/201303/20130302154151706.html。

裕阶层，美国政府设立的遗产税税率高达70%，并以不到1万美元就开始起征。20世纪后半叶，"私人占有的财富日益集中。1970年，美国人口中最富裕的1%控制着25%左右的财富。1989年，美国人口最富裕的1%控制着40%左右的财富"①。随着美国新保守主义思想的影响扩大及其政党在政府执政地位的提高，20世纪80年代以后，新保守主义者则开始注重有关机会平等的思想，并对新自由主义要求实现结果平等的思想进行了批判。他们认为新自由主义思想会对社会经济的发展产生阻碍作用，这一思想的目的只是使人们在利益分享中争取分得更大一块的"蛋糕"，而不是为了把社会利益这块"蛋糕"做得更大。新保守主义提出，新自由主义的结果平等原则抑制了社会个体的创造热情，不能促进社会进步，而机会平等原则具有现实的可能性。近年来，美国渐进式遗产税的废除与新保守主义思想的影响密切相关，税收政策侧重追求效率，这与经济条件和政治背景不无关联。当投资减少、消费疲软、失业率上升等经济衰退指标一一显现出来之时，以牺牲公平换取效率的倾向也就凸显了出来。从经济效率的角度来分析，虽然遗产税对纳税人的就业、储蓄和投资再生产可能产生一定的阻碍作用，但是，遗产税的设置促使财产持有人在去世时必须将资产收益兑现，这就弥补了所得税税制结构中未实现资本收益不能被征税的漏洞，体现了遗产税效率作用的发挥。② 2001年布什政府减税法案的通过，使美国的税制一改传统，开始从侧重公平向侧重效率倾斜，这具体体现在遗产税税种的变化方面。在此后的一段时期内，遗产税的存废将是公平与效率的博弈，如何取得平衡，也是美国各个阶层之间长期的斗争。而社会舆论对于遗产税改革的论争，注定了美国遗产税存废的波折。

其次，遗产税慈善捐赠扣除对社会道德向善具有激励作用。在社会经济发展过程中，市场、政府和社会的不同角色决定了它们三者在

---

① ［美］罗伯特·古丁、［美］汉斯-迪特尔·克林格曼主编：《政治科学新手册》下册，钟开斌等译，生活·读书·新知三联书店2006年版，第787—788页。
② 参见［美］林德尔·G.霍尔库姆《公共经济学：政府在国家经济中的作用》，顾建光译，中国人民大学出版社2012年版。

社会功能的差异性，市场供给机制是市场主体在自由、竞争、平等、公平等基本原则下，以实现不同利益诉求为目的。政府供给机制是通过政府纵向的权力分配和政府横向的权力共担共同组成的，以追求和维护公共利益为目的。而自愿供给机制则是社会主体以一定的信仰为基础，采取自愿的方式来实现公共利益的。社会捐赠是自愿供给机制筹集资金的重要形式，是慈善事业的"血液"，在扶危救困、帮助弱势群体促进社会和谐稳定方面发挥着重要作用。

遗产税作为一种经济政策，以税收激励的形式，通过影响捐赠品的价格和捐赠者的收入来对捐赠产生影响，是社会资源配置的一种手段，具有优化资源配置、调节收入差距的杠杆作用。影响个人捐赠的主要税种包括个人所得税和遗产税。美国遗产税实行总遗产税制度，应纳税额的计算步骤包括："首先，计算出经济遗产额，即从遗产总额中减去费用支出；然后，计算出遗产净额，从经济遗产额中减去扣除项目，而应纳遗产税税额即为遗产净额乘以适用税率；最后，实际应纳税额即为应纳遗产税税额减去统一抵免和其他抵免项目。"[①] 遗产和赠与税的扣除项目主要有婚姻扣除、慈善捐赠扣除、家庭拥有事业特别免税额、年度不予计列项目等。其中慈善捐赠扣除是扣除项目的一项重要内容。遗产税税收能够激励社会捐赠，主要是政府采取间接的干预手段，即通过信息发布和政府政策倾向等进行政策引导和影响，对捐赠主体实施税收优惠等。这种间接干预手段优于直接干预手段，它主要体现在：排除了政府对社会组织的运作的干扰，有助于提高社会组织运作效率，防止了由于政府干预而滋生寻租等问题产生的弊端。

美国各种慈善组织是美国社会保障制度的一个有机组成部分，其慈善事业主要依靠税法加以规范，并实行慈善组织资格审核制，规定只有向符合条件且有资格的慈善组织捐赠善款，其捐赠人才能获得捐赠税收方面的优惠。税法允许对慈善捐赠或者类似的财产转移予以扣除，其中捐赠的财产要符合下列条件："一是赠与或供美国联邦、州政府、领地范围以内的任何政治机关或者哥伦比亚特区使用，并且仅

---

① 刘佐主编：《遗产税制度研究》，中国财政经济出版社2003年版，第79—80页。

用于公共目的；二是赠与或供仅从事宗教、慈善、科学、文学、教育事业（包括艺术奖励、保护儿童和动物及鼓励国内或者国际体育运动竞赛）的协会或者公司使用，并且仅用于上述目的；三是赠与信托管理者或者以兄弟会等分会体系为组织形式的协会，而且仅用于宗教、慈善、科学、文学、教育或者保护儿童和动物等目的；四是赠与或供按照法律成立的退伍军人组织，或者其分支机构使用。"[1]

对于慈善组织而言，要获得免税资格，不仅要符合上述捐赠条件，还必须满足美国《国内税收法典》所规定的条件，即"专门以以下目的成立和运营的法人、社区福利基金、基金或基金会，包括用于宗教、慈善、科学、公共安全测试、文学、教育目的，或为促进国家和国际业余体育竞技比赛（但是其活动不涉及提供体育器材或设施），以及预防虐待儿童、动物等目的的组织或个人，其净收益不是为了保证使私人股东或个人收益，其行为的实质目的不是为了进行大规模的企业宣传或企图影响立法，不代表任何公职候选人参与或干涉任何政治竞选活动"[2]。这些条件的规定表明，取得免税资格的慈善组织必须以非营利为目的，同时防止以慈善组织的名义及其活动对政治和立法进行实质性干预。

再次，运用减免税手段，美国的税收激励促进了慈善组织的发展。虽然，在美国数百年征收遗产税的历程中，对于遗产税存废的争议不断，同时伴随社会的发展，贫富差距也在不断扩大，但遗产税对于促进社会慈善组织的发展具有积极意义。遗产和赠与税采取高额累进税率，为富人希望将巨额财产遗留给后代设置了高额代价，但建立基金会或捐助善款既可以获得税收减免，又能够获得社会认可和赞誉。20世纪，美国成为经济快速增长、财富大量积聚的国度，税收减免制度为私人财富源源不断地流向慈善组织起到了疏导作用，美国也成为世界上慈善捐赠事业最发达的国家。遗产税作为政府间接干预

---

[1] 刘佐主编：《遗产税制度研究》，中国财政经济出版社2003年版，第71页。
[2] Internal Revenue Code, Title26, Subtitle A-Income Taxes, Chapter1 – Normal Taxes and Surtaxes, Subchapter F-Exempt Organizations, Part1 – General Rule, http：//en.wikipedia.org/wiki/Special：Search/Internal_ Revenue_ Code.

手段，可以引起社会捐赠目标群体的心理及行为发生转变，同时，这种间接干预手段又能对经济市场化程度和税收体系的完善产生促进作用。因此，税收的激励机制成为慈善组织快速发展的重要因素，同时，慈善组织也成为社会再分配的重要渠道。

最后，对收入分配的调节作用。随着社会经济的发展，美国社会个体收入的提高及个体消费水平的提升，社会个体之间的收入分配差距正在拉大。美国遗产税征收的范围主要是少数巨富人群，通过对遗产税实施起征点设立、免征额、扣除项目和扣除标准等措施，并采取累进税率和对高收入的被继承人的遗产征税，使遗产税成为一种"富人税"。这种"富人税"不是让富人变成穷人，而是一种实现社会资源再次分配的方式，以促动社会活力，提供给穷人更多的上升机会。从整体来看，世界各国被课征遗产税的人口比例都很小，英国为1%，日本为5%，美国也仅仅是2%。遗产税虽然针对人群少，但具有调节力度大的特点。[①] 例如，1999 年，美国联邦遗产税收入的一半左右（大约 140 亿美元）来自于 3300 名平均遗产额为 1700 万美元的富人，这些人都是美国社会中收入处于金字塔顶部的人。[②] 同时，遗产税具有鼓励劳动致富，限制不劳而获的作用。从 2000 年开始，美国遗产税迈入废止的道路，巴菲特（Warren Buffett）、索罗斯（George Soros）等一些富豪却逆其道而行之，提出"请对我们征税"的呼吁，极力倡导继续征收遗产税。他们认为，遗产税的取消有悖于社会公平，将使富人财富荫及子孙，代代相袭，而使穷人永远摆脱不了贫困的枷锁。同时，减少了政府财政收入在社会保障、教育等公共领域的投入，不利于美国社会的发展。2006 年，美国亿万富翁巴菲特签署文件，将其超过 370 亿美元的资产捐赠给了慈善机构，以实际行动来反对国会众议院当年通过的废除遗产税的折中议案。他表示，正如洛克菲勒（John D. Rockfeller）所说，遗产就如一桶自己一时饮不完的水，如果留给后辈饮用，日久变质则会使他们拉肚子。他不希

[①] 参见曾先容《遗产税制理论与模式分析》，硕士学位论文，西南财经大学，2001 年。
[②] 参见刘佐主编《遗产税制度研究》，中国财政经济出版社 2003 年版。

望自己的子孙成为不劳而获的"富裕垃圾"[①]。美国遗产税的历史，在某种程度上就是美国财富文化变迁的历史，体现了美国的创业精神，而因袭或坐享其成的财富观不符合美国文化。

（三）中国征收遗产税的可行性分析

改革开放40年来，随着中国社会经济结构的转型，个人收入分配两极分化严重，社会矛盾日益凸显并有激化的可能。税收不仅在市场经济过程中具有重要的经济杠杆功能，对调节社会成员收入分配起到重要作用，同时也对社会道德产生了重要影响。当前，对遗产税在中国是否开征存在着诸多争议的焦点。应该结合中国经济社会发展的实际状况，从国情出发做出客观、理性的政策选择，而不是因某些发达国家、地区是否开征或者废止了这个税种而亦步亦趋。国务院曾批转的《关于深化收入分配制度改革的若干意见》要求，应当研究在适当时期开征遗产税问题。有研究报告称，中国已基本具备征收遗产税的条件，并建议将500万元作为遗产税起征点。[②] 据此，人民网在2013年2月27日推出网络调查：《报告建议500万起征遗产税，您怎么看？》。其中共有5582人次参与了调查，73.6%的网友（4110票）选择"支持，有助于调节贫富差距，体现社会公平"；4.1%的网友（230票）选择"质疑，征税条件是否成熟仍有待观察"；21.6%的网友（1204票）选择，"建议，应采取更多的手段缩小贫富差距"。此外，还有38票有话要说，占投票人次的0.7%。[③] 从中国的国情和现阶段社会经济的发展水平来看，实现社会财富正义，缓和日益激化的贫富矛盾和促进社会稳定是征收遗产税的客观需要。

1. 遗产税在中国历史上的发展状况

在中国古代，由于家国一体和宗法统治的传统，遗产税一直没有

---

① 卢慧菲：《美国遗产税将何去何从》，《中国税务报》2006年7月5日第5版。
② 参见刘浩等《遗产税制度及其对我国收入分配改革的启示》，北京师范大学收入分配研究院课题组课题研究中期报告，http://www.ciidbnu.org/news/201303/20130302154151706.html。
③ 参见《人民网调查：超七成网友支持征收遗产税》，http://news.china.com.cn/live/2013-03/04/content_18887111.htm。

成为统治者的关注点。到了近代,中国才有正式开征遗产税的历史。其中,在1912年、1927年曾提出开征遗产税的主张,1938年公布了《遗产税暂行条例》,1940年7月1日起正式施行,1948年对遗产税征收中的一些具体操作办法进行了调整。1950年通过的《全国税政实施要则》将遗产税列为拟开征的税种之一,1990年,国家税务局正式提出了开征遗产税和赠与税的设想。1993年,党的十四届三中全会通过的《中共中央关于建立社会主义市场经济体制若干问题的决定》提出:"适时开征遗产税和赠与税。"同年,发布了《国务院关于实行分税制财政管理体制的决定》,将遗产和赠与税收入划为地方财政的固定收入,遗产税的开征被写入《中华人民共和国国民经济和社会发展"九五"计划和2010年远景目标纲要》。1994年的新税制改革将遗产税列为国家可能开征的税种之一。1997年,党的十五大报告提出"调节过高收入,完善个人所得税,开征遗产税等新税种"[①],将遗产税的立法和开征作为一项调节个人收入差距的重要对策。2000年,党的十五届五中全会通过《中共中央关于制定国民经济和社会发展第十个五年计划的建议》,再次提出要通过开征遗产税等措施强化国家税收对于收入分配的调节功能。2001年,第九届全国人大四次会议通过的《中华人民共和国国民经济和社会发展第十个五年计划纲要》,提出要适时征收遗产税。2013年国务院批转发改委等部门《关于深化收入分配制度改革若干意见》,又提出了"研究在适当时期开征遗产税"。

2. 当前中国征收遗产税的现实条件

回顾西方国家遗产税的历史可以发现,资本主义社会初期、资本原始积累基本完成后或资本主义蓬勃发展的某个时期,往往是西方国家开征遗产税的时间节点。如1796年英国在工业革命飞速发展时期开征遗产税,1703年法国资产阶级革命前期开征遗产税,1916年美国资本主义初期繁荣之后开征遗产税。其共同点是在经济社会发展过程中,都出现了社会贫富差距不断拉大的现象。自改革开放以来,中

---

① 《江泽民文选》第2卷,人民出版社2006年版,第23页。

国社会财富有了很大积累,但贫富悬殊的矛盾也越来越突出,并由此导致了一系列的社会问题,如经济领域的犯罪、社会道德的泯灭和丧失、社会信仰的迷失等。因此,遗产税的开征可以避免社会贫富差距的不断扩大,对社会矛盾具有一定的调节作用。全球最大的资产管理公司之一的美林集团发表的《2004年度全球财富报告》显示,中国富裕人士(超过100万美元金融资产)达到23.6万人,这些人士的总财富为9690亿美元,人均资产超过410万美元,约合人民币3400万元。① 由于中国人普遍的藏富心理,有人认为,国内的富裕人数绝不仅止于此。另外,个人手中拥有的金融资产的数量也在逐渐增多。据统计,中国"新贵家庭"的数量仅占中国家庭总量的1‰,却掌控着全国41.4%的财富。② 据估计,目前中国不足人口1%的富有阶层,占有50%以上的社会财富,这种过度占有造成了贫富两极的严重分化。③ 目前,中国人口从"高出生率、高增长率"向"低出生率、低死亡率、低增长率"转变,独生子女家庭已经成为中国的常态,受中国传统文化观念的长期影响,在遗产方面长辈对后代的"利他"动机的权重更大,代际的财产继承通过遗产和赠与方式,使财产分布更加趋于集中,社会贫富差距将进一步扩大。

在中国现行税制中,对个人收入的调节主要体现在个人所得税上。2017年1—8月,个人所得税收入为8520亿元,占税收收入的比重为7%,比重有微幅下滑,但个人所得税仍是增值税、消费税、企业所得税之后的国内第四大税种。8月,个人所得税收入为868亿元,占税收收入的比重为8.1%。④ 从统计数据来看,个人所得税的

---

① 参见《全球财富报告:中国23.6万人资产超过$100万》,http://news.xinhuanet.com/fortune/2005-06/16/content_3093153.htm。

② 参见张一君《从现金财富到纸面财富:中国新贵家庭的"资本主义"》,《中国经营报》2007年11月3日。

③ 参见刘浩等《遗产税制度及其对我国收入分配改革的启示》,北京师范大学收入分配研究院课题组课题研究中期报告,http://www.ciidbnu.org/news/201303/20130302154151706.html。

④ 参见《2017年8月全国个人所得税分析:个税收入占比涨至8.1%》,http://www.sohu.com/a/191967771_350221。

作用十分有限。由于所得税和流转税的货币交易性及部分财产游离于市场交易之外的特殊性，漏税、少缴税款的现象客观存在，遗产税具有弥补税收漏洞、健全税制的作用。同时，遗产税在经济层面增加了财政收入，缓解了中华人民共和国成立后的若干次财政困境，遗产税收入可直接进入财政对社会保障的支出安排。每年2000亿元左右的收入，对处于收入减缓的地方财政而言，是充实社会保障资金的重要手段。

3. 中国遗产税征收面临的困境解析

遗产税不仅具有税收的一般性，即组织财政收入的功能，同时它又有一定的特殊性，即具有调节社会财富流向的作用。在中国现阶段不完善的市场经济条件下，遗产税征收面临着一系列的阻力和问题。从道德与法律新观念的树立和公平与效率关系相协调等方面，可以寻找遗产税征收的破解之道。

一是树立新道德观。遗产税难以开征的首要原因在于中国传统文化中有关财富传承观念的影响，只有克服中国传统文化的消极因素，树立新道德观，培植广泛的文化认同，将遗产税的征收与社会道德文化相结合，形成人们自觉缴税的习惯，才能有效地促进和实现社会公平正义。在中国传统文化中，虽然有诸多崇尚劳动、强调自强不息的优秀的中华民族传统美德，但父债子还、子承父业一直是中华子民理所当然的担当和义务，并且父母一生劳苦创造的财富积累主要是为了惠及后代。在这种传统文化的影响下，对父辈遗留下来的财富征收遗产税自然会受到继承者的心理抵触。如果遗产税没有得到民众的广泛认同，民众则会从观念上对遗产税持排斥态度，而使遗产税失去其存在的合法性，即使强行征收也必将增加社会成本，遗产税的税收正义的实现也就无从谈起，税收正义理念也会因此丧失道德维护的根基。

另外，由于社会养老保障的落后性及"养儿防老"的传统思想，家庭财富传承观念直到现代社会仍广为流传。从西方的传统来看，由于历史原因，以及西方国家进入工业化时期较早，社会保障较为发达等，健全的养老保障体系是培养人们遗产纳税观、健康自然的消费观和财富观的基础，而由此形成的西方社会大家庭的观念则比较淡薄。

因此在中国传统中，只有家庭伦理而没有社会发展的格局。现代西方国家"大社会观"的形成，构筑了西方国家与东方国家不同的财富价值观，英美国家社会成员把纳税看成一种义务，富翁自然更不例外。遗产税的开征能够促使家庭财富向社会流动，而现代化社会的家庭财富流向对家庭经济结构产生了活化作用，有利于促进社会保障制度的健全和完善。

二是转变法制观念，实现税收权力服从观念向税收权利的转化。要使这一点有效施行，遗产税就必须达到公民接受的限度，既要使遗产税为纳税人所接受和认同，又要使遗产税能够达到调节财富的水平，还要减少对社会经济的负面影响。中国在税收法律关系上突出的是个人对国家税权的服从关系，以致税收理论始终未能跳出"权力关系说"的樊篱。这种只见义务不见权利的税收思想，遮蔽了个人与国家之间的契约性。从税收法定的语境来说，税收立宪在税收法定范畴中具有更为根本的意义，它以最权威的语言确立个人权利与公共利益及国家利益之间的关系。尽管中国宪法规定了国家的征税权力与个人的纳税义务，但没有将税收的目的，即公共利益以明确的语言体现出来，阻遏了国家税收正义理由的表达，并且宪法没有体现个人的税收权利，而仅仅对个人的税收义务予以规定，这与中国法律从义务为本位转向权利为本位的精神并不相符。税收法定原则应体现税收正义原则，美国在《1781年宪法》第1条就明确了税收的相关要求，一切征税案都必须在众议院获得通过，并规定了税收的目的必须是出于公共福利的理由。从税收法定的角度来说，税收立法具有更加根本的意义，它以最权威的法律语言确定了各种税收关系，任何具体的税收法律都必须符合宪法精神，否则就应当进行违宪审查。中国税收的设定具有程序性，虽然其实质正义经过了理论的阐释，但其程序的路径还需要一段艰难的历程。中国遗产税从"应然"向"实然"的迈进，不仅需要道义的支持，还需要经济、政治、法律及社会层面的协力推动。

三是解决好公平与效率的平衡问题。从效率的角度来看，由于遗产税的超额负担，对经济的扭曲可能会导致福利损失大于税收收入的部分。同时，中国还存在税务部门的征税成本和纳税人的奉行费用之间的失衡及逃税等问题，这都增加了税收成本。从公平角度分析，遗产税作为间接税，在促进收入再分配方面并不十分明显。因此，遗产税的公平与效率问题是一个两者不可兼得的目标。在考虑遗产税时，单纯考察遗产税的财政价值是不够的，必须将遗产税承载的社会价值体现出来。马克思指出，通过个人收入分配的调节，可以为社会保留一定的费用，这些调节的手段包括为丧失劳动能力的人等设立基金，以实现社会的充分保障。[①] 美国的遗产税实践表明，应当更多关注其社会意义，社会公平价值是其税制实现的一个首要原则，其次是效率目标。但在美国社会历史发展的过程中，政策目标在特定的条件下，政策导向往往会在二者之间产生失衡，在某些情况下，效率优先往往成为公共政策的首要选择。

四是遗产税配套制度的完善。由于中国现阶段个人私有财产登记制度和私人财产申报制度不健全，税务机关对个人财产转移及生前赠与财产行为难以掌控等，遗产税的开征困难重重。根据各国开征遗产税的实践来看，遗产税的征收必须要有配套制度的支撑和保障。因此，在建立合理的遗产税制度的同时，必须建构相关的配套制度和措施，以确保遗产税的顺利开征。其应当完成的主要内容有四点。其一，是尽快建立和完善公民个人的财产登记和申报制度。个人财产登记和申报制度不健全导致遗产数量难以确认，这是遗产税征收面临的首要问题。其二，是尽快建立配合遗产税开征的专职财产评估人员制度，促进税收管理科学化。其三，是对现行法律条款和有关规定进行必要的补允和修改。如在民法、继承法中完善有关遗产税的内容，不断健全社会主义的法律体系建设。其四，是加强社会管理网络体系建设，以利于遗产税及时征收，增强遗产税征收的实效性。倘若上述问题不能得到有效的解决，遗产税的实效性将大打折扣，并可能影响到税收政策法规的公信力。

---

① 参见《马克思恩格斯选集》第3卷，人民出版社1995年版。

第四章 公共政策过程的道德引导

国外公共政策对社会道德建设的一些有益举措表明，社会各领域占主导地位的道德价值理念必须借助公共政策这一手段，才能真正深入人心，指导广泛的公民道德实践。在社会治理过程中，公共政策不仅仅是社会"调节器"，更为重要的是，和谐社会需要以社会主义核心价值观为导向的公共政策来实现。随着公共政策的范式转换，以后现代的视角对公共政策进行伦理分析，推进公共政策的道德评估，将公共政策的制定、执行过程及其目标实现置于社会道德的大背景下，以社会道德资源作支持，使其具有道德上的合理性，有利于社会治理的有效实现。

第一节 后现代公共政策的伦理分析

在现当代，建立有限性、责任型、服务型政府成为世界各国政府职能发挥的新范型。公共政策作为政府职能发挥的重要手段，是随着政府职能的变迁来实现其范式转换的。后现代公共政策的伦理分析，是对政府的科学决策、公共政策预期目标的实现和公共政策评估的内在道德动因探究的重要内容。

一 政府职能变迁中的道德人格转换

在人类社会政治思想史变迁的过程中，政府职能在不同历史阶段经历了不同范式的转型，实现了从统治型、管理型向有限性、服务型、责任型的转换。所谓"范式"或"范型"（paradigm）是指某一学科或学派建构理论框架的基础。政府职能决定了政策范式，而政策范式又设定了政府行动，乃至为社会公众行为和活动设定可能性范围。柏拉图认为，"有多少种不同类型的政制，就有多少种不同类型的人物性格。你不要以为政治制度是从木头里或石头里产生出来的。不是的，政治制度是从城邦公民的习惯里产生出来的；习惯的倾向决定其他一切的方向"①。正是由于有不同的政治制度，才能使其对应于不同的个体心灵。而对政府起源的追问，则使人们回溯到"没有国家，世界将如何"这一元命题。柏拉图在《理想国》中将国家比作航船，指出国家的政治决策作为维护国家利益的决策，需要判断力和技巧，这种技艺只有少数人能够掌握，即这些决策应该交付于具有特定技能的专家来完成。如果一艘航船没有被能够掌握航海技术的船长掌控，那么这艘船就会迷失方向并最终沉没。同样，国家这艘航船也会遭受相同的命运。②柏拉图认为，能够统治国家的合适人选应该是"哲学王"，即要么使国王成为哲学家，要么使哲学家成为国王。只有这样，社会正义才有实现的可能。虽然后来柏拉图的国家统治思想有所转向，但却徘徊于法治与人治之间，后来才将法律纳入其国家统治理念之中。但他的统治者应当是"哲学王"这一思想理念，仍占据其国家理想的主导地位。亚里士多德认为，国家之形成是出于人类本性的自然要求，城邦国家的建立是自然的起源、人类的需求，若国家没有法律则这种需求就不能得到保障。国家是一种为追求全民幸福而建立的社会共同体。亚里士多德有关国家的思想观念成为其后社会契约论、自然法思想的重要来源。

政府本身起源于个人之间的社会契约，这些个人为了他们各自的利益，会遵守法律和支持政府，以换取政府对其生命、财产和自由的保护。霍布斯认为，在自然状态下，没有国家保护和强有力的统治，所有人对所有人的战争将不可避免。洛克则指出，由于在自然状态下

---

① ［古希腊］柏拉图：《理想国》，郭斌和等译，商务印书馆1986年版，第313—314页。

② 参见［古希腊］柏拉图《理想国》，郭斌和等译，商务印书馆1986年版。

存在一种约束人们自身行为的道德义务。因此，即使在没有政府的情况下，人们仍有可能过一种尚可接受的生活。卢梭将霍布斯和洛克关于人类主要受自我保全欲望驱使的观点推进了一步，他认为，怜悯或同情心是人类动机的一个核心层面，我们会为他人遭受的苦难而烦扰，所以我们就会尽可能地采取措施以避免伤害他人。20世纪70年代，西方公共选择理论家声称，在思想上他们是英国哲学家约翰·洛克的传人，也是托马斯·杰斐逊的后继者，后者将社会契约的理念融入美国的独立宣言之中。正确引导下的自利使个人走向宪政性的契约，从而组成了政府来保护其生命、自由和财产。正如美国早期的政治家帕特立克·亨利（Patrick Henry）一针见血地指出，"宪法不是束缚人民的工具，而是制约政府的工具，不然的话，它就会主宰我们的生命和利益"[1]。另外，公共选择理论还承认，"政府必须履行某些市场无法完成的功能，就是说它必须弥补一些'市场缺陷'"[2]。同时这种理论还指出，"政府的自利性是导致行政效率低下的一个原因，提出了要减少政府的职能，加强对政府的监督，通过更有效率的市场来配置资源，以解决公共管理的危机"[3]。新公共管理倡导将公共管理者视为政府企业家，认为政府是一个新型的、有偏向的且日益私人化的政府，它效仿工商企业的实践和价值观。支持者们主要把新公共管理与传统公共行政相比较，并由此提出了自己的主张。如果将传统公共行政、新公共管理和新公共服务做一比较，可以发现这三者具有不同的管理属性。传统公共行政认为政府的作用是"划桨"（设计和执行政策，关注政治上界定的单一目标），实现政策目标的机制可以通过现存政府机构来实施项目。新公共管理则认为政府的作用是"掌舵"（充当"催化剂"，释放市场力量）。彼得·德鲁克（Peter Drucker）

---

[1] ［美］马国泉：《行政伦理：美国的理论和实践》，复旦大学出版社2006年版，第7页。

[2] ［美］托马斯·戴伊：《理解公共政策》，彭勃等译，华夏出版社2004年版，第21页。

[3] 李耀锋、张永芳：《关于服务型政府内涵的法哲学思考》，《宝鸡文理学院学报》（社会科学版）2008年第4期。

在《不连续的时代》(1968年)一书中对这一理念做了解释,他指出,"任何要想把治理和'实干'大规模联系在一起的做法只会严重削弱决策的能力。任何想要决策机构去亲自'实干'的做法,也意味着'干'蠢事。决策机构并不具备那样的能力,从根本上说那也不是它的事"①。公共政策中的政府角色定位是"掌舵"而不是"划桨",这一理念一度成为现代国家治理的一个核心思想。新公共管理实现政策目标的机制是创造机制和激励机构,并通过私人和非营利机构来实现政策目标。新公共服务认为政府的作用是服务(协商和协调公民和社区团体的利益,营建共同的价值观),实现政策目标的机制是通过建设公共、私人和非营利机构的联盟,来满足相互一致的需求。②新公共服务的基本原则是,在社会利益诉求的过程中着眼于人的内在素质的提升,从而为政府政策决策的利益诉求的实现提供持久的动力机制。

政府管理方式的转换,体现了政府治理道路的变革。从20世纪90年代开始,由于传统制度出现的行政权力集中与分化的矛盾愈加突出,国家权力运行模式发生转换成为必然,政治科学中的"治理"研究路径也应运而生。"与狭隘意义上的政府(治理)不同,治理应该包括管理进程中的全部组织机构与关系。"其主要问题是"政府的核心部门如何与社会互动,从而制定出相互能够接受的决策,或者社会不依靠政府引导而能够真正地自我运行"。③而这一问题的核心是围绕着"国家—公民"的社会关系而展开的。目前,国外一些国家政府治理范式的转换主要体现在政府职能的市场化、政府决策的民主化、政府权力多中心化、政府行为的法治化等方面。其中,政府职能的市场化包括国有企业的民营化、公共事务引入内部市场机制等;政

---

① [美]戴维·奥斯本、[美]特德·盖布勒:《改革政府》,周敦仁等译,上海译文出版社2006年版,第6页。
② 参见[美]罗伯特·B.丹哈特、[美]珍妮特·V.丹哈特《新公共服务:服务而非掌舵》,刘俊生译,《中国行政管理》2002年第10期。
③ [英]安德鲁·查德威克:《互联网政治学:国家、公民与新传播技术》,任孟山译,华夏出版社2010年版,第40页。

府行为的法治化主要是解决法律管制的问题，解除过分的管制，从过分的法制回归法治的进程；政府决策的民主化主要表现在：在传统普选制度、政党政治和利益集团政治的基础上实现政府行政日益公开化、提高政府公共政策对公民需求回应程度的积极性等；政府权力的多中心化，主要表现在执行局部变革、提高地方自治水平、还权于社群等。改革开放以来，中国的国家与社会关系已经发生了深刻的变化，政府在公共政策过程中的角色应当是社会治理调控的统筹者，而不再是居于社会高位的统治管理者，对社会的治理主要应通过法治、民主、市场及社会组织等多重力量的协调，尊重社会不同利益群体及个体成员的利益诉求，形成社会利益协调机制，来解决社会的公共问题和矛盾。

在现代国家的治理中，为政在人是其思想核心，人的政治存在就是"行政人"，政府行为活动是人类理性的表现。责任政府的建构就是要求政府履行社会义务和职责，在道义、政治、法律方面赋予其责任担当，而公共政策则是政府道德性在社会生活中发挥现实作用的载体。政府的最终目的是服务和增进公共利益，这也体现了公共政策伦理诉求的指向。政策决策不只是一个经过一定程序而能够得到问题解决的过程，其更深层次的意义在于界定和制约人们行为的理念、制定分类的范围，以及制定规范而不断协商、妥协的产物。① 公共政策作为一种具有强制性和权威性的制度文化，是一种特殊的公共物品。曾获得诺贝尔经济学奖的美国学者赫伯特·西蒙（Herbert Simon）认为，"大多数的组织行为是非理性的，个人或组织不是一个全知全能的理性体系，而是一个具有学习和适应能力的体系，人们只能在有限的范围和能力所及的范围从事决定"②。"政治即学习""政策制定即社会学习"等理念较为成功地运用于一些政策制定的过程中。同时，人又是一个道德存在者，即作为一个道德本体存在的"道德人"，亦

---

① 参见［韩］吴锡泓、金荣枰编《政策学的主要理论》，金东日译，复旦大学出版社2005年版。
② 岳经纶、郭巍青主编：《中国公共政策评论》第1卷，人民出版社2007年版，第3页。

即亚当·斯密认为的具有道德性的"内在人"。随着社会文明的演进，不同时代、不同历史阶段，国家对社会道德生活的干预都呈现了不同特点，政府职能在道德领域也显现出不同的功能特性。例如，政府在道德领域所产生的负效应主要表现在社会规范对个体道德生活调节的失衡上，一旦政府出台的公共政策削弱了对个体道德生活的规范和调节作用，就会导致个体与社会的分离和排斥，从而使社会交往的基础遭到侵蚀和破坏。相应地，社会道德的失序和紊乱必将危及个体道德生活的正常进行，使个体的道德生活产生分裂，同时也会加速公共领域社会道德的解体。政府在建构社会道德共同体的过程中具有重要的社会功能。孔德认为，国家中的政府履行着道德的职能，是道德秩序的监护者。公共政策所营造的善的社会生活形态，本身即是一种道德上的最终目标，同时也是国家实施道德控制的最终目标。①

中华人民共和国成立之初，"全能型政府"导致平均主义的政策伦理取向；而在改革开放的一段时期内，一度出现过管理发展型政府，它主要以效率至上，忽视了公平的政策价值判断；而"建设服务型政府"是新时期党中央树立和落实科学发展观、建构和谐社会的重要举措，服务型政府这一理念的提出是对以往传统政府管理体制的全方位变革，也为公共政策的价值选择确定了新向度。党的十七大报告指出，实现全面建设小康社会奋斗目标的新要求之一，就是加快行政管理体制改革，建设服务型政府。建设服务型政府不仅仅是一个口号，更重要的是要求政府从施政理念、管理体制、运行机制、管理方式等各个方面，实现从传统向现代的转型和变革。建设服务型政府最根本的意义在于：它是政治体制改革的重要内容和关键环节，是政府自身发展的内在需要，执政为民，建构和谐社会的具体体现。在民主、公正、法治、责任、服务、质量、效益、专业、透明、廉洁等方面，全面提升现代政府的能力，标志着一种以人为本、以人民为中心的公共政策范式正在中国逐步形成。

---

① 参见丁大同《国家与道德》，山东人民出版社2007年版。

二 后现代公共政策的伦理视阈

历史学家认为,现代史肇始于1453年君士坦丁堡的沦陷,以及由此而导致的经典学说向西方的传播,而文艺复兴则被视为与中世纪精神的文化决裂。现代区别于以往的基本特征在于世俗化,或民族主义,或殖民主义、人道主义、个人主义,或崇尚进步,或欧洲中心主义。阿尔弗雷德·诺斯·怀特海(Alfred North Whitehead)认为,现代世界是指16至19世纪这段时间,现代哲学的历史主要以17世纪的笛卡尔(Descartes)为开端,他将笛卡尔称为现代哲学之父。在19世纪和20世纪,以"现代主义"命名的运动在绘画领域成为一种社会思潮。从心理的角度来说,"现代性与认同有关,即与未被实现的存在事实有关,在此,认同是有待于完成的任务、使命和责任"[①]。德国社会学家乌尔里希·贝克(Ulrich Beck)指出,"现代世界处于从工业社会向风险社会的转变中。由于个性化、不确定性和全球化等,这种风险是理性决策的结果,是广泛存在的,成为现代社会的基本特征"[②]。亨廷顿(Huntington)则将现代性与现代化做了区别,他指出,"现代性产生稳定性,而现代化产生不稳定性。产生政治混乱并非由于没有现代性,而是由于要实现这种现代性所进行的努力……不稳定现象也就更多地出现在社会由非现代化向现代化过渡的变迁过程中"[③]。在现代化的社会进程中,社会风险成为一种客观存在。亨廷顿认为建设性后现代主义是对虚无主义和超自然主义的超越,建设性后现代主义像中国传统的宗教和哲学一样,即宇宙体现着内在的道德和审美原则,应当防止人类毁灭自己赖以生存的生命生态网。[④]

[①] [英]齐格蒙特·鲍曼:《后现代性及其缺憾》,郇建立等译,学林出版社2002年版,第82页。

[②] [德]乌尔里希·贝克:《风险社会》,何博闻译,译林出版社2004年版,第35页。

[③] [美]塞缪尔·P.亨廷顿:《变革社会中的政治秩序》,上海译文出版社1989年版,第31—45页。

[④] 参见[美]大卫·雷·格里芬《生态文明:拯救人类文明的必由之路》,柯进华译,《深圳大学学报》(人文社会科学版)2013年第6期。

在《后现代科学》一书中，格里芬（Griffin）等人倡导了一种与否定性的后现代主义有别的、建设性的后现代主义。他在该书中指出："我们可以，而且应该抛弃现代性，事实上我们必须这样做，否则，我们及地球上的大多数生命都将难以逃脱毁灭的命运。"① 他在该书的译本序言中明确谈到个人的出发点时指出："中国可以通过了解西方世界所做的错事，避免现代化带来的破坏性影响。这样做的话，中国实际上是后现代化了。"② 在这本书中，他具体阐述了现代精神与后现代精神的差异。

现代精神和现代社会以个人主义为中心，依据现代观点，人与他人和他物的关系是外在的、偶然的、派生的。而后现代学者认为，人是由内在关系构成的社会存在物，后现代精神具有的内在的、本质的构成性是人与人及人与他者之间关系的基本特征。③ 在与社会交往的过程中，个体与外界关联的被动性及其非独立性，都不能影响他的本质属性。人在其生存的体系和环境中所具有的创造性，充分展现了人的自主性和自由性。

有机主义、共同体精神是后现代精神的又一特征。后现代精神是对现代的二元论和功利主义的超越和扬弃。现代人的缺陷在于将自我封闭于陌生人、异乡人的境地，而后现代人则将自我呈现和包容于具有归属感的家园场景，并借助这种家园感和亲情感，获得自然和开放的态度。后现代精神的人文关怀将人类福祉与生态合而为一，摒弃了现代人的统治欲和占有欲。后现代精神是一种时间上的继承和延续，而现代性的激进个人主义则企图以未来的名义打消人们储存历史的痕迹，其结果必然会泯灭人们对未来的畅想，现实存在则会成为一种臆断。"后现代精神并不是要回到前现代的传统主义——在前现代的传

---

① ［美］大卫·雷·格里芬编：《后现代科学》，马季方译，中央编译出版社1995年版，第16页。
② ［美］大卫·雷·格里芬编：《后现代科学》，马季方译，中央编译出版社1995年版，中译版序言，第14页。
③ 参见［美］大卫·雷·格里芬编《后现代精神》，王成兵译，中央编译出版社1998年版，导言。

统主义中,人们失去了现代人所具有的那种对新事物和未来的积极向往——它只是恢复了人们对过去的关注和敬意。现代人离开宗教信仰和实践、离开亲密的社区的支持而进行的生存尝试,将不会产生一个可以长期为继的社会。"① 作为后现代社会主体的人,经由动物的人、社会的人、经济的人、政治的人、文化的人实现了向生态人的转化,才可能成为"以天地万物为一体"的具有丰富生态精神的人。② 美国学者罗伯特·贝拉（Robert N. Bellah）认为,"个人只有在共同体当中,并通过共同体才能实现自我;强大、健康、道德高尚的共同体乃是造就强大、健康、道德高尚的个人的前提"③。共同体主义的标准形式寻求的,是对个人权利的关怀和共同体的幸福之间的平衡。国家政策应该鼓励家庭和学校进行道德教育。只有当个人关心他人时,其个人的自由才能支持共同体的生活。④

现代性激进的个人主义以短暂的利益为基础条件,而后现代精神则以可持续性承载着长远利益。由于现代性认为未来与现在没有内在的联系,个人的合理的"自我利益"也就被假定为不会超出他或她的有限的生命之外。后现代观点认为,现在横亘在过去与未来之间,未来和过去与现在发生的内在联系的方式存在着显著差异,因为,这种暗含着的未来按过去的样子安排的观点会拒斥自由。但目前的一些东西是未来的基石,未来由此而形成、发展,现在的成果包含着对未来的期待和促进。以公共精神为核心内容之一的后现代思想强调,公共政策应当存有和建构多种社会共同体。这里的平等观念是一种更广泛的平等,既关心每一个社会之内的平等,也关心社会之间的平等（认为宗教是支持这一转变的潜在的源泉）,还包括代际的平等（这种平

---

① ［美］大卫·雷·格里芬编:《后现代精神》,王成兵译,中央编译出版社1998年版,第21—25页。
② 参见［美］杜维明《企业家与精神性的人文主义》,《经济观察报》2013年11月9日。
③ ［美］小约翰·B. 科布:《后现代公共政策》,李际等译,社会科学文献出版社2003年版,第175页。
④ 参见［美］小约翰·B. 科布《后现代公共政策》,李际等译,社会科学文献出版社2003年版。

等不只是一种奢望,更是一种现实要求)。正如雅典公民誓言所宣示的:"不管是独自一人还是与大家一起,我们都将为城市的理想和神圣的事业而努力奋斗;我们将永不停息地激发公共的责任感;我们将尊重并服从城市的法律;我们将把这城市传递下去,它不仅不比被传递到我们手中时更差,而且更伟大,更美好,更美丽。"①"为下一代照看好世界"应当成为后现代思想的重要内容。后现代思想认为要有一个健全的和可以维系的社会,公共生活必须反映某种(宗教)价值。同时,这一论题的关键是公共政策必须反映道德价值,道德观最终要扎根于某种信仰,它意味着拒绝道德是自律的这一现代假设。②

后现代精神作用于经济社会发展,力图实现增长型经济向稳态经济的转变。稳态经济是一种使人口和人工产品的总量保持恒定的经济。在稳态经济中,由于人们智力因素及其物质生产资料是非恒定的。因此,质的发展而非量的增长是稳态经济的根本特征。譬如,一个稳态图书馆,它藏书的质量会不断提高,而其藏书量则保持恒定。正如熊彼特(Joseph Alois Schumpeter)指出的,现代历史的标记之一是交通方式的进步,而这种进步不是马车的数量加倍的结果,而是新交通工具诸如火车、飞机等的发明和大批量生产的结果。③ 这也正像我们所依赖的地球,即它只是有发展而没有增长一样。稳态经济与此相似,物质的增长不是进步的目的,从提高质量的意义来说,它只是未来进步的一个前提条件。"经济增长癖认为经济增长既是灵丹妙药,又是至高至善。当我们把为了使我们免受增长所带来的意想不到的后果而需的费用也计算到国民生产总值(GNP)中去,并乐观地把它也看作经济进一步增长的标志时,我们就患上了过度增长癖(hyper-growth mania);而当我们耗尽地理资源和支持人类生命的生态系统,

---

① [美]乔治·弗雷德里克森:《公共行政的精神》,张成福等译,中国人民大学出版社2003年版,第121页。

② 参见[美]大卫·雷·格里芬编《后现代精神》,王成兵译,中央编译出版社1998年版。

③ 参见[英]齐格蒙特·鲍曼《全球化——人类的后果》,郭国良等译,商务印书馆2001年版。

并把这种枯竭当作目前的纯收入时，我们就进入目前的这种晚期过度增长癖状态了。"① 经济增长癖造成了有增长无发展与增长和发展负相关的恶果，人类必须在经济增长与拯救文明两者之间做出选择。人类的多面性体现在人是政治人、文化人、经济人、道德人等，公共政策应当充分考虑到人的多面性，它应当寻求完整的个人善及所有人的共同善。在现当代，文化多样性和生物多样性面临着丧失的风险与危机，共同体和自然环境的丰富性也面临丧失的风险与危机，这些都已经成为社会的普遍共识。而我们所经受的各种代价却建立在人类主要的关怀必须是经济增长这一点上，即将经济增长视为能够解决其他方法无法解决的广泛的问题的方法。

第二节 社会主义核心价值观在公共政策过程中的导向功能

在中国社会转型期，进行公共政策的选择本身就是一个价值选择与排序的过程。它不仅包括一种外在的工具理性，也更为深层地体现着一种价值理性。实现科学的政策决策，避免公共政策价值选择发生冲突及公共政策面临道德上的风险，必须发挥社会主义核心价值体系的主导作用，这对于建立公民道德规范、提高国民素质、加强社会治理和提高国际竞争力具有极其重要的现实意义。社会主义核心价值体系在中国整体社会价值体系中居于核心地位，发挥着统摄、支配和主导的作用，决定着整个社会价值体系的基本特征和基本方向，是建设社会主义和谐社会的重要条件。而社会主义核心价值观则在不同的社会价值观中处于核心和主导地位。社会主义核心价值体系具有全局性的统领作用，而社会主义核心价值观则贯穿和渗透于社会各个层面且具有主导性功能。当前，只有充分发挥社会主义核心价值体系的统领作用，以社会主义核心价值体系引领社会思潮，才能增强社会主义意

---

① ［美］大卫·雷·格里芬编：《后现代精神》，王成兵译，中央编译出版社1998年版，第163—165页。

识形态的吸引力和凝聚力；只有将社会主义核心价值观渗透于不同的社会层次和领域，发挥社会主义核心价值观的价值主导功能，才能有效地增强社会价值的认同。在中国经济社会发展的新时代，公共政策应坚持公平正义等基本道德价值理念，着力于改善民生，以实现人民的最大幸福为最终目标。

一　社会主义核心价值体系的统领作用

所谓价值体系即是指主体以其需求系统为基础，对主客体之间的价值关系进行整合而形成的观念形态，它集中体现着主体的价值诉求，是社会发展的客观需要。服从于社会的共同价值体系，是构筑人们行为和活动在先的责任预期的一种设定，它使人们因此而进入承担责任的场域。丹尼尔·贝尔认为，以生产和使用的各种知识为中轴划分的社会包括前工业社会、工业社会和后工业社会，而后工业社会是一个更加有意识地制定决策的社会。后工业时代可以克服经济化方式的局限，建构一种科学化社会的方式，或努力以更自觉的方式去判断一个社会的需要，也就是以某种明确的"公共利益"观念做出判断，而这其中的一个重要内容就是社会成员公正意识的确立。就社会收入分配制度而言，社会价值体系应当具有社会收入分配的公正性，使所有公民都能得到最低的收入保障等。未来社会面临的挑战是人们有无能力预见社会与技术变革的影响，并根据对目标的不同评价，以不同的代价来确定可供选择的路径。①

一定社会的核心价值体系，不仅反映了特定时期的经济社会发展水平及适应这一发展水平的思想道德状况，还体现着其对社会发展的推动作用。中国传统哲学主要从三个方面提出了价值体系的原则：天人之辩的人道原则和自然原则；理欲之辩的人的全面发展原则；群己之辩的个性原则和群体原则。② 其中，儒、释、道、墨诸家又各有不

---

① 参见［美］丹尼尔·贝尔《后工业社会的来临——对社会预测的一项探索》，高铦等译，商务印书馆1984年版。
② 参见冯契《人的自由和真善美》，华东师范大学出版社1996年版。

同的价值取向。在中国封建社会,统治者以"礼义廉耻"为国之四维,将其融入儒家礼教思想之中,使之成为中国传统社会的核心价值体系。并认为"国之四维,一维绝则倾,二维绝则危,三维绝则覆,四维绝则灭。倾可正也,危可安也,覆可起也,灭不可复错也"(《管子·牧民》)。强调了核心价值体系在中国传统社会管理中的主导地位。阿玛蒂亚·森总结资本主义经济在推动资本主义社会发展的经验时指出,资本主义不只是个人贪欲基础上运行的一种安排,它的高效率运行也有赖于强有力的价值观和规范系统。资本主义伦理是资本主义经济发展的坚实基础,譬如"诚信"等价值观念,就是确保市场成功的一个非常重要的因素。[①]

回顾中国特色社会主义的发展历程,从"社会主义核心价值体系"这一科学命题的首次提出,到将"建设社会主义核心价值体系"纳入党的十七大报告之中,充分体现了建设社会主义核心价值体系,对于巩固全党全国人民团结奋斗的思想基础具有极其重要的意义。社会主义核心价值体系的提出,既"整合"了现阶段党领导人民奋斗成果中的精神因素和人民群众对自我价值追求中的积极因素,又推动了党的最高奋斗纲领的实现,从而可以"反哺"社会精神,成为发展中国特色社会主义的精神动力。[②] 党的十七大报告指出:"社会主义核心价值体系是社会主义意识形态的本质体现。"[③] 社会主义核心价值体系是社会主义制度的内在精神和生命之魂,决定着社会主义的发展模式、制度体制和目标任务。社会主义核心价值体系包含四个层次,"即马克思主义指导思想、中国特色社会主义共同理想、以爱国主义为核心的民族精神和以改革创新为核心的时代精神、社会主义荣辱观"[④]。这四个方面的基本内容共同构成了完整的社会

---

① 参见[印度]阿玛蒂亚·森《以自由看待发展》,任赜、于真译,中国人民大学出版社2002年版。
② 参见陈锡喜《建设社会主义核心价值体系 增强意识形态的吸引力凝聚力》,《思想理论教育导刊》2009年第4期。
③ 《十七大以来重要文献选编》(上),中央文献出版社2009年版,第458—459页。
④ 《十七大以来重要文献选编》(上),中央文献出版社2009年版,第742页。

主义核心价值体系，共同构成了社会主义意识形态的主体内容，体现着当代中国公共政策所应蕴含的社会理想和政治诉求，也成为中国公共政策决策和行动的参照框架。社会主义核心价值体系作为一个完整的思想理论体系，对于彰显马克思主义的生命力，坚定理想信念，建构社会道德新规范，提高国民素质和国际竞争力具有极其重要的现实意义。

二　社会主义核心价值观的主导性

价值观是人们在认识世界、改造世界过程中形成的判断是非曲直的观念，是社会存在的反映，并对社会存在产生了重要影响。价值观的主要来源是社会关系，是人们关于社会关系的是非、善恶的价值判断，经过社会成员自我身份的定位和认同，而构筑的社会成员一般的行为准则。根据价值观在社会意识中的地位划分，可将价值观分为核心价值观与非核心价值观两大类。在长期的社会发展过程中，核心价值观居于相对稳定的地位，反映了基本的社会价值观。反之，则为非核心价值观。对一个社会而言，多元的非核心价值观可以增进社会活力，而稳定一体的核心价值观则能够维护社会基本团结。从社会生产力与生产关系之间的相互辩证关系来解读社会价值观的变迁，可以确知社会关系变迁是价值观发展变化的主要动力。如果一个社会关系能够相对保持稳定，那么其社会成员内心深处与身份相关的行为准则也就是稳定的。而在一个急剧转型的社会，其社会成员之间的社会关系也会变动不居，人们的价值观便不可能稳定。比如，当家庭结构由四世同堂、三世同堂大家庭缩变为核心家庭、单亲家庭、丁克家庭时，传统的"家庭伦理"就会随之瓦解。同样，随着科学技术的发展和知识经济时代的到来，人们关于雇主与雇员之间关系的观念，关于劳动的价值与意义等，在思想观念方面都将发生深刻的变革，这些变化对社会伦理关系产生了直接影响。[①]

[①] 参见潘维、廉思主编《中国社会价值观变迁30年：1978—2008》，中国社会科学出版社2008年版。

由于价值观的主要来源是社会关系，因此，基本的社会关系所衍生出来的价值观念也就塑造了社会核心价值观。从核心价值观的内在肌理分析，核心价值观主要包括六个不同层次的内容：人与人之间的关系形成道德观、人与自然之间的关系形成自然观、群己之间的关系形成群体观、群体与社会之间的关系形成社会观、个体与政府和国家之间的关系形成政治观、国家与国际体系之间的关系形成国家观。其中，道德观是核心价值观的基础，政治观在维系社会整体性方面起着主导作用，而政治价值的混乱将导致群体观、社会观的迷失和混乱。核心价值观在普遍性和牢固性上，是自内向外逐层递减、降低的。此外，价值观的变迁是不同社会关系变迁的反映，并受到社会关系的制约。帕森斯（Talcott Parsons）指出，"在社会结构中，一种真正的行为动机整合，只有依靠制度化了的价值的内化才会产生"[1]。公共政策在社会核心价值体系的规约导向作用下，有利于维护和促进社会道德生活的合理化。在现当代中国，传统社会代代因袭的单一的价值观逐渐被多样化、多元化的社会价值观取代，社会价值观的代际差异构成了社会整体价值观变迁的重要内容。"核心价值观发展的逻辑规律性在于它的变迁的主动性，其具有相对的独立性，它不仅相对独立于社会关系的变迁，而且能够撬动'本应'稳定的社会基本关系。"[2] 价值观直接影响着社会资源的流向和分配形式，而公共政策则是社会价值的具体表达，涉及资源和权力的分配。因此，如果社会核心价值观发生变化，公共政策价值目标指向及其实现也就会发生相应的转变，从而推动社会变迁。

社会价值观变迁的呈现形态主要表现在四个方面。一是社会本位价值观取代权力本位价值观和金钱本位价值观。二是社会价值归宿从抽象的群体向现实的个人转变。三是社会道德的"滑坡"。这是社会转型期出现的普遍现象，由于这一时期社会利益和分配机制发生了重

---

[1] ［美］D. P. 约翰逊：《社会学理论》，南开大学社会学系译，国际文化出版公司1988年版，第523页。

[2] 潘维、廉思主编：《中国社会价值观变迁30年：1978—2008》，中国社会科学出版社2008年版，第64页。

第四章 公共政策过程的道德引导

大变化,极大地冲击着传统道德思想观念,社会道德便呈现出"滑坡"状态。道德"滑坡"不仅仅是中国社会转型的特有现象。四是劳动价值的再发现。它为建立与社会主义市场经济相一致的价值体系奠定了牢固的基础,充分激发了人们创造社会财富的热情,为社会经济的发展提供了持久的动力源泉。① 从动态视角来看,改革开放以来,中国社会价值观正在从传统社会价值观统一、趋同转向现代社会价值观的多样性和差异化,这种变迁是一个尚未完成的过程,它主要表现在四个方面:"一是一元价值观向一元价值观与多元价值观的互动;二是整体价值观向整体价值观与个体价值观融合;三是理想价值观向理想价值观与世俗价值观共存;四是精神价值观向精神价值观与物质价值观并重。"② 虽然,从中国历史传统来看,"中国社会深层组织方式始终处于一种衡态,社会的整合建立在人们对某种统一意识形态的认同之上,即社会意识形态与社会组织一体化"③。但是,在中国社会急剧转型期,社会价值观面临本土价值观与外来价值观的碰撞和激荡,以及个体价值观与社会价值观的体认和反思。正是在这种分立与合汇的激流变动中,才迫切需要核心价值观的引领。

社会价值观是社会风气的核心,同时社会风气所内蕴的价值观与公共政策内在的道德价值具有融通性。公共政策长期形成的文化价值在于,通过影响社会成员的政策行为而对公共政策系统和过程产生直接或间接的影响,并对一定社会发展进程产生促进或抑制作用。"价值可以简单地排序,即把某个价值排在另一个的前面。但是排序并不总是可能的或必要的,因为价值可以同样地有吸引力,或同样地没有吸引力,我们无法回避不想要的价值,或包容想要的价值。"④ "价值判断涉及与主体目的相关联的评价或选择,是关于伦理和经济领域共

---

① 参见兰久富《社会转型时期的价值观念》,北京师范大学出版社1999年版。
② 廖小平:《面向道德之思——论制度与德性》,湖南师范大学出版社2007年版,第43—54页。
③ 金观涛、刘青峰:《开放中的变迁:再论中国社会超稳定结构》,法律出版社2010年版,导言,第3页。
④ [加]梁鹤年:《政策规划与评估方法》,丁进锋译,中国人民大学出版社2009年版,第53页。

有的问题"①，价值观对价值判断具有主导性作用。为了缓和或消除社会主体在公共政策问题上的矛盾和冲突，使之达成妥协或一致，必须建构开放性的价值观，强化社会主流价值体系和规范的社会认同，特别是在社会公共问题上的文化心理认同。因为，开放的价值观并不自我封闭、僵死古板，而是具有吐故纳新的包容性。"社会主流价值系可以通过其主导性影响，发挥特有的文化与心理整合力量，来弥合各种价值差异并达成一致，使那些具有价值共通性的社会问题能引起政策主客体的共同关注，从而减少对政策问题认定的摩擦与冲突，促成政策问题尽快明确。"②

党的十八大报告提出，推进社会主义文化强国建设的核心内容是必须加强社会主义核心价值体系建设，从国家、社会和个体三个社会结构层次形成不同阶位的道德价值理念，从国家和社会层面，倡导富强、民主、文明、和谐，倡导自由、平等、公正、法治；从个人层面，倡导爱国、敬业、诚信、友善，积极培育和践行社会主义核心价值观。③ 在中国当前社会发展转型的关键期，社会主义核心价值观是公共政策的先导与内核，有什么样的价值理念就会有什么样的公共政策。公共政策作为国家和社会层面的集体行动，是国家实行社会管理的有效手段，其所具有的价值观念应当与整个社会核心价值观具有内在的统一性。要将社会主义核心价值观融入各种公共政策之中，并将其内容进一步凝练，使其转化为具有可操作性的政策措施，发挥社会主义核心价值观的驱动作用，切实形成强有力的制度保障，这些都是加强社会核心价值观主导性作用的关键。

三 当前中国公共政策过程应当坚持的基本道德价值理念

一定社会的经济由其文化价值体系来指导，相对而言，社会经济

---

① [英] W. D. 拉蒙特：《价值判断》，马俊峰等译，中国人民大学出版社1992年版，第17页。
② 曾望军等：《论文化在公共政策过程中的内在张力与作用肌理》，《湖南社会科学》2011年第3期。
③ 参见胡锦涛《在中国共产党第十八次全国代表大会上的报告》，人民出版社2012年版。

政策作为一种社会调节手段可以是有效的，但只有在它的文化价值体系内，才是合理的。① 一定的社会文化环境是社会经济政策的限定性因素。只有坚持以社会主义核心价值体系引领各种社会思潮，尊重差异，包容多样，最大限度地形成社会思想共识，才能团结一切可以团结的社会力量，共同建构社会主义和谐社会。早在 1985 年 3 月的全国科技会议上，邓小平就曾指出，"现在我们国内形势很好。有一点要提醒大家，就是我们在建设具有中国特色的社会主义社会时，一定要坚持发展物质文明和精神文明，坚持五讲四美三热爱，教育全国人民做到有理想、有道德、有文化、有纪律。这四条里面，理想和纪律特别重要"②。崇高的理想、远大的抱负是中华民族的精神支柱。要想在当前和今后一个时期着力推进文化改革发展，就必须切实增强全党全社会的文化自觉；加强社会主义核心价值体系建设，巩固全党全国各族人民团结奋斗的共同思想道德基础。公共政策作为国家实行社会管理的有效手段，是调节和平衡社会利益的政治杠杆，是解决重大社会公共问题的根本途径。它追求的是公共权力的善和公共伦理价值的目标。在中国当前社会发展转型的关键期，公共政策作为国家和社会层面的集体行动，其所具有的核心价值观应当与整个社会核心价值观存在统一性，同时又应具有其独特性。公共政策的道德价值应切实有效地体现公平正义、尊重劳动与劳动者、诚实守信、人道仁爱、维护生态平衡等最基本的核心的道德价值理念与原则。③

　　第一，公平正义原则。公平正义是具有人类普遍意义的崇高价值追求，是公共政策的基本精神和最高原则，是公共管理之魂。"与政治决策相关的道德选择，是以这样的原理为基础的，即作为处理安排人力、物力的政治秩序，必须反映出对公正的某种理解。"④ 在古希腊哲学思

---

① 参见［美］丹尼尔·贝尔《资本主义文化矛盾》，赵一凡等译，生活·读书·新知三联书店 1989 年版，1978 年版，前言。
② 《邓小平文选》第 3 卷，人民出版社 1993 年版，第 110 页。
③ 参见王正平、李耀锋《论社会公共政策的道德价值》，《上海师范大学学报》（哲学社会科学版）2012 年第 3 期。
④ ［美］R. T. 诺兰：《伦理学与现实生活》，姚新中等译，华夏出版社 1988 年版，第 20 页。

想体系中，公平是人类的崇高理想。柏拉图认为，公共决策的最高准则是正义。公平正义包含的公正是起点公正、过程公正和结果公正的有机统一。起点公正、过程公正是形式上的公正，结果公正则是实质意义上的公正，是我们追求的目标。亚里士多德认为，正义是美德的全部。他指出："正义的分配是以应该付出恰当价值的事物授予相应收受的人［按照这个要旨，合乎正义的职司分配（政治权利）应该考虑到每一受任的人的才德或功绩（公民义务）］。"① 分配的正义包括社会利益和社会负担的公正分配。亚当·斯密在《道德情操论》一书中指出："根据一般的见解，如果强盗和凶手之间存在某种交往的话，他们至少一定不会去抢劫和杀害对方。因此，与其说仁慈是社会存在的基础，还不如说正义是这种基础。"② 在《国民财富的性质和原因的研究》一书中，亚当·斯密又认为，关注社会弱势群体，是社会群体普遍受益的重要前提。社会弱势群体是占社会绝大多数的人群，他们处于社会底层，他们境遇的改善有利于整个社会的改善。如果他们陷入贫困悲惨的状态，则表明他们生活的社会就不是繁荣幸福的。只有这些为社会整体提供物质基础的人，在他们本身劳动生产物中分享其中一部分，使自身获取过得去的衣食住条件，这个社会才是公正的社会。③ 虽然人们对"亚当·斯密问题"存在着多种不同的解读，但是在这里，"正义"作为社会最根本的原则或价值理念却是一致的。马丁·路德·金（Martin Luther King），这位伟大的非裔美国反对种族不平等领袖，一直在为非裔美国人遭受的不公正做斗争，并因此被捕入狱，不久之后被一个持不同意见者刺杀。1963年4月，他在一封写自伯明翰监狱的信中说："任何一处的不公正对每一处的公正都是威胁。"④ 英国著名思想家葛德文（Godwin）曾经说过一段耐人寻味的话："人们是能够愉

---

① ［古希腊］亚里士多德：《政治学》，吴寿彭译，商务印书馆1965年版，第139—140页。
② ［英］亚当·斯密：《道德情操论》，蒋自强等译，商务印书馆1997年版，第106页。
③ 参见［英］亚当·斯密《国民财富的性质和原因的研究》上卷，郭大力等译，商务印书馆1972年版。
④ ［印度］阿玛蒂亚·森：《正义与世界》，蒋霞译，《21世纪经济报道》2012年11月26日。

快地对付相当大的困难的，只要这种困难也为社会其余的人公平分担，只要他们并不因别人的懒惰安逸而感到屈辱。"① 罗尔斯指出："正义是社会制度的首要价值，正像真理是思想体系的首要价值一样。"② 马克思和恩格斯不满足于资产阶级思想家只关注形式正义的倾向，他们更主要地追求实质正义。他们深刻地分析了公正在人类社会不同历史阶段所呈现的形态后指出："希腊人和罗马人的公平认为奴隶制度是公平的"，"资产者的公平要求废除封建制度"③，他们主张消灭生产资料私有制，由"联合起来的劳动者"掌握生产资料，在分配领域中实行"各尽所能，按劳分配"原则，最终实现"各尽所能，按需分配"。马克思和恩格斯对于公平正义问题的思考，体现了机会平等和结果平等二者内在逻辑的一致性，阐明了社会主义的公平正义原则不仅要求经济、政治、法律上的平等，而且强调了要将权利和义务统一起来。

制度伦理的终极目标应该是将某种"正义"的时代精神内化为"组织的良心"和个体的道德意识。而价值观念的形成又要受到诸多因素的影响，比如社会环境、文化背景、历史传统等。作为一个组织有机体的价值伦理，必须通过制度化的方式，才能被具有主体人格的组织团体感知并逐步内化。当前，关于公平、平等、正义等的价值观念已逐渐被大众觉知，但还没达到内化的程度。而要达到这种目的，首先就应从制度设计入手，以社会核心价值观为导向。由于"制度未必或者说通常不会是为了实现社会效率而被创造出来的，相反，它们（起码是那些正式规则）之被创立，是为了服务于那些有制定新规则的谈判能力的人的利益的"④。形成一项公共政策的初衷，往往是以维护决策者的利益为出发点的。因此，让公共政策运行的全过程始终笼罩在制度伦理的"威慑"之下，使决策者时刻关注和敬畏"公平正义"

---

① ［英］葛德文：《政治正义论》第 1 卷，何慕李译，商务印书馆 1980 年版，第 14 页。
② ［美］罗尔斯：《正义论》，何怀宏等译，中国社会科学出版社 1988 年版，第 1 页。
③ 《马克思恩格斯文集》第 3 卷，人民出版社 2009 年版，第 323 页。
④ ［美］道格拉斯·C. 诺斯：《制度、制度变迁与经济绩效》，杭行译，上海三联书店 2008 年版，第 7 页。

的价值理念，有利于促进公共政策的完善和人的发展的有机结合。

在建设中国特色社会主义和谐社会的历史进程中，应当把维护社会公平正义放到更为突出的位置。和谐社会目标的实现就是要让人民生活得更加幸福、更有尊严，让社会更加公平正义。追求社会公平正义，谋求人民福祉，是党和政府公共政策的道德价值追求和历史责任。当前，在民众中存在着一种政策焦虑，这种政策焦虑的核心指向关涉的是政策的公平正义问题。

公平正义作为公共政策的核心价值取向，是调节社会不同利益关系、形成和谐利益的格局、实现社会全面协调可持续发展的前提条件。同时，必须将公平和效率相统合。社会制度的演进和发展，公共政策的不断完善，从某种意义来说就是公平和效率逐步统一的实践历程。弗雷德·帕累托（Field Pareto）提出了"效率"的定义，并认为如果一种变动至少使一个社会成员福利增加，而不使任何一个成员福利下降，这种变动就是有效率的。在此基础上，他提出了帕累托最优和帕累托改善原则。而卡尔多的补偿原则认为，"如果一个人的境况由于变革而变好，因而他能够补偿另一个人的损失而且还有剩余，那么整体的效率得到改善"①。美国著名经济学家阿瑟·奥肯（Authur M. Okun）最先提出了平等与效率之间的权衡问题，认为"平等与效率双方都有价值，而且其中的一方对另一方没有绝对的优先权，那么在它们冲突的方面，就应该达成妥协。这时，为了效率就要牺牲某些平等，并且为了平等就要牺牲某些效率"②。效率至上，则可能导致社会成员之间贫富差距的拉大。

针对多数人处于贫困的现状，美国经济学家阿尔弗雷德·马歇尔（Alfred Marshall）曾在20世纪初期指出，"对贫穷的原因的研究就是对大部分人类的堕落原因的研究"③。他将经济学研究的任务确

---

① 杨志勇等编著：《公共经济学》，清华大学出版社2008年版，第23页。
② ［美］阿瑟·奥肯：《平等与效率——重大的权衡》，王奔洲等译，华夏出版社1999年版，第86页。
③ ［英］阿尔弗雷德·马歇尔：《经济学原理》，朱志泰译，商务印书馆1964年版，第25页。

定为对贫困者提供救助希望的"主要的最高旨趣"。20世纪五六十年代，对于美国人来说是不同寻常的时期，将近4000万穷人生活在贫困之中，他们的公民权利及经济条件的衰退开始成为社会问题。美国经济学家加尔布雷思（Galbraith）曾经这样批评美国社会："达官贵人们在尽情享受他们的晚宴时，对门前的乞丐从来都是视而不见的。这使我们能够心安理得地穿梭于南布朗克斯区的贫民窟和曼哈顿繁华的中心城区。我们这种视而不见可以得到解释，但不可原谅。贫穷不是一种耻辱，但令人愤慨。但在今天，贫穷似乎不再令人愤慨，但它是一种耻辱。"① 加尔布雷思的著作引起了人们对存在于富裕之中的贫困的关注，并影响了肯尼迪总统去着手解决这个问题，其继任者约翰逊开始领导"向贫困开战"的事业，并于1964年通过了《经济机会法》，其目的是允许少数民族聚居区和贫民区发展他们自己的计划，以抑制贫困和根除美国人生活中的不平等。在《经济机会法》颁布的同时，又在20世纪60年代的"伟大社会"中实施了更为持久的一些计划，诸如食品券计划、医疗补助计划及医疗照顾计划等。② 今天，贫困问题已经从一个多数人的问题变成了一个少数人的问题，贫困问题不再是通例，而是特例（但却绝不是个例）。由此，贫困问题也就具有了特定的现当代形式。③ 面对贫穷问题及其价值观的转向，引人深思的是何为道德的态度和标准。熊彼特指出，"发展只是从经济生活中并非从外部强加于它的，而是从内部自行发生的变化"④。整个资本主义社会不断地实现"新组合"，意在通过这种手段把一种从来没用过的生产要素和生产条件引入生产体系，从而达到创新。同时，他认为，作为资本主义"灵魂"的"企业家"的职能就是实现"创新"，引进"新组合"。社会主义社

---

① ［美］约翰·肯尼思·加尔布雷思：《富裕社会》，赵勇等译，江苏人民出版社2009年版，第233页。
② 参见［美］戴安娜·M. 迪尼托《社会福利：政治与公共政策》，何敬等译，中国人民大学出版社2007年版。
③ 参见［美］约翰·肯尼思·加尔布雷思《富裕社会》，赵勇等译，江苏人民出版社2009年版。
④ ［美］熊彼特：《经济发展理论》，何畏等译，商务印书馆1990年版，第70页。

会与资本主义社会的明显差异,就是社会公平与市场效率的结合问题。传统资本主义的市场效率与社会公平之间的失衡,导致了诸多难以解决的社会问题。诺贝尔奖得主、经济学家约瑟夫·施蒂格利茨(Joseph Eugene Stiglitz)指出,2009—2012年,美国获得的经济利益中有95%集中在占全国人口1%的最富裕人群中。他的结论是美国已经变成了一个贫富差距最大的发达国家。最近,在美国劳工联合会和产业工会联合会的会议上,他在发表演讲时又发人深思地坦言:"这样的贫富差距并非不可避免,这不是自然规律和经济规律的结果。这是我们通过政策制造出来的。"① 在当代中国,公平正义原则应当是公共政策的首要价值。

第二,尊重劳动与劳动者原则。人类社会的文明史就是一部人类劳动创造史。德国历史哲学家恩斯特·卡西尔(Ernst Cassicer)认为,"人的突出特征,人与众不同的标志,既不是他的形而上学本性,也不是他的物理本性,而是人的劳作。正是这种劳作,正是这种人类活动的体系,规定和画定了'人性'的圆周"②。恩格斯指出,"劳动是整个人类生活的第一个基本条件,而且达到这样的程度,以致我们在某种意义上不得不说:劳动创造了人本身"③。在20世纪20年代,梁启超曾指出,自己所处时代应当普遍遵守的道德准则,就是同情、诚实、勤劳和刚强四条原则,他尤其强调勤劳,并刻意将中国古代"万恶淫为首,百善孝为先"的古训改为"万恶惰为首,百善勤为先",以此凸显劳动的重要性。④ 一般意义的"劳动",既包括一切有价值的普通体力劳动,又包括一切有意义的脑力劳动;"劳动者"既包括服务于社会的体力劳动者,如工人、农民等各行各业的劳动者,又包括有益于社会的脑力劳动者,如教师、工程师、医生、管理人员等。现代化的人只能从现代化的劳动中加以诠释,劳动实现了人的自我价值和社会价值的统一。劳动的社会价值不仅仅具有经济意义,更

---

① 《外媒:"美国梦"渐成"噩梦"》,《参考消息》2013年9月25日第8版。
② [德]恩斯特·卡西尔:《人论》,甘阳译,上海译文出版社1985年版,第87页。
③ 《马克思恩格斯文集》第9卷,人民出版社2009年版,第550页。
④ 参见易鑫鼎编《梁启超选集》上卷,中国文联出版社2006年版。

为深刻地表现在道德伦理维度，劳动是人的自由全面发展的前提，劳动对人类生命和社会生活具有根本性的意义。诚如教育学家裴斯泰洛齐（Johann Heinrich Pestalozzi）所说，"不以教育人为目的的劳动就不是人的劳动"。劳动是人类社会活动最基本的存在方式，"是人类社会赖以生存和发展的基础"①，社会个体因为劳动获得认同，劳动也因此成为社会个体自我实现的重要手段。李大钊认为，"人生求乐的方法最好莫过于尊重劳动，一切的乐境都是从劳动中得来的。一切苦境，都可由劳动解脱"②。社会实践是马克思主义者革命的功利主义思想存在的前提条件，劳动是这一思想的最根本的体现。随着生产力的发展，生产关系和社会制度的不断完善，劳动将逐渐成为人类生活的第一需要，成为人们自觉追求的有"意义的工作"，实现自我满足、获得人的存在价值和生命尊严的社会生活实践方式，并使人性的光辉在一定的社会关系、社会结构中获得现实性。

自从人类第一次工业革命以来，劳动就成为政治经济学的主要研究对象，其间经历了威廉·配第（William Petty）的劳动价值思想萌芽到亚当·斯密和大卫·李嘉图（David Ricardo）的劳动价值学说，以及马克思、恩格斯的科学劳动价值论。劳动范畴是马克思主义理论的一个重要基石。就像马克思在《1844年经济学哲学手稿》中所指出的："整个所谓世界历史不外是人通过人的劳动而诞生的过程……"③ 而"在劳动发展史中找到了理解全部社会史的锁钥的新派别……"④，随着资产阶级工业革命的兴盛与发展，人们劳动和生活条件的极度恶化成为阶级对立的重要根源，西方一些国家通过制定公共政策以缓解社会问题。譬如，1802年，英国颁布的《学徒健康与道德法案》及其随后于1871年颁布的工会法、工厂法，1883年德国首相俾斯麦（Bismarck）首创的强制性劳工疾病保险法等。在第二次世界大战前后，英国推行的《社会保障法》等政策，成为西方

---

① 《刘少奇选集》下卷，人民出版社1985年版，第10页。
② 《李大钊文集》上，人民出版社1984年版，第665页。
③ 《马克思恩格斯文集》第1卷，人民出版社2009年版，第196页。
④ 《马克思恩格斯选集》第4卷，人民出版社1995年版，第258页。

其他国家效仿的楷模。在1935至1938年,美国分别颁布了《社会保障法》《全国劳工关系法案》和《公平劳动标准法》,为协调美国市场经济条件下的劳资关系奠定了政策法规的基础。

  在当代中国,尊重劳动与劳动者,是人们维护自身生存和发展所遵循的基本道德原则。马克思主义经典作家关于资本主义社会的劳动和劳动价值的理论,揭示了当时资本主义生产方式的运行特点和基本矛盾。我们应当认识到,在建立和完善中国特色社会主义市场经济体系的过程中,需要结合新的实际和新的情况,不断深化对社会主义、社会劳动和劳动价值理论的研究和认识。"尊重劳动、尊重知识、尊重人才、尊重创造"①,必须坚持尊重劳动与劳动者原则,在制定各项公共政策的过程中应当特别重视三点。一是保障公民的劳动权。从发展教育和改革教育入手,认真落实教育政策中的财政投入,切实加强劳动教育,不断提高劳动者素质。诚如苏联教育家苏霍姆林斯基(Sukhomlinskii)所言:"多年来,一种思想使我经常激动:当每个学生通过劳动,通过个人的努力掌握了我们信念的最崇高的真理,我们的教育才是名副其实的共产主义教育。劳动是最伟大的美,同时也是最艰巨的事业。认识这个真理,是教育的奥秘之一。"②劳动者的素质关系到中国社会主义现代化的未来,而劳动者权益依法得到保护则成为社会文明程度的重要标志之一。1984年12月10日,由联合国大会决议通过的《世界人权宣言》第二十三、二十四、二十五条分别把"人人有权工作","人人有享受休息和闲暇的权利","享受遭受失业、疾病等或在其他不能控制的情况下丧失谋生能力的保障"作为基本的人权。中国的《宪法》《劳动法》《劳动合同法》等法律法规中也对保护劳动权做出了具体规定。二是坚持以按劳分配为主。在社会主义市场经济的条件下,必须正确坚持以按劳分配为主,其他经济活动要素参与分配的原则,绝不能本末倒置,异化为以"按资""按

---

  ① 《十六大以来重要文献选编》(中),中央文献出版社2006年版,第286页。
  ② 蔡汀等主编:《苏霍姆林斯基选集》第3卷,教育科学出版社2001年版,第875—876页。

权"为主分配社会收入。必须提高普通劳动者在社会分配中的比重,尽最大的可能不断地改善普通劳动者的物质和文化生活条件,真正让人们"合法致富、科学致富、勤劳致富",用诚实劳动创造幸福生活。按照劳动贡献大小分配劳动成果,才是尊重劳动和劳动者的有效手段。三是劳动主体平等原则。通过改革发展,在全社会建立平等竞争的激励和约束机制。在市场经济活动中,必须充分尊重普通劳动者的主体地位,以人为本。切实实现男女同工同酬、机会均等等目标。当前市场经济条件下,劳动关系中出现的问题日益凸显,劳动过程中产生的劳资矛盾、劳动保护、公平与效率等道德问题,迫切需要将尊重劳动与劳动者的道德原则贯穿于中国的公共政策之中。那种夸大资本的"万能论",否定劳动创造财富的根本意义,将劳动视为无非就是资本实现自身增殖的抽象物、资本之附属物,而劳动者也被置于资本的从属地位的观点,必将危害社会主义核心价值观,导致社会主义劳动价值观念的失效。应当从国家层面通过公共政策的维护和保障,"坚持社会公平正义,排除阻碍劳动者参与发展、分享发展成果的障碍,努力让劳动者实现体面劳动、全面发展"[1]。

第三,诚实守信原则。诚实守信原则是人们在人际交往和社会活动中必须遵守的一项最基本的道德规范,它关系着一个国家、一个政策体系的公信力。立政、立业、立人、立德都离不开诚信。《论语·颜渊》中子贡问政,子曰:"足食,足兵,民信之矣。"子贡曰:"必不得已而去,于斯三者何先?"曰:"去兵。"子贡曰:"必不得已而去。于斯二者何先?"曰:"去食。自古皆有死,民无信不立。"孔子与子贡的这段对话给出了公共秩序的一般排序,即在兵力、民食和人民的信任三者中,人民的信任对其他所有政治事务来说都是最为关键的,而兵力是三者中最无足轻重的。宋代理学家周敦颐认为,"诚者,五常之本,百行之原也"[2]。强调了诚信是人的本性特征。康德允许政治上存在"像蛇般聪敏"的原则,但用道德原则对此进行了限制:

---

[1] 《习近平谈治国理政》,外文出版社2014年版,第46页。
[2] 蔡元培:《中国伦理学史》,北京大学出版社2009年版,第133页。

"像鸽子般光明正大。"① 诚信是个体生存发展、民族国家和社会治理良性运行的保证。在科学领域,理智上的诚实是一个成功科学家所拥有的最重要的财富。科学家从本性来说并不比其他人更诚实,但是,科学事业鼓励诚实。因为,科学的本性决定了任何不诚实都很快会带来灾难。② 列宁曾指出:"吹牛撒谎是道义上的死亡,也势必引向政治上的灭亡。"③ 对于政治而言,诚信是政治的"必要条件",是社会治理体系内部组织合作的基础,同时它也是社会治理体系与社会之间合作互动的基础。由于诚实守信原则对社会经济生活的"基本的和必要的"作用,因此它也被转化为政策法律原则。正如吉登斯所说:"世界的变化与突发事件使得人们无论行动与否都处在一种风险之中,风险是不可回避的。人们化解或预防风险之道就是使用信任,由于熟悉导致的信任变得有限,社会需要一种系统信任,即制度化的信用。"④ 公共政策自身包含诚信、支持诚信,这些基本原则已经成为法治国家、新型政府管理的必然要求。现代新型政府管理不仅在形式上要求行政机关依法行政,严格依法办事,而且要求行政活动应该具有实质的正当性,体现基本的价值标准和道德标准,诚实守信正是其中的核心理念之一。1992年,邓小平在南方谈话中强调,要坚持党的十一届三中全会以来的路线、方针、政策,关键是坚持"一个中心、两个基本点"。"不坚持社会主义,不改革开放,不发展经济,不改善人民生活,只能是死路一条。基本路线要管一百年,动摇不得。"⑤ 就具体的农村家庭联产承包责任制,他指出,这一政策不能变。"一变就人心不安,人们就会说中央的政策变了。农村改革初期,安徽出了个'傻子瓜子'问题。当时许多人不舒服,说他赚了一百万,主张动他。我说不能动,一动人们就会说政策变了,得不偿失。

---

① [德]奥特弗利德·赫费:《经济公民、国家公民和世界公民:全球化时代中的政治伦理学》,沈国琴等译,上海译文出版社2010年版,第133页。
② 参见[美]B. F. 斯金纳《科学与人类行为》,谭力海等译,华夏出版社1989年版。
③ 《列宁全集》第11卷,人民出版社1987年版,第331页。
④ [英]安东尼·吉登斯:《现代性的后果》,田禾译,译林出版社2000年版,第6—8页。
⑤ 《邓小平文选》第3卷,人民出版社1993年版。

像这一类的问题还有不少，如果处理不当，就很容易动摇我们的方针，影响改革的全局。城乡改革的基本政策，一定要长期保持稳定。当然，随着实践的发展，该完善的完善，该修补的修补，但总的要坚定不移。即使没有新的主意也可以，就是不要变，不要使人们感到政策变了。"① 诚实守信原则就是人类社会的本然之理。诚实守信也因此成为体现新型政府管理的必要条件和必备要素。在社会诚信的建设过程中，应当打造诚信政府，坚持依法行政，树立政策信用，不断提升政府公信力和社会诚信水平。

第四，人道仁爱原则。达尔文（Charles）在《人类的由来》一书中指出：人类的道德发展史就是一部不断扩展他的"社会本能和同情心"的历史。狄德罗（Denis Diderot）说："人道是一种对全人类的仁爱精神。"② 在英国资产阶级工业革命初期，"将人道主义和国家政策结合起来"③，成为弗朗西斯·培根（Francis Bacon）构筑"乌托邦"社会的一种制度理想。通过对资本主义社会的发展进行深刻反思，"一切人自由而全面的发展"成为马克思主义的最高命题。在市场经济条件下，利益纷争、优胜劣汰、贫富差别成为不可避免的社会现象。在当代特定的社会历史情境下，唯有在全体民众中大力倡导超越功利和私欲的仁爱为善，才能保存和提升人类的基本良心和人性的水平。人道仁爱的道德行为在现代生活中起着协调人际关系、缓和社会矛盾、促进人的道德个性完善的重要作用。在公共政策中坚持的仁爱为善就是要尊重人民群众的历史主体地位，使每一个社会成员不论性别、种族、阶层来源，都能够过一种有价值的生活。在中国现阶段，就是要坚持以最广大人民群众的根本利益为出发点，为民解忧，帮民谋利。以老百姓是否受益作为公共政策的评价标准，把涉及群众切身利益和实际困难的事情，当成大事、要事、紧事、急事来办理，切实实现好、维护好、发展好最广大人民的根本利益。要真正做到人

---

① 《邓小平文选》第3卷，人民出版社1993年版，第371页。
② 王正平编：《世界人生名言大辞典》，华夏出版社1993年版，第790页。
③ [英] 弗兰西斯·培根：《新大西岛》，何新译，商务印书馆2012年版，第19页。

道仁爱，就要关心普通民众、关注民生。发展是为了人民，这体现了发展的价值维度，即人是目的；发展要依靠人民，这体现了发展的工具维度。贯彻人道仁爱精神的公共政策就是要尊重人、关心人，制定的公共政策不能脱离人民群众的现实需要和承受能力，否则，就无法得到目标群体和人民群众的理解与支持，难以实现政策目标、取得最佳的政策效果。公共政策应该体现仁爱为善、以人为本这一价值理念，这是公共政策适应时代发展，推动社会进步，保持其生命力的精神文化保证。

第五，保护生态环境原则。这是促进我们在经济社会发展进程中保持人与自然关系和谐，走可持续发展道路，建设生态文明所必须遵守的现代环境道德理念。它应当作为一项重要的道德价值尺度，体现在各项公共政策之中。健全和完善环境公益诉讼制度、环境污染损害赔偿制度等政策法规，切实增强公民对环境污染维权的动力。由于人类在根本上没有处理好人与自然、自然与社会的关系问题，以至于人类征服自然的工具变成了增加人类社会问题的工具。倡导保护生态环境这一重要的道德价值原则，体现了人们有权过一种与环境相和谐的健康而富足的生活，也是致力于实现有政治、经济、道德和精神愿景的社会发展的体现。它是从人类的长远利益出发，用人类特有的道德自觉精神，来协调人与自然的关系或人与自然关系背后的人与人之间的利益关系，并加强对自然界的权利及其内在价值的重视。维护代际公平，实现可持续发展已经成为人们强烈的社会诉求。尊重自然，尊重地球上生命形式的多样性，爱护各种动物和植物；顺应自然，合理利用自然资源，保护自然环境，切实保障公民的环境权益，维护地球生态系统的动态平衡，促进人、经济、社会和环境的协调与可持续发展，都是建设社会主义生态文明的必然选择。人类只有一个地球，保护生态环境就是保护人类共同的家园。生态环境是当代人世代生存与发展的首要物质条件，我们正生活在风险社会之中。一些生态风险已经转变成现实生活中的生态灾害，为了有效防止生态灾难对人类生存和安全的危及，需要制定的各项公共政策必须符合保护生态环境这一道德价值准则。

公共政策过程坚持以社会主义核心价值观为基本导向的最终目的是，解决如何塑造人、培养人、完善人、发展人的问题。当前，应当多措并举，促进核心价值观从理论形态向社会心理形态的转化，使其得到广大社会成员的心理认同，成为自觉的社会意识，并发挥其教化和规范导引作用。实现价值规范向价值示范转化，促进价值评价向价值行为转化，需要增强社会主义核心价值观的现实性、可行性和普适性。①

---

① 参见颜晓峰《实现中国梦的价值引领》，《光明日报》2014年2月14日第1版。

第五章 公共政策的道德评估

公共政策是针对某个问题来规划和设计的，涉及政府对社会资源的配置，以及对社会利益的选择、分配和调节。一项公共政策的出台，可能产生意想不到的社会影响和结果，并对人们的思想观念和行为产生长远的影响。公共政策评估则是指特定的评估主体根据一定的标准和程序，通过考察政策过程的各个阶段、各个环节，对政策的效果、效能及价值所进行的检测、评价和判断。公共政策评估以事实为基础，以价值为目标。公共政策的道德影响是公共政策产生社会影响的重要体现。对公共政策进行道德影响的评估，是防范公共政策面临道德风险，实现公共政策预期目标的重要举措。

第一节 公共政策评估的相关理论

公共政策评估作为社会资源有效配置的再调节手段，是检验公共政策的效果、效益和效率的基本途径，为公共政策的调整、执行或终止提供了重要依据。公共政策评估对于公共政策的科学化，具有促进作用。相比较而言，发达国家具有较为完善的公共政策评估机构及设计体系，这为公共政策评估的概念界定、标准设定及其动态性研究，提供了重要的参照性依据。

一 公共政策评估的兴起

雅典的伯里克利（Pericles）曾指出："尽管只有少数人可以制定政

策，但我们却都能批判政策。"① 随着政策科学研究的发展，直到20世纪初，公共政策评估作为一个具有实践性的专业领域才应运而生。在20世纪30年代，有关美国社会请求对罗斯福总统的"新政"中制定的社会政策和计划进行评估的事件，对政策科学实践探索产生了极大的推动作用。第二次世界大战期间出于战争的需要，美、英等国的军事部门对其人事政策和宣传策略等进行的评估，使政策评估得到了进一步发展。第二次世界大战结束后的20多年中，西方国家在城市发展、住宅建设和教育等社会公共领域制定了大量的政策措施和行动计划，在客观上为有关政策的成本与收益等进行分析而开展的政策评估奠定了基础。其中，20世纪60年代，美国总统约翰逊提出"向贫穷宣战"，推行了"伟大社会"运动。其实施的结果不但没有使低收入的贫困人群获得更多福利，反而使其成为部分商人和公务员谋取私利的活动，挫伤了劳动者的工作积极性，产生了一定的负面影响。因此，为了满足社会需要，同时也为了让公共政策制定者了解所制定的公共政策产生的实际效果，有必要对公共政策进行评估。同时，各种社会研究方法的日趋成熟及计算机技术的应用，提高了政策评估的有效性和可靠性，推动了政策评估的迅猛发展。20世纪80年代之后，在政治、经济、社会等多方面因素的作用下，西方国家掀起了大规模的行政改革运动，公共事务管理模式从传统的政府管理向治理（from government to governance）转变，政策和项目评估的立法、社会咨询公司参与、政策研究机构的发展，都进一步强化了对公共部门的行为和结果包括公共政策开展的评估。其中，政策评估主要围绕三个方面的基本内容展开：信息反馈、政策评估标准及方法。其核心主旨在于注重结果和产出、追求效率、实行绩效管理、增强公共部门责任等。政策评估逐渐成为一个国家建立廉洁、公开、透明政府的必要途径。② 另外，国家有关政策评估的立法，对公共政策评估的主体、内容、标准、程序和范围等

---

① 转引自［英］波普尔《开放社会及其敌人》第1卷，郑一明等译，中国社会科学出版社1999年版，第24页。
② 参见张金马主编《公共政策分析：概念·过程·方法》，人民出版社2004年版。

进行了规定，为行政主体客观、严格地开展政策评估提供了重要的制度保障，体现了公共政策评估的独立性、规范性和法制化特点。譬如，20世纪90年代，美国克林顿政府于1993年出台了《政府绩效与结果法案》（GPRA）。更为重要的是，克林顿政府的立法及其改革措施与以往"像工商企业那样运作政府"的运动相比，它不仅采用了工商企业的技术，而且提出了"让政府花更少的钱办更多的事"的创举。2001年6月，日本颁布的《政府政策评估法案》（GPEA），即是参照克林顿政府这一法案来制定的，它以各部门的自评估为基础，形成了各自的自评估体系。日本总务省主要是对各部门的自评估加以指导，并对评估报告进行检查，同时也开展了一些涉及广泛议题的跨部门评估活动。2011年1月，奥巴马总统签署了《政府绩效与结果现代化法案》，以进一步推动美国政府管理及其政策执行的科学化。在政策评估机构的设立方面，美国官方的政策评估机构主要有：国会下属的政府审计办公室、监察长办公室、政府管理预算局等。[①]

20世纪90年代，日本的地方自治体率先引入了政策评估制度。此外，日本政府为保证政策评估的统一性、综合性和更加严谨的客观性，特别重要的几个省厅的政策，则由总务省负责专门评估，并由隶属于总务省的行政评估局具体实施。总务省和政府各部门是政策评估的实施主体，每年都需向国会提交年度政策评估报告书，并向社会公众公布，接受公众监督。为了确保总务省政策评估的中立性和公正性，在总务省内部还设立了作为总务大臣咨询机构的"政策评估与独立行政法人评估委员会"，该委员会由来自民间的专家、学者和企业家构成，其事务局设在行政评估局，委员由总务大臣任命，委员长由委员们选任。该委员会负责对政府的政策评估制度和总务省所实施政策评估的相关重要事项进行调查审议，向总务大臣提出政策评估的基本方针及其修改意见等，并要进行与国民直接对话等沟通和宣传工作。总务大臣根据对政府各部门政策的检查和审议结果，必要时可向

---

① 参见李志军《国外公共政策评估情况和主要做法以及对我国的启示》（上、下），《中国经济时报》2013年5月8日。

内阁总理提出相关建议。① 与之相应，日本政府出台了多个与政策评估有关的法案，以规范和指导各行政主体开展政策评估。在日本各级政府开展自评估的同时，根据需要引入了第三方评估或外部评估，外部评估机构不仅可以在政府部门与公众之间起到沟通桥梁的作用，还可以增强评估的客观性、独立性和广泛性。

进入知识经济时代，随着电子信息技术的有效利用，电子动员、电子民主、电子政务等多渠道公众参与方式，使政府管理结构的扁平化和公共机构的创新性增强，不仅提高了政府效率，也增加了政府信息公开、透明化的需求，有利于促提高政府服务质量，实现政府管理效率与质量的统一，公共政策和行政管理的固有模式也因之发生了巨大转变。在当代，具有高度责任感和负责精神、完善的责任机制和可问责制，是一个合法政府所必备的品质和行动准则。为社会公众提供服务的政府责任表明，政府不仅仅是权力的行使者，更是责任的承担者。因此，效能和民主的服务型政府也应该是责任政府，政策评估则成为评价责任政府的重要手段。在政策评估过程中，职能精英的公共责任担当对政策评估产生的效果起到关键作用。他们能够通过一定的程序将政策问题提交给公众讨论，实现公众讨论意见的顺畅表达。更为重要的是，职能精英必须坦诚地向公众阐明自己的动机、目标和问题，以期率先取得公众的信任。社会不同团体或大学和科研院所通过关心社会公共利益，来体现正确对待自己的利益，以及提升它们的决断力。②

虽然，随着中国公共政策议程设置模式逐渐从"关门模式""动员模式"向"内参模式""上书模式""外压模式"等模式转换，专家、传媒、利益相关群体和民众发挥的影响力也越来越大。③ 但是，相比较而言，中国公共政策评估仍然具有一定的评估主体的单一性和以领导评估为主导的特点，存在专门职能缺失，并长期属于内部评估

---

① 参见吴松《日本政府政策评价制度与科技政策绩效评价浅析》，《全球科技经济瞭望》2007年第7期。

② 参见［德］赫尔穆特·施密特《全球化与道德重建》，柴方国译，社会科学文献出版社2001年版。

③ 参见王绍光《中国公共政策议程设置的模式》，《中国社会科学》2006年第5期。

等问题。评估参与者的权力配置不平衡,即使在某些场合公众唱主角,但政府担当导演的权力定位依然使政策评估流于形式。同时,由于评估标准的单一性,往往以经济指标为旨归,漠视社会文化和道德的发展,最终也会导致社会非均衡发展。从目前中国政策制定和执行的情况来看,"只讲耕耘,不问收获"的现象多有发生,因而政策实施的效果就大打折扣。公共政策评估作为社会有效配置资源的基础,是检验公共政策的效果、效益和效率的基本途径,为公共政策的调整、执行或终止提供了重要依据。因此,对公共政策评估的相关理论进行扩展性探究具有现实意义。

二 公共政策评估的概念界定

国外学者迈克尔·豪利特(Michael Howlett)和拉梅什(M. Ramesh)认为,"政策评估是指全面归纳总结公共政策执行过程及其所使用的手段和所要实现的目标"[1];詹姆斯·安德森(James E. Anderson)认为,"政策评估不仅是一项技术或分析的过程,也是一个政治过程"[2]。而艾佛特·维东(Evert Vedung)认为,"公共政策评估是对政府措施的绩效、价值进行审慎的回溯性评价,以期对未来的实践状况产生影响"[3]。目前部分国外学者将政策的事前评估归入政策分析的范畴,而狭义的政策评估则专指事后评估。国内有学者认为,"公共政策评估是依据一定的标准和程序,对政策的效益、效率及价值进行判断的一种评价行为,目的在于取得有关这些方面的信息,作为决定政策变化、政策改进和制定新政策的依据"[4]。从一般意义来说,公共政策评估就是对公共政策的设立、过程及其效果的评价与反思,是

---

[1] Michael Howlett、M. Ramesh, *Studying Public Policy: Policy Cycles and Policy Subsystems*, Oxford: Oxford University Press, 1996, p. 168.
[2] James E. Anderson, *Public Policy-Making*, New York: Praeger Publishers, 1976, p. 147.
[3] Evert Vedung, *Public Policy and Program Evaluation*, New Jersey: Transaction Publishers, 2000, pp. 1–13.
[4] 陈振明:《公共政策学——政策分析的理论、方法和技术》,中国人民大学出版社2004年版,第283页。

促进公共政策科学化的重要手段。它以公共政策是否有价值为依据，以评判出什么政策"好"、什么政策"不好"为目的。

在公共政策评估的概念界定的基础上，应当厘清"公共政策评估"与"政府绩效评估"之间的区别和联系。相比较而言，"政府绩效评估"主要侧重于对执行部门工作能力效率和工作结果的评判，衡量政府预期目的和实现程度的状况，其仅仅就政府这一行为主体而论。通过政府绩效评估可以节约成本，提高服务质量，避免社会资源的浪费。譬如，中国政府为了着力做好政府绩效评估工作，于2011年专门建立了由监察部等9个部门组成的政府绩效管理工作部际联席会议制度。而2012年政府绩效管理工作部际联席会议提出的工作重点之一就是："支持和协调有关部门，开展对重大公共政策、政府投资项目、财政资金和专项工作的绩效评估，探索实现绩效管理常态化、制度化的有效途径。"① 而"公共政策评估"则是偏重于对"政策"本身的质量及其价值的评价，它包含了更为全面、宽泛的内容，这一评估主体应该是某一组织或集合，既包括有具体建制的正式组织，譬如国家机关、事业性质研究机构、民间商业性质评估机构等，也包括临时性质、建制松散或成员广泛的集合。所以专家咨询评估、公众满意度调查、公民投票选举等都可以算作政策评估的某种方式。同时，应当认识到，由于公共政策评估渊源于政府绩效评估，政府绩效评估体系的重要内容应当包括公共政策绩效评估。因此，从某种意义来说，公共政策评估也就是政府绩效评估。而与公共政策评估密切关联的还包括项目评估、工程评估，一般意义上的公共政策评估包含项目评估和公共工程评估。

公共政策评估已经成为公共管理领域日益瞩目的环节，这反映了中国公共管理工作不断走向专业化和讲求公共政策实效的趋势。国内学者大都以"过程论"重视公共政策执行过程的评估，并将其作为公共政策过程的一个重要环节和内容，以考察公共政策执行过程中的

---

① 韩永红：《重大公共政策绩效评估的现状与改革》，《中国纪检监察报》2012年10月19日第7版。

实际效果与预期效果之间的差距,决定公共政策是否继续执行、终止或修订完善。在中国当前公共政策评估的理论和实践中,依然存在诸多方面需要规范和改进。公共政策道德评估既是公共政策走向专业化的一个重要突破口,也是公共政策现代化治理的必由之路。其中,中国公共政策评估存在的主要问题有:"一是公共政策评估组织、机制的缺乏;二是公共政策评估标准和方法有待完善;三是政府及社会成员对公共政策评估的重视不够。"① 进行公共政策的道德评估对于完善中国公共政策评估,促进公共政策的科学化、现代化具有极其重要的意义。在经济转轨和社会转型时期,当代中国政策评估体系建设已成为促进公共行政发展的重要途径和手段。

三 公共政策评估的标准设定

政策评估是依据特定的标准和程序而进行的一种政策分析活动。在政策评估初期,人们往往认为政策评估与伦理、价值无涉,最具代表性的是逻辑实在论对事实和价值进行严格区分的观点,他们认为观察、解释和预测具有科学的唯一合法性,而伦理与价值判断则是非科学或伪科学。从哲学认识论的角度来观察公共政策,可以认为公共政策就是"假设",即依据一系列事实命题和价值命题来建构这一"假设"。由于依据一定的事实条件进行决策,同样会因为某些禁止性的道德约束产生价值判断,从而避免决策付诸不恰当的实施行为。事实条件是公共政策决策的基石,一切社会的发展如果脱离了事实的"土壤",那么对公共政策而言也就是无本之木、无源之水。而价值判断则成为公共政策目标确立的关键性因素,最终成为公共政策所希望达到的目的。事实条件和价值判断是公共政策的两个不同角度。就不同标准的争议来论,对公共政策评估不仅存在"是"与"不是"的事实判断,而且存在着"应该"与"不应该"的价值判断。"在20世纪50年代后期,人们对哲学的认识发生了转变,对于政策评估需要批判地

---

① 李静芳:《当前我国地方公共政策评估现状与对策》,《江西行政学院学报》2001年第4期。

看待事实和价值之间的关系,而不是将二者割裂开来。"① 因此,政策评估也是一种价值判断活动,而要进行价值判断,选定基本的价值尺度即价值标准就成为公共政策评估的必然选择。

政策评估标准是指依据政策目标设立的可供比较的指标或准则,它是开展公共政策评估的前提条件。国内外学者从各自的研究角度,提出了不同的公共政策评估标准。邓恩将公共政策评估标准分为"效果、效率、充足性、公平性、回应性和适宜性等标准"②;张金马提出的标准包括:有效性、效率、公平性、可行性(政治可接受性、经济可承受性、社会可接受性、管理可行性)③;陈振明认为政策评估标准有:生产力、效益、效率、公正和政策回应度等。④ 宁骚提出政策评估是建立在事实标准、技术标准和价值基础之上的一项活动。其中,"事实标准包括:政策效率、政策效益、政策影响、回应性;技术标准主要有多样化、系统化和数量化;价值标准主要有社会生产力的发展、社会公正、社会可持续发展。而这三种标准并非单一、独立,它们是彼此内在逻辑联系的统一体系"⑤。张国庆提出了政策评估的首要标准和次要标准的概念。林水波等人认为一般性政策评估标准应包括:"工作量(投入量)、绩效(产出量、效能及影响程度)、效率、生产力、充分性、公平性、妥当性、回应程度、过程和社会指标等。"⑥ 虽然不同学者对公共政策评估的标准呈现多元化趋势,但是其基本标准都包括绩效、效率、回应性、公平等内容。

关于公共政策评估的标准,不同的学者可以说是仁智各见,他们争议的焦点往往归结于"事实描述能否导引出价值判断"这一哲学

---

① [美]威廉·N. 邓恩:《公共政策分析导论》,谢明等译,中国人民大学出版社 2011 年版,第 241 页。
② [美]威廉·N. 邓恩:《公共政策分析导论》,谢明等译,中国人民大学出版社 2011 年版,第 249 页。
③ 参见张金马《公共政策分析:概念·过程·方法》,人民出版社 2004 年版。
④ 参见陈振明主编《公共政策分析》,中国人民大学出版社 2003 年版。
⑤ 宁骚:《公共政策学》,高等教育出版社 2003 年版,第 421—424 页。
⑥ 林水波、张世贤:《公共政策》,五南图书出版股份有限公司 2006 年版,第 473 页。

命题。比如，有学者从事实标准和价值标准的角度对公共政策评估标准进行划分，认为事实标准主要包括以下三个方面的内容：(1) 公共政策经济效率方面，主要考虑政策投入与产出、成本与收益之间的比例关系；(2) 公共政策目标效度，主要看政策实现的程度和范围；(3) 公共政策社会效度方面，主要考虑对社会的影响程度。价值标准的内容主要有以下五个方面：(1) 公共政策是否满足大多数人的利益；(2) 公共政策是否有利于社会生产力的发展；(3) 公共政策是否有利于增进人民的团结；(4) 公共政策是否有利于保持政权的巩固和社会的稳定；(5) 公共政策是否支持了社会公正的原则。[①] 陈庆云则认为，"公共政策评估实际上是一种价值判断，要进行价值判断就必须建立价值准则即评估标准，确立评估的步骤，采取正确的方法。这些一般的评估标准对于一般的公共政策评估固然有一定的指导作用，但不同类型、不同层次、不同领域的公共政策应该有不同的评估标准"[②]。就公共政策道德评估而言，公共政策道德评估标准的设置也应当具有其自身的特点。

在美国，政策评估的标准包括三项内容："(1) 制定政策的必要性分析及其选择，即政策是否必要，其目标设定及实现的预期结果，政策问题的针对性，政策主体应包括的内容；(2) 政策绩效分析，效率性、成本效益分析；(3) 公平性、优先性。"[③] 自改革开放以来，中国重大发展战略主要包括：经济体制改革、精神文明建设、科学发展、政治文明、小康社会、和谐社会、新农村建设、服务型政府、创新型国家、生态文明等，这些重大战略目标和战略决策直接或间接地关系到中国的治理改革方向。俞可平提出，"中国治理评估框架应当与公共治理密切相关的重大国家发展战略相结合，其主要评价标准包括：公民参与、人权与公民权、党内民主、法治、合法性、社会公正、社会稳定、政务公开、行政效益、政府责任、公

---

① 参见谢明《政策分析概论》，中国人民大学出版社2004年版。
② 周德祥：《公共政策评估研究述评》，《宁夏党校学报》2008年第2期。
③ 马朝琦、雷晓康：《美国公共政策绩效评估方法及借鉴》，《西北农林科技大学学报》（社会科学版）2006年第5期。

共服务、廉洁等"①。包国宪等认为,"中国实现善治目标的公共治理绩效评价指标主要有:法治、参与、透明度、责任、效能、公平、可持续性等"②。胡税根、陈彪从政府过程的输入、过程、输出、结果四个环节提出治理评估通用指标:"竞争、成本、能力、透明、公平公正、时限、效率、质量、责任、创新、环保、效果、满意度等。"③ 综合上述不同观点可以发现,公共政策作为国家治理的重要手段,其共有的标准包括了以下主要类型:"效益、效率、充分性、公正性、回应性、适当性和责任性。"④ 其中,责任性是公共政策评估最基本的标准。这一责任性即伽达默尔(Gadamer)所认为的,"道德是在自由中被接受的"⑤。自由的存在是人的社会性的基本前提,并使人伦理地存在成为可能,而责任应成为自由选择的尺度。诚如萨特(Sartre)所言,"人可以作任何选择,但只是在自由承担责任的高水准上"⑥。

公共政策评估的标准依据公共政策的目标而设定,但是,由于政策目标的多样性、政策目标对应不同的社会群体,以及政策影响的广泛性等,常常导致政策目标的不确定性,并最终出现了不能依据明确的目标制定具有可量化的评估标准的现象;在拉斯韦尔关于公共政策解决问题导向的理论方面,现当代的学者很少有只关注具体问题的解决的。以往关于公共政策制定的研究成果,直接用于解决现存社会问题的结论和建议,在复杂的现实政策过程面前遭受了挫折,"因为在

---

① 俞可平主编:《国家治理评估——中国与世界》,中央编译出版社 2009 年版,第 12—15 页。

② 包国宪、周云飞:《中国公共治理绩效评价的几个问题研究》,2008 年 4 月 26 日中央编译局比较政治与经济研究中心"治理评估的理论与实践学术研讨会"会议论文。

③ 胡税根、陈彪:《治理评估的主要纬度和通用性指标框架研究》,2008 年 4 月 26 日中央编译局比较政治与经济研究中心"治理评估的理论与实践学术研讨会"会议论文。

④ [美]威廉·N. 邓恩:《公共政策分析导论》,谢明等译,中国人民大学出版社 2011 年版,第 1 页。

⑤ [德]伽达默尔:《真理与方法》,洪汉鼎译,上海译文出版社 1999 年版,第 359 页。

⑥ [法]萨特:《存在主义是一种人道主义》,周煦良、汤永宽译,上海译文出版社 1988 年版,第 29 页。

现实中，政府往往是不可控制的，它们常常抵制学者们就处理的问题所提出的'专家'建议。在公共政策的现实世界里，分析的技术优越性往往要屈从于政治的需要"①。另外，"公共政策评估是对一项政策优劣的评价，其评估结果直接对政策的决策和执行人员产生一定的政治影响，由是之故，有关人员的抵制，组织的惰性就可能成为政策评估的障碍之一；由于政策的重叠、资金、资讯管理等方面问题，政策之间的干扰，主管部门的不重视，政策评估的成本问题，导致政策评估者不能获得准确的资料，难以做出客观评估。最后，政策评估的影响力如何往往会成为一个未解之结，最终使评估者产生莫大的'无力感'"②。对于公共政策评估面临的几点困境应当要有正确的认识，其落脚点还是在于"问题之认定，解决问题"之道。解决公共政策评估的困难之道，应当从其面临的问题来着手并加以化解。通过建立明确政策标准，以拟订相应的评估标准；厘定评估对象；做好评估宣传工作，排除政策主体的心理疑虑；建立有效的评估管理资讯；做好评估技术方法上的选择等。评估标准的设定有助于避免出现选择个人偏好的方案的倾向。③

四 公共政策评估的动态性

公共政策评估是时代的产物，政策变迁的基石。由于社会民众的期望不断提升，公共政策面临的社会风险乃至危机随时可能爆发，建立公共政策道德评估可以较为准确地评价道德危机中公众的预期行为或结果，向政策决策者提供社会风险预防信息，而这就使公共政策评估成为当代责任政府的当务之急。公共政策的动态性，决定了公共政策评估的相对性。

---

① [加拿大] 迈克尔·豪利特、[加拿大] M. 拉米什：《公共政策研究：政策循环与政策子系统》，庞诗等译，生活·读书·新知三联书店2006年版，第6页。
② 林水波、张世贤：《公共政策》，台湾：五南图书出版股份有限公司2006年版，第491—497页。
③ 参见 [美] 欧文·E. 休斯《公共管理导论》，张成福译，中国人民大学出版社2001年版。

第五章 公共政策的道德评估

就社会人口政策来说，随着人口结构的变化，应当不断调适公共政策，以适应本国国情和社会经济、文化发展的需要。譬如，新加坡的人口问题自第二次世界大战之后显现出来，随着城市化的发展，医疗服务水平的提高，婴儿死亡率降到低水平，人口急剧膨胀。1965年之后，新加坡人口发展经历了持续快速增长到生育率大幅下降的过程。考虑到国土资源缺乏、工作和住房等巨大的社会需求与人口不断增长的矛盾，以《1965年新加坡家庭计划与人口委员会法案》的出台为立法形式开始控制人口增长。20世纪70年代中后期，推广"两个孩子"家庭计划和绝育政策，人口生育率从高增长下降到仅能维持人口更替水平。20世纪80年代以后，人口发展趋势出现受教育程度低的夫妇往往多子女，相反受过高等教育的夫妇少子女的现象。低教育水平的常常是在经济上较少生产的人，而且父母受教育文化程度直接关系到子女的培养，为了防止新加坡人口素质不断下降，新加坡提出了"人口素质重于数量"的婚育政策，并于1984年颁布了新的生育政策，争取人口实现零增长，鼓励受过高等教育的育龄夫妇一生生育3个或3个以上的子女，且这些子女享有优先进入重点学校的权利。同时鼓励低教育水平的夫妇保持或减少国家规定的生育数量，并对这类家庭的妇女，即不到30岁就生育了1至2个子女的，用绝育奖的办法鼓励其做绝育手术。如果以后发现她们又生了孩子，则会追回原来的奖金，并另加10%的复利年息。对于每月收入不到两百新元，没有能力抚养和教育多名子女的人，规定其拥有子女不得超过两个。政策规定生育数以外的孩子，其住屋津贴、社会化的医疗服务和免费教育等费用，应当转由父母亲负担。对于多生孩子的家庭申请公共住屋方面的优先权也不予奖励。这一政策的实施结果是，在未受过高等教育的母亲中产生了不满，而受过高等教育的母亲们则为此而感到尴尬，不愿意享受政策给予的特权。在1984年大选之后，新加坡政府对这一计划生育政策进行了认真检讨，撤销了该政策，并采取鼓励国人多生育的举措。取而代之的新政策规定，对于已婚妇女的第三、第四个孩子将给予特别的所得税优惠。已婚妇女的范围超出了受过高等教育的母亲，还包括"工艺学校、初中和高中毕业的母亲们，扩大了受惠范围，减少了精英主义的感觉"①。20世纪80年代中期，随着人口老龄化加速、劳动力短缺等问题凸显，1987年，政府提出了"如果你能养得起，那就要三个或更多孩子吧"的口号，提倡多生多育，鼓励人口生育的政策。为已婚妇女生育两个以上子女提供补助。例如，在公共住房计划中，拥有三个或四个孩子的家庭更容易购买更为宽敞的住房。

第二节　公共政策的道德评估尺度

公共政策的道德评估是公共政策评估的重要内容之一，是对公共政策的社会道德影响及其产生的社会效益的评估。它贯穿于公共政策过程的始终，既包括对公共政策方案的道德评估，也包括对公共政策的执行及其结果的道德评估。以社会道德评价为逻辑基点，进行公共政策道德定性评估是完善公共政策评估，实现社会道德自觉在政策反思和政策科学上的重要举措。它以事实与价值相统合来把握公共政策对社会道德影响的程度，并通过伦理分析设定公共政策道德评估的基本标尺，这是建构中国公共政策道德评估标准的基础。

一　公共政策对社会道德的影响力

公共政策作为调节社会关系的产物，对社会产生的道德影响究竟如何，是我们不可回避的一个重要问题。社会主体的影响力是行动者之间的这样一种关系：一个或更多行动者的需要、愿望、倾向或意图会影响另一个或其他更多行动者的行动或行动倾向。② 在特定的领域和范围内，由于影响效果不同，产生了直接的或间接的、明显的或暗含（强的或弱的）的、消极的或积极的影响力，同时，不同行动者之间的影响又是交互作用的。公共政策的道德影响则是公共政策目标设定及其实现过程或结果，会对社会特定或不特定群体产生直接的或

---

① ［新加坡］梁文松、曾玉凤：《动态治理》，陈晔等译，中信出版社2010年版，第139页。
② 参见［美］罗伯特·A.达尔《现代政治分析》，王沪宁等译，上海译文出版社1987年版。

间接的道德影响。虽然"道德和传统不能像法规政策一样借由立法直接去改变,这不表示它们就免于其他形式的改变。尽管道德规则和传统不能借由人为的选择或立法去废除或改变,但是法规政策的制定或废除,却可能是造成某些道德标准或传统的改变或没落的原因之一"①。公共政策的影响包括对人和社会的影响,对人的影响主要是对人的心理、态度、行为等方面的影响,对社会的影响包括政治、经济、文化和道德等方面的影响。正是由于公共政策的社会道德影响力,公共政策存在的道德风险就成为一种必然现象。美国学者奈特(Frank H. Knight)指出:"风险是指可度量的不确定性,它从不利的偶然性角度看待所有不确定性。"② 公共政策影响的多面性需要切实重视公共政策的负向影响,这样才有利于全面、准确地进行公共政策评估。

公共政策对社会道德的核心影响力在于社会利益,即社会资源配置。公共政策通过规范、说服或诱导等手段产生的影响力,可以调节利益分配,影响社会成员的价值取向。人们对公共政策的认同度的不同,公共政策调节社会利益的目标取向产生的分歧,以及人们利用政策的手段、方法的差别,导致公共政策在不同主体之间形成不同的道德影响的差异。由于公共政策的社会道德影响直接关联社会利益问题,因此,对公共政策进行道德影响评价就成为现当代社会面临的现实课题。公共政策的道德影响评估主要是指公共政策对社会道德产生的作用,其中也包括各种社会制约因素对公共政策产生的影响,而对道德评估进行的分析,其目的在于明晰公共政策的结果与社会道德影响之间的因果关系,以防止公共政策可能产生的不可预期的社会道德影响。

在公共政策的道德评估过程中,应当辩证地处理价值判断与事实判断之间的关系。价值是应当如何,而事实是实际如何。价值判断是

---

① [英] H. L. A. 哈特:《法律的概念》,许家馨等译,法律出版社2011年版,第177页。
② [美] 弗兰克·H. 奈特:《风险、不确定性与利润》,安佳译,商务印书馆2006年版,第211页。

指向最终目标选择的公共政策；事实判断则是包含最终目标实现的公共政策。① 在对公共政策进行价值判断时，应当认识到公共政策过程中的价值判断的限度。由于人们不可能根据所有价值去进行公共政策决策，因此，只有在力所能及的范围内，按照有限的政策组织原则来考虑决策，公共政策决策才可能是合理的。比如，在着手制定某一个县的义务教育政策时，公平性、社会性、回应性、社会可接受性等"价值性标准"自然是首先要考虑的指标；而当该县对前一阶段的义务教育政策执行情况进行评估和验收时，则应当重点从绩效、效率、效益等"事实性标准"进行评判，而不能再纠缠于"价值观"的争论，因为，"评价公共政策是否成功的首要标准，应该看公共政策在预期的时间内，是否完成或实现了预期的目标或标准"，同时，应当认识到，公共政策评估也要坚持"价值性标准"与"事实性标准"之间的辩证法，不能因为强调"价值性标准"，而忽视"事实性标准"，避免在评估时以价值判断取代事实分析。另外，在运用"价值性标准"的同时，要善于学习和借鉴西方公共管理领域中的"实证主义"模式，以推动中国公共政策科学评估水平的提高。正像对国家治理指标的设定被看作是一种不完善的信号或表征一样，即它在某种程度上反映了那些广泛的、无法得以测量的治理维度。② 因此，公共政策道德评估指标体系的设定也应当把握其合理限度。

二　公共政策道德评估的基本标尺

公共政策的道德评估是中国治理评估的重要内容，与当代中国经济社会发展的重要战略部署密切相关。关于"治理"的最早论著是公元前400年印度国王的首席大臣考底利耶（Kautilya）的《政事论》一书，在这本书中，他论述了"治理"艺术，强调道德所具有的反专制功能，并将国王的责任定位为维护国家财富及其臣民利益。今天，"治理"的概念已十分宽泛。2002年，世界银行发布的世界发展

---

① 参见［美］赫伯特·A. 西蒙《管理行为》，詹正茂译，机械工业出版社2007年版。
② 参见俞可平主编《国家治理评估——中国与世界》，中央编译出版社2009年版。

报告将"治理"界定为"规则、执行机制和组织"①。道德治理是将社会目标认同和目标合理性的治理过程扩展到道德领域,道德治理是公共治理一词在道德领域的延伸。道德治理是针对社会发展中出现的各种突出的道德问题,通过多元主体参与合作的方式,制定出治理方案并采取有效措施,形成网络化的管理模式,倡导推动社会道德进步,以遏制和消除不良社会道德现象的活动。公共政策作为公共行政的重要手段,为社会道德治理提供了制度保障。

公共政策的道德评估(评价)本身不能创造价值,但评估(评价)可以揭示其所认识的对象存在的价值,使人们有意识地把握其价值,这无疑是价值实现的重要途径。②公共政策道德评估的标准是公共政策价值理念的具体体现,对公共政策过程及其结果做出科学、合理的价值判断,需要以基本的公共政策评估标准为依据。随着近现代及当代经济社会的发展,公共政策道德评估的标准作为一个动态的、不断发展和完善的建构过程,在当代研究公共政策道德评估标准的基本原则、规范及其指标体系等方面,对增进公共政策的道德治理有着积极意义。③

(一)国外不同的公共政策道德评估标准

1. 契约论。这一理论认为,通过达成一致的同意或承诺,依据法律法规和制约机制可以规范人们的行为和活动。20世纪中期,西方社会由于社会分配不公而产生的社会贫富差距悬殊、社会矛盾日趋尖锐的现象日益凸显,为了应对这种社会状况,契约论成为当代"罗尔斯理论"发展的基础,为政府决策提供了一种公平正义的分配原则,而正义原则也成了判断政策法规是非、善恶的准则。罗尔斯指出:"正义是社会制度的首要价值,正像真理是思想体系的首要价值一样……法律和制度,不管它们是如何有效率和有条理,只要它

---

① 参见俞可平主编《国家治理评估——中国与世界》,中央编译出版社2009年版,第415页。
② 参见冯平《评价论》,东方出版社1995年版。
③ 参见许淑萍《公共政策伦理评价标准的演进及当代探究》,《上海行政学院学报》2012年第4期。

们不正义,就必须加以改造或废除。"① 正义论关注的是个人权利的平等,"每个人都拥有一种基于正义的不可侵犯性,这种不可侵犯性即使以社会整体利益之名也不能逾越"②。公正原则是公共政策的首要准则,自由原则和差别原则是它的两个基本原则。第一,自由原则。每个人对与其他人所拥有的最广泛的基本自由体系即可以相容的类似自由体系都应有一种平等的权利。第二,差别原则和机会平等原则的结合。社会的和经济的不平等应这样安排,即它们首先是被合理地期望适合于最少受惠者的最大利益,并且还要依系于在机会平等的前提下,地位和职务向所有人开放。在这两个原则中,第一原则优于第二原则,而第二原则中的机会公平原则又优先于差别原则。这一次序的安排表明,对第一个原则所要求的平等自由制度的违反,不可能因较大的社会经济利益而得到辩护或补偿。财富和收入的分配及权力的等级制,必须同时符合平等公民的自由和机会的自由。③

罗尔斯和罗伯特·诺齐克(Robert Nozick)对分配正义问题给出了不同的答案。以"自由至上"为观点的诺齐克认为,自由权利是如此重要,以至于政府无权干涉它们。即使在"最小国家"中,政府也有责任保护个人的财产权,对个人所征收的赋税不能超过防止人们相互侵害和外敌入侵所需要的限度。根据这种观点,"如果国家企图将财产从一部分人(富人)手中转移到另一部分人(穷人)手中,它就侵犯了个人的权利。分配应该留给不受干涉的市场、馈赠和自愿的慈善捐赠来完成"④。

德沃金(Dworkin)则对罗尔斯"假想契约"的论证提出了批评,他指出:"假想的契约根本就不是实际契约的某种形式,假想的契约

---

① [美]约翰·罗尔斯:《正义论》,何怀宏等译,中国社会科学出版社1988年版,第3页。
② [美]约翰·罗尔斯:《正义论》,何怀宏等译,中国社会科学出版社1988年版,第1页。
③ 参见[美]约翰·罗尔斯《正义论》,何怀宏等译,中国社会科学出版社1988年版。
④ [英]乔纳森·沃尔夫:《政治哲学导论》,王涛等译,吉林出版集团有限责任公司2009年版,第134页。

根本就不是契约。"① 同时，他认为，资源平等是公共政策道德价值的核心，政府致力于某种形式的物质平等，实际上体现了人文关怀。② 通过税收和再分配的方式，可以对存在的不平等予以矫正。所以，公共政策的选择不可能是最优、最理想的，而只能是实现"次优"的目标。阿玛蒂亚·森对罗尔斯的平等理论和德沃金的资源平等理论进行了批评，认为他们的观点漠视了社会成员存在的差异性。他指出，"实践证明政府的公共政策和社会安排，在消除饥荒及贫困方面具有重要的身份角色，发挥着不可替代的积极的作用"③。人们能否获得有价值的生活的机会、能力的扩展与否，都是对公共政策进行评价的重要依据。政府在公共政策的制定中有效地遵循了这一原则，表明社会弱势群体的自由得到了伸张。这些论争也引发了当代公共政策决策者对公共政策道德评估有关正义问题的不断思考。

2. 结果或目的论。它是功利主义道德评估的标准和原则。功利主义以最大多数人的最大幸福为标准，强调公共政策的最终结果，认为决策（行为）的善恶完全取决于决策（行为）活动产生的结果或目标的获得，行为结果的最终有效性是评判该行为合乎道德与否的标尺，幸福成为功利主义公共政策道德评估的首要价值。功利主义认为，"当某项行为所具有的增大共同体幸福的倾向大于其减少共同体幸福的任何倾向时，该行为便可以说是符合功利原则的，或简而言之，是符合功利的（就整个共同体而言）"④。功利主义在阐述这一观点的同时认为，一个不应忽视的基本前提是要准确把握共同体利益，正是这一用语在道德术语中的普遍性，致使我们常常不能准确把握它的内涵。而"不懂得什么是个人利益去谈论共同体利益

---

① ［英］乔纳森·沃尔夫：《政治哲学导论》，王涛等译，吉林出版集团有限责任公司2009年版，第169页。
② 参见［美］德沃金《至上的美德——平等的理论与实践》，冯克利译，江苏人民出版社2003年版。
③ ［印度］阿玛蒂亚·森：《以自由看待发展》，任颐等译，中国人民大学出版社2002年版，第135页。
④ ［英］边沁：《论道德与立法的原则》，程立显、宇文利译，陕西人民出版社2009年版，第3页。

是没有意义的"①。功利主义代表人之一的穆勒指出,"国家的价值,从长远看来,归根结底还在组成它的全体个人的价值"②。而全体个人的基本利益则是国家机器的基本动力。利益是道德的基础,就政府的行为而论,边沁指出:"当某项政府举措(此乃由特殊人员实施的特殊行为)所具有的增大共同体幸福的倾向大于其减少共同体幸福的任何倾向时,该政府举措便可以说是符合于或受支配于功利原则的。"③ 符合功利原则的某项政府举措(行为)可以称为功利法令或功利命令的法令或命令。正像穆勒赞成的是自由资本主义——至少在个人道德不完善的整个现存阶段应该如此(在他的后期作品《论社会主义》中,他暗示在人类道德完善的将来,社会主义将会是一种更加合适的经济组织方式)。④ 作为政策决策者,应将"最大的善"与最高的政策目标、目的等同起来,通过"成本—收益分析法"(cost-benefit analysis,CBA)或"成本—效果分析法"(cost-effectiveness analysis,CEA)来选择能产生最大效用的决策方案,寻求幸福或者"善"的最大化,以评价某项公共政策的效果。功利主义的公共政策结果功效论就在于,政策是否为最大多数人带来可以计算的最大的幸福。正是功利主义的结果功效论导致了其内在的缺陷性,即以结果为依据,会为一些不可被接受的手段措施的合理化找到借口;它唯利益至上,在强调最大多数人的利益的同时,漠视社会上一部分弱势群体的利益,最终可能会消解社会公平正义。功利主义理论把人当作手段而不是目的,在公共政策道德评估方面最终可能会导致经济功利主义的结果。另外,亨利·西季威克(Henry Sidgwick)作为早期功利主义最深刻和最精细的理论家,他认为,最好让功利主义成为一种深奥、秘而不宣的理论,只有知识精英才能理解

---

① [英]边沁:《论道德与立法的原则》,程立显、宇文利译,陕西人民出版社2009年版,第3页。
② [英]约翰·密尔:《论自由》,许宝骙译,商务印书馆1959年版,第137页。
③ [英]边沁:《论道德与立法的原则》,程立显、宇文利译,陕西人民出版社2009年版,第3—4页。
④ 参见[英]乔纳森·沃尔夫《政治哲学导论》,王涛等译,吉林出版集团有限责任公司2009年版。

它。该观点被批评者称为"总督衙门里的功利主义"①。功利主义导致对个人利益的过分追求,最终凸显了在这一理念导向下公共政策自利性的缺陷。

3. 义务、责任论。区别于功利主义"效果论",它是一种"非效果论",是指人的行为必须遵照道德准则或按某种正当性去行动的道德理论,强调道德义务和责任的神圣性及履行义务和责任的重要性,重视人的道德动机和义务感在道德评价中的地位和作用。认为判断人们行为的道德是非,最重要的不是看行为的结果,而是看行为是否符合道德准则,动机是否善良,是否履行自己的道德义务。近代义务论最具有代表性的哲学家康德认为,道德规则普遍地适用于每个人,没有任何一个有理性的人能够拒绝这些规则。他提出一个人履行自己的义务时,应当遵循两项最高道德原则或"绝对命令",即其一,除非我也愿意我的行为准则会成为一个普遍的法则,否则我决不应该那样行为;其二,你必须这样行为,把每个人当作目的并且不把他人只当作手段来对待。②在现代西方伦理学中,义务论可分为强调直接领悟的行为义务论和以道德规范为标尺的规则义务论。20世纪英国哲学家W. D. 罗斯(W. D. Ross)发展了多元论的规则义务论。他认为,在任何特定情况下,我们都必须找出特定背景中的正确性高于错误性的"最大余额",以发现"最大的义务"。在其他一切情况都相同时,"显见义务"常常是正确的、有约束力的。罗斯提出的守信、补偿、公正、仁慈、自律、感恩、无害等七个自明的道德义务,在调节人与人之间的关系方面,具有十分重要的价值。义务责任论观点认为,在公共政策过程中应该按照普遍法则行事,人是目的而不仅仅是工具,应充分考虑到利益相关者的利益,而在利益相关者之间又形成了一个道德共同体。评价公共政策的道德价值来源和标准基本依据在于责任或义务,而不在于它所预期的结果。

---

① [英]乔纳森·沃尔夫:《政治哲学导论》,王涛等译,吉林出版集团有限责任公司2009年版,第119页。
② 参见[美]汤姆·L. 彼彻姆《哲学的伦理学》,雷克勤等译,中国社会科学出版社1990年版。

(二) 当代中国公共政策道德评估的基本标尺

基于国外公共政策道德评估标准设定的经验，中国公共政策道德评估标准的基本点应当以社会标准和基本道德标准为价值准则，其基本标尺包括利益兼顾、以人为本和科学发展观等标准。

1. 利益兼顾。公共政策的道德价值，反映着公共政策行为主体对于社会利益的价值判断、态度和基本立场。改革开放之初，邓小平同志曾强调："社会主义现代化建设是我们当前最大的政治，因为它代表着人民的最大的利益、最根本的利益。"[①] 当前，社会利益日趋分化，社会收入差距拉大是利益关系不协调的突出表现，其主要原因在于收入分配体制和分配政策的不合理。必须把协调好社会利益关系作为建构社会主义和谐社会的首要任务。在实行多种分配方式和收入分配市场化的条件下，通过政府再分配手段调节社会收入状况是实现利益和谐的主要途径。[②] 在当下社会道德价值观念日益显现出多元化趋势的条件下，以民众行动为基础的利益政治将成为中国社会的基本特征之一，利益兼顾原则顺应了中国社会经济利益格局变化的客观要求，符合社会主义本质属性，是一种与人类道德文明进步相契合的道德原则。实践证明，极端的"集体至上"道德原则会否认群众利益，甚至会把个人利益与资产阶级个人主义相等同，同时，西方社会思潮中社群主义所强调的公共利益压倒一切的"公益政治学"观点，在社会主义市场经济条件下由于多元利益格局的形成，也无法对人们正当的个人利益的实现提供伦理道德支持，最终都不能被广大民众普遍认同。而现实生活中"个人至上"的道德原则，以及西方自由主义所倡导的个人权利是绝对的和普遍的"权利政治学"思潮，不能正确协调社会集体利益与他人正当利益之间的关系，必将损害社会集体利益和他人的正当利益，不利于社会主义和谐社会的有效建构。[③] 正如普列

---

① 《邓小平文选》第2卷，人民出版社1994年版，第163页。
② 参见顾钰民《构建社会主义和谐社会与利益分配》，《贵州财经学院学报》2005年第6期。
③ 参见王正平、刘玉《利益兼顾：构建社会主义和谐社会的根本道德原则》，《上海师范大学学报》（哲学社会科学版）2010年第5期。

汉诺夫（Plekhanov）所说："不管在什么地方，只要私人利益与公共利益分离，就会引起道德上的堕落。"① 在领导中国改革开放的伟大历史进程中，邓小平同志通过对社会主义建设和改革的历史经验教训的深刻总结，把马克思主义利益理论思想与中国实践相结合，创造性地丰富和发展了马克思主义利益兼顾的思想，将利益兼顾思想提升到了伦理道德原则的高度。他指出："在社会主义制度之下，个人利益要服从集体利益，局部利益要服从整体利益，暂时利益要服从长远利益，或者叫作小局服从大局，小道理服从大道理。我们提倡和实行这些原则，绝不是说可以不注意个人利益，不注意局部利益，不注意暂时利益，而是因为在社会主义制度之下，归根结底，个人利益和集体利益是统一的，局部利益和整体利益是统一的，暂时利益和长远利益是统一的。我们必须按照统筹兼顾的原则来调节各种利益的相互关系。如果相反，违反集体利益而追求个人利益，违反整体利益而追求局部利益，违反长远利益而追求暂时利益，那么，结果势必两头都受损失。"② 这一重要论断既充分体现了社会主义经济伦理和政治伦理的本质要求，也是利益兼顾思想原则的具体阐述。坚持利益兼顾原则，坚持眼前利益与长远利益、全局利益与局部利益、多数人利益与少数人利益的辩证统一，切实保护个人权利，促进和发展公共利益，是公共政策的基本要义。

在中国社会主义建设的初级阶段，社会利益共同体中的不同利益相关者对于建构政策问题持有不同的立场，从而形成了特有的群体心理、群体意识和文化。即使同样的公共政策信息，也有可能产生相互对立和冲突的"问题"意识和思路。这些现象的表层次的原因是政策利益相关者之间思想观念的差异导致的，包括对人性的不同假设的影响和政府角色及其职能的影响等，其深层次的原因和实质则是利益问题。因此，"必须通过利益分析法对社会结构和成员做出多角度分析，承认社会不同阶层各个社会利益群体之间存在共同、根本利益的同

---

① 转引自中国伦理学会编《道德与改革》，上海人民出版社1988年版，第38页。
② 《邓小平文选》第2卷，人民出版社1994年版，第175—176页。

时，又认可不同利益群体之间有着特殊的、不可替代的具体利益要求，某些方面还存在不同程度的对立"①。利益兼顾原则要求，社会利益主体在追求自身合法利益的同时，也要充分考虑到"他者"的利益，即利益相关者的利益。在社会经济生活中，克服片面强调个人利益的思想、观念或行为，倡导义利兼顾、竞争合作、互利共赢，以提高和增进社会综合利益。强调政府在住房、医疗、教育、生态环境等有关国计民生的问题上，承担社会期望的政治责任。利益兼顾是建构社会主义和谐社会的一项根本道德原则，这既符合马克思主义的内在要求，又符合当代中国经济社会发展的客观要求。在考察中国社会利益关系的新变化时，江泽民同志指出，"人民群众的整体利益总是由各方面的具体利益构成的。我们所有的政策措施和工作，都应该正确反映并有利于妥善处理各种利益关系，都应认真考虑和兼顾不同阶层、不同方面群众的利益"②。当前，在建构利益协调政策时，应当摒弃片面强调人民的义务、责任和奉献的思想观念，以实现人民的权利、利益和价值为旨归，充分考虑实施信息公开制度、民意调查制度、协商谈判制度与公民投票制度等多元利益诉求机制，为利益兼顾原则的有效实施提供畅通的渠道，完善由利益表达、利益博弈、利益分配等构成的利益诉求模式。

马克思指出："正确理解的个人利益，是全部道德的基础。"③ 在市场经济条件下，利益兼顾原则既是正确处理各种利益关系的关键，也是必须遵守的最基本的行为规范。要充分肯定追求个人正当利益的合理性，并通过各种利益激励机制或政策举措，不断激发和推动个人劳动创造的积极性。在中国社会主义初级阶段，国家、社会、个人三者利益的协调统一是基本的社会价值导向，个人利益的获取必须以兼顾、不损害他人、社会、国家的利益为前提。在资本主义原始积累的过程中，"一旦有适当的利润，资本就胆大起来。如果有10%的利润，它就

---

① 顾杰善等主编：《当代中国社会利益群体分析》，黑龙江教育出版社1995年版，第77页。
② 《江泽民文选》第3卷，人民出版社2006年版，第279页。
③ 《马克思恩格斯文集》第1卷，人民出版社2009年版，第333页。

保证到处被使用；有20%的利润，它就活跃起来；有50%的利润，它就铤而走险；为了100%的利润，它就敢践踏一切人间法律；有300%的利润，它就敢犯任何罪行，甚至冒绞首的危险"①。因此，马克思曾一针见血地指出："资本来到世间，从头到脚，每个毛孔都滴着血和肮脏的东西。"② 社会主义改造基本完成之后，毛泽东同志在《论十大关系》有关国家、生产单位和生产者个人的关系论述中指出："国家和工厂、合作社的关系，工厂、合作社和生产者个人的关系，这两种关系都要处理好。为此，就不能只顾一头，必须兼顾国家、集体和个人三个方面，也就是我们过去常说的'军民兼顾'、'公私兼顾'。鉴于苏联和我们自己的经验，今后务必更好地解决这个问题。"③ 在这里，正确处理国家、集体和个人之间的利益关系所坚持的基本原则是统筹兼顾、利益兼顾。只有这样，才能"调动一切积极因素，团结一切可能团结的人，并且尽可能地将消极因素转变为积极因素，为建设社会主义社会这个伟大的事业服务"④。而近几年社会上出现的"毒奶粉""地沟油""染色馒头"等事件则表明，由于市场经济体制的不完善，一些商家在高额利润的驱使下，已罔顾道德良心和法律的制约。"利益兼顾"这一道德规范，要求人们在市场经济活动中求利怀义、见利思义、义利兼顾、义利合一，在追求和实现个人利益的同时，需要考虑和照顾他人利益，努力提高和增进国家和集体的利益，走"共同富裕"的道路，坚决反对一切损人利己、损公肥私、唯利是图的不道德现象。

在利益兼顾的原则条件下，一项公共政策的合法性的确立，必须辩证地处理好多数人与少数人的利益关系。瓦尔特·李普曼（Walter Lippmann）曾指出，"问题的关键不是多数是否应当统治，而是何种多数应当统治"⑤。那么，在今天就是由"何种多数"如何实现公共

---

① 《马克思恩格斯全集》第23卷，人民出版社1972年版，第823页注释。
② 《马克思恩格斯全集》第23卷，人民出版社1972年版，第829页。
③ 《毛泽东文集》第7卷，人民出版社1999年版，第28页。
④ 《毛泽东文集》第7卷，人民出版社1999年版，第28页。
⑤ [美]布坎南、[美]塔洛克：《同意的计算——立宪民主的逻辑基础》，陈光金译，中国社会科学出版社2000年版，第272页。

利益的问题。如果只能满足极少数人的利益，而罔顾大多数人的利益诉求，那么这项公共政策的制定就会失去其存在的理由。同时，在公共政策过程中对于少数人利益也不能忽视，要防止以服务公共利益而出现多数人说了算。少数人利益尽管与多数人利益可能有矛盾冲突，但少数人也是社会公众群体的一部分，他们理应同等地与其他社会成员享有平等的权利。在不同社会群体中，社会群体存在的目的在于增进成员的共同利益，人们往往认为，有共同利益的个人组成的社会团体会增进其共同利益，但在小团体中分担实现一个共同目标的成本时，会存在少数"剥削"多数的倾向。因此，在公共政策过程中，必须坚持利益兼顾原则，充分兼顾或照顾到不同社会群体的利益诉求。

  哈耶克认为，一方面，知识的分裂造成的一大后果是人们之间缺乏了解和信任；另一方面，一群人内部经过长期共同生产和交换所建立的信任关系，反过来会阻碍他们去信任新的人群。这种小集团的倾向性几乎是人类的一种与生俱来的动物本能，被称作"自然道德"。在抨击这种本能的狭隘的"道德"规范时，哈耶克强调了自私（selfish）与自利（self-interested）的区别。自私是一种非理性，它从人的本能出发，往往为了维护自己的生存和享受，便以他人为工具。而自利则是以人的理性为基点，它虽然强调自己的利益，但是能够与人为善，在个人利益与他人利益发生矛盾或冲突时，能做出某种妥协或承担合作责任。因此，按照弗格森（Ferguson）的定义，只有自利的人才可以称作"文明人"，而自私的人则还停留在野蛮人的状态。[①] 同时，哈耶克还认为，在市场经济中，责任感是其最重要的道德基础。如果没有基于道德感基础之上的责任感，任何职业都将失去它的社会价值，而这种责任感是源于每个人对自己行为的一切后果负责的道德感。缺失了这种责任感，社会个体就不能实现长期谋生，进行个人技能的积累，以及为社会创造服务与作出贡献。[②]

[①] 参见汪丁丁《市场经济的道德基础》，《改革》1995年第5期。
[②] 参见刘智峰主编《道德中国》，中国社会科学出版社1999年版。

第五章 公共政策的道德评估

以公共利益为目标的公共政策，必须做到决策和执行全过程的公开透明，依法保障公众的知情权、听证权、陈述权、申辩权、参与决策权等程序权利和民主权利的有效行使。公众的知情权很大程度上来自于公众对与公共政策相关的信息掌握的多少，美国宪法之父詹姆斯·麦迪逊指出，"一个信息不普及的，或者无法去普及信息的，所谓的人民的政府，只能是一场闹剧的开头或者是一出悲剧的序幕，或者二者兼而有之"[1]。如果在公共政策道德评价的过程中，利害相关的民众不能有效地了解信息、表达意愿、协商条件、参与决策评价，这必然会违背现代法治的基本精神——实质正义、程序公正和参与民主的要求。在公共政策的道德评估过程中，任何一个社会个体对道德评估的影响可能都是十分渺小的。但是社会中每一个成员都具有一种潜在的影响力。公共政策倘若没有公民的有效参与，公共政策往往就会缺乏对公民需求的了解及对公民利益的整合，以致难以达成与广大公民的事前共识，在实施中也必将遇到种种阻力，甚至造成公共政策公信力的丧失。"公民有权利被听，公共政策决策者有义务去听。"[2]在当下中国，由善政转向善治，需要将善治的目标指向善议，而善议的基石是民意的表达。早在1978年，邓小平同志就指出："一听到群众有一点议论，尤其是尖锐一点的议论，就要追查所谓'政治背景'、所谓'政治谣言'，就要立案，进行打击压制，这种恶劣作风必须坚决制止……这种状况实际上是软弱的表现，是神经衰弱的表现。"[3]党的十六大报告明确提出了"改革和完善决策机制"的要求，报告中强调，"各级决策机关都要完善重大决策的规则和程序，建立社意民意反映制度，建立与群众利益密切相关的重大事项社会公示制度和听证制度，完善专家咨询制度，实行决策的论证制和责任制，防

---

[1] 参见 James Madison, *A Letter to W. T. Barry*, August 4, 1822, http://press-pubs.uchicago.edu/founders/documents/VI<hI8535.html。

[2] [美]詹姆森·E.安德森：《公共政策制定》，谢明等译，中国人民大学出版社2009年版，第77页。

[3] 《十一届三中全会以来重要文献选读》（上），人民出版社1987年版，第23—24页。

止决策的随意性"①。推进决策科学化、民主化。在公众参与过程中，公共政策公开"听政"具体化的一种方式是听证会，将社会公共问题摆在公众面前，由此唤起广泛而集中的关注力，使反对和赞成的观点一并提出来，就公共资源的合理分配充分表达意见，可以有效地增进公共政策的评价效度。实现公共政策从"设计型文化"向"回应型文化"转变，将公共政策目标的实现体现在公共政策对公共问题的回应上来。公共政策"设计型文化"产生了一种上层精英们凭借自己的理性规划和精心设计为老百姓制定好的政策，落实好的项目的现象。但现实的结果往往是，"设计型文化"常常会导致"好心办不了好事""好心办坏事"的结果，甚至会招致民众"被幸福"的责难。如此看来，重大公共政策的社会规划必须要了解地方习惯和实践知识，政府应该扬弃"设计型文化"的缺失，践行"回应型文化"。"回应型文化"的基本要求是：政府立足于底层视角，倾听民意，感受民声，从而站在老百姓的角度来制定政策，规划项目，以回应老百姓有关民生等方面的实际诉求。②在公共参与的社会生活实践中，代表制等职业性利益表达成为公共参与的一种途径和方式，但在具体运行过程中，如果存在民众有诉求找"代表"，却常常找不到"代表"，无人"代表"的现象，这必将阻遏代表制公共参与的功效。据新闻报道，2013年2月21日，一位律师向陕西省人大常委会寄送了《关于公布陕西省人大代表联系方式和工作单位的建议函》，要求人大常委会公布陕西省人大代表的手机联系方式、工作单位及相关履历，以解决社会热点问题中人大代表缺位、群众有事找不到代表的问题。这一事件引起了社会的广泛关注，社会普遍认为，应公开人大代表的联系方式，人大代表应让民众找得到。因此，在公共政策过程中，发挥广大公民的参与积极性，增加参与主体，拓宽参与途径，不但对公共政策民主化和决策科学化有重大的理论意义，而且对确保公共政策以

---

① 《十六大以来重要文献选编》（上），中央文献出版社2005年版，第27页。
② 参见刘志光、杨爱平《幸福社会建设与政府管理的制度创新》，《华南师范大学学报》（社会科学版）2012年第5期。

人为本和公正科学的价值取向具有实践意义。①

2. 以人为本。首先,一切政策的制定都要以人民群众的需要和根本利益为出发点,并以此作为公共政策评估的出发点、归宿和检验标准。毛泽东同志在《在延安文艺座谈会上的讲话》中指出:"我们是无产阶级的革命的功利主义者,我们是以占全人口百分之九十以上的最广大群众的目前利益和将来利益的统一为出发点的,所以我们是以最广和最远为目标的革命的功利主义者,而不是只看到局部和目前的狭隘的功利主义者……任何一种东西,必须能使人民群众得到真实的利益,才是好的东西。"② 这表明了,我们一切的道德评价都必须以是否符合、满足广大劳动人民的利益为标准。对于一切维护人民利益、保障人民合法权益不受侵害的公共政策,应当给予积极的评价和充分的肯定,而对于一切违背和损害人民利益的政策法规,都应给予差评并停止实施。当代中国公共政策道德评估的客观标准和善恶判断的根本尺度,应与广大人民群众的长远利益和目前利益相统一,既要尊重劳动者个体合法利益,又要维护绝大多数劳动者的幸福和利益。改革开放以来,我们党始终把"三个有利于",即判断一切工作的标准,"应该主要看是否有利于发展社会主义社会的生产力,是否有利于增强社会主义国家的综合国力,是否有利于提高人民的生活水平"③。"三个有利于"最根本的是有利于生产力的发展,以促进经济社会全面协调发展,实现国富民强,这成为中国改革开放成功的基本经验。

其次,坚持人民当家做主、尊重人民群众的首创精神。人民群众是历史的创造者和推动历史前进的重要力量,是中国改革开放各项事业发展的依靠力量和推动力量。在改革开放过程中,无论是农村家庭联产承包制、乡镇企业,还是城市改革,都是中国人民发挥自身聪明才智的独特创造。实践证明,离开人民群众的积极性和首创精神,中

---

① 参见李耀锋《论公共政策道德评价的内在动因及其路径选择》,《延安大学学报》(社会科学版)2013年第4期。
② 《毛泽东选集》第3卷,人民出版社1991年版,第864—865页。
③ 《邓小平文选》第3卷,人民出版社1993年版,第372页。

国的改革开放不可能取得举世瞩目的成就。推进中国各项事业的繁荣与发展，必须要充分尊重人民的首创精神，从全国各族人民的伟大创造中汲取智慧和经验，形成科学的政策决策，使其切实地付诸于社会实践。

再次，公共参与的广泛民主是生命线。以人为本是服务型政府的基本宗旨，其最终目的是服务社会民众。只有广大民众积极参与到政府管理中来，才能拓宽民众参与政府事务的渠道和途径。同时，对公民而言，"参与意味着他们与决策过程本身有着重要的关系，至少它意味着他们不仅有机会选择，而且可以在决策过程的某一点影响决策者，这种影响对最终的决策及其实施有着显著的效果"[1]。公共政策是现代生活的重要政治成果，是公共意志和理性选择的结果。它是受一定的政治文化和社会经济条件等政策环境制约和影响的，根据公众意志、满足公众利益，需要公共权力机构对公共领域进行公共管理；维护社会公正，确保社会公平，协调公共利益，需要实施促进社会全面发展的举措和手段。公共政策既是公共参与的产物，又是公共参与过程的反映。公民不仅参与政策的制定或决策，而且参与政策的执行和实际的操作管理。公共参与既是公共政策内在的、应然的要求，也是政治文明、经济繁荣、文化发展、环境友好和社会和谐的必然诉求。公共参与机制虽然繁琐不便，却切实可行。它不是一种追求最优的求全机制，而是一种保证满意的纠错机制；它不是一定能够实现最好的，却是一般可以避免最坏的机制。也就是说，公众参与并不是一种最好的机制，而是一种最不错的机制。[2] 克服公民公共参与的冷漠，在加强公民公共参与素质培养的同时，尤为重要的是做好制度、机制的建设，切实建构有利于公民公共参与的有效保障路径，整合国家意识、法律意识、民主意识、公德意识和环境意识等，增强公民素质。

德国当代哲学家奥特弗利德·赫费（Otfried Hoffe）指出，没有

---

[1] ［美］莱斯利·里普森：《政治学的重大问题——政治学导论》，刘晓等译，华夏出版社 2001 年版，第 5 页。

[2] 参见吕元礼《政治文化：传统与现代的会通》，人民出版社 2004 年版。

第五章 公共政策的道德评估

人天生就会参与共同体的事业,每个人都必须在某一阶段学习这一点,而且还要认同这一点,这需要公民意识的教育,由此才可以达到苏格拉底的"知识即美德"的境遇。同时,他将公民意识分为三个层次。其一,法律意识是最低程度的公民意识,它是绝大多数公民都应该拥有的第一项公民美德。如果一个国家的公民有过多的"越界行为",那么这个国家就会衰退。若当权者无视法律和权利,那么人们就需要时刻准备克服重重困难,为争取权利和反对不公正而斗争,这就是所谓的公民精神或公民勇气。其二,是公正意识,在这一意识的支配下,公民承担了更高的、作为作者的角色。与法律意识相比照,公民参与了对法律界限进行的明确界定,同时,公民不仅要从公正意识方面鼓励、从自身利益出发,还要从共同利益的角度来认识这一点。其三,公共意识是最高程度的公民意识,是公民对公益事业的关注。① 由于沟通信息的不对称性、选择性和缺乏互动性的特征,公共意识的缺失可能导致社会主体认知面临高风险。

政策制定者应该积极主动地广开言路,听取民众的意见,做到开门决策、透明决策、科学决策,只有形成政策制定主体和公民的双向互动治理机制,才能更好地实现对公共事物的"善治"。"社会动员和政治参与扩张的速度偏高,政治组织化和制度化的速度偏低,其结果只能是政治不稳定和无秩序。"② 因此,推进政策决策参与机制的完善,防止公共政策公众参与的"比例失调",是确保公众有效参与的重要内容。

在公共政策决策过程中,要发挥党的领导核心作用,充分发挥人大在公共决策过程中的监督作用。建立公共政策咨询机制,是科学民主决策的"谋事之基,成事之道"。各参政党、人民团体和其他非政府组织,主要通过政治协商民主的形式来参政、议政,表达各阶层、党派和团体的利益需求和强烈愿望,畅通协商民主的主渠道,推进协

---

① 参见[德]奥特弗利德·赫费《经济公民、国家公民和世界公民——全球化时代中的政治伦理学》,沈国琴等译,上海译文出版社2010年版。
② [美]塞缪尔·P. 亨廷顿:《变化社会中的政治秩序》,王冠华等译,上海人民出版社2008年版,第4页。

商民主广泛、多层和制度化。扩大公众参与途径,以咨询委员会、斡旋调解、志愿者服务等形式,推动公众参与公共政策过程,确保公共政策价值取向的正当性。今天,人们生活在一个信息化社会之中,普通民众获取信息的速度几乎同他们的领导者、决策者一样快。信息化时代的即时性,为公共政策的公众参与提供了充分条件。另外,大众传媒作为信息的提供者和传递者是公民利益表达、参与政策制定的一个有效渠道。像议程安排者一样,它们的协助决定了人们思考什么;并且有意无意地充当了民意塑造者的角色。[①] 例如,"废除城市收容和遣送制度"的若干规定的出台,是由于"湖北青年孙志刚事件",显现了原有制度的诸多弊端。有关"废除城市收容和遣送制度"的规定是在强大的媒体舆论压力下,驱动了政策决策系统的有效运转,使社会问题成为社会公共问题,并上升到政策议程,使公共政策问题得到了解决。这一公共政策过程的最终结果是"城市收容和遣送制度"的终结。

在秉持公共参与这一有效路径下,需要切实掌控多数人观点与少数人观点、多数人利益与少数人利益的辩证关系。在大多数人满意的政策才是可行的政策的同时,不应当忽视少数人的利益。穆勒分析了多数人的民主的缺陷在于:把人民看作一个单一利益的同质体,每项政策会对每一个社会成员产生相同的影响。事实上,人们的计划、目标及利益各异,住所不同、寿命长短也不同。由此人们不难想象,多数人通过的政策、法令会对少数人产生怎样的影响。[②] 民主应避免"多数人的暴政",正像"美国宪法之父"麦迪逊所认为的,民主还应该包含对少数人的保护。应遵循"尊重多数,保护少数"的原则,实现"共识政治"的民主政治。如何保护少数人坚持自己的观点,维护少数人的权利,允许他们保留意见,不歧视,不打击报复少数,需要秉持"我不同意你的观点,但誓死捍卫你坚持自己观点的权利"

---

① 参见〔美〕詹姆森·E.安德森《公共政策制定》,谢明等译,中国人民大学出版社2009年版。

② 参见〔英〕乔纳森·沃尔夫《政治哲学导论》,王涛等译,吉林出版集团有限责任公司2009年版。

第五章　公共政策的道德评估

这一宽容信条,也即就算他人的观点、思想与自身相悖,也能够忍受和包容他人。同时也应在公共参与中实现消极的宽容(容忍其他的思想,而且经常是持轻蔑的态度)向积极的宽容(超越了对他人的不情愿的认同)转化。这里一个共同的认识是,政治社会是一种限制,人们为了特定目的而自愿服从限制。① 正如《第三次浪潮》的作者阿尔温·托夫勒(Alvin Toffler)所认为的,伴随第三次浪潮时势的压力,使第二次浪潮社会终于非群体化(碎片化)。如果第一次浪潮是"多数派以前"的政治,第二次浪潮是"多数派"政治,那么,今天乃至明天很可能是"微型多数派"的政治,是多数派统治加上少数派权力的融合。今天,我们正将工业化抛在后面而迅速变成一个非群体社会,结果是越来越难于(常常是不可能)动员多数人。随着社会结构日趋复杂、分化,真正的穷人不一定再在人数上占优势。当缺乏适当的公共政策机制时,就会不必要地加剧少数人群之间的矛盾激化。这些问题解决的有效路径在于,不是去压制不同意见和用自私自利去攻击少数人群,而是应当提出一些容纳差异性,并使其合法化,不断拓宽公共政策利益表达的有效机制,充分兼顾或照顾少数人的利益诉求。公众参与公共政策过程的成败与否,关键取决于公共管理者是否了解应该怎样吸引公民参与,以及怎样为公民参与的成功提供便利条件。② 因此,公众对公共政策的信任、支持和满意程度也就成为衡量公共政策的基本标尺。

最后,人的全面发展。社会发展的目的是人的自由而全面的发展,和谐社会的建设是促进社会与人、人与人之间及个体身心关系的协调发展,实现社会发展与个人发展的真正统一,其最终的归宿是人的全面发展,不断满足人的各种需要,使人的自我价值得到实现和提升。社会主义价值观的核心是以人为本,在公共政策道德评估过程中,必须依靠人民群众,真心诚意地造福人民群众。党的十六届三中

---

① 参见[英]霍布豪斯《自由主义》,朱曾汶译,商务印书馆1996年版。
② 参见[美]约翰·克莱顿·托马斯《公共决策中的公民参与》,孙柏瑛等译,中国人民大学出版社2010年版。

全会指出，要"坚持以人为本，树立全面、协调、可持续的发展观，促进经济社会和人的全面发展"。因此，公共政策内在的价值追求必须蕴含"以人为本"这一价值理念，公共政策举措应当"对公民负责"，树立"公民本位"，为每个人的全面发展提供和创造条件。"以人为本"，实现人的自由而全面的发展应当成为公共政策过程及其评价的出发点和归宿。

3. 科学发展观。公共政策是党和政府调节社会利益及其社会关系的产物，其本质特性首先表现在，它是一定社会阶级意志和利益的集中体现。在社会经济领域，公共政策具有调节社会经济利益的杠杆功能；在政治文化领域，公共政策在国家权力过程及其意识形态引领方面起到了主导作用。中国的社会主义国家性质决定了广大人民群众的国家主人翁地位，因此，公共政策必须反映全体人民群众的意志和根本利益。自改革开放以来，党和政府制定与实施的一系列正确的重大决策，产生了巨大的社会效应，推动了中国巨变和发展。实践经验表明，一个国家坚持什么样的发展观，对这个国家的发展会产生重大影响，不同的发展观往往会导致不同的发展结果。[①] 科学发展观标准体现了中国社会主义国家公共政策的本质属性。

首先，科学发展观的标准是克服以往传统发展观标准的缺陷，是对过去中国公共政策评估标准的完善和发展。树立和落实科学发展观，既是对中国改革开放实践经验的总结，也是推进全面建设小康社会的迫切要求，同时，也是中国共产党对执政规律及社会发展客观规律的认识的不断深化发展的结果。中华人民共和国成立之后，毛泽东同志曾经指出："中国一切政党的政策及其实践在中国人民中所表现的作用的好坏、大小，归根到底，看它对于中国人民的生产力的发展是否有帮助及其帮助之大小，看它是束缚生产力的，还是解放生产力的。"[②] 把社会生产力的发展作为中国共产党执政的第一要务，是革命时期的"解放生产力"向执政时期的"发展生产力"转换的重要

---

① 参见胡锦涛《推进合作共赢，实现持续发展》，《人民日报》2004年11月21日。
② 《毛泽东选集》第3卷，人民出版社1991年版，第1079页。

体现。随着社会主义改造的基本完成,在"左"的思想指导下,"以阶级斗争为纲"成为贯彻落实中国国民经济发展战略的重要指针,并成了当时评价公共政策的根本标准,致使社会主义建设遭受了挫折和失误。改革开放前夕,在1975年的国民经济整顿过程中,邓小平同志就重申了"生产力标准"。同时,邓小平一贯倡导"生产力标准"的新发展。党的十一届三中全会之后,开展的"关于真理标准问题的大讨论",确立了"实践标准"即"实践是检验真理的唯一标准",重新坚持和发展了"生产力标准"。1992年初,邓小平同志在南方谈话中提出了"三个有利于",把"三个有利于"标准作为检验各项工作的根本标准。实践标准、生产力标准、"三个有利于"标准的内在统一性,对改革开放的健康发展具有积极的指导意义,它们是公共政策科学评估的指南。但是,不同的发展阶段面临不同的发展课题。在改革开放初期,以"效益优先、兼顾公平"为主导的国家意识形态,在经济社会发展过程中变形为目的高于一切,社会发展的深层次矛盾和问题日益凸显,特别是城乡二元经济结构下的"三农"问题,区域不均衡发展的地区差距问题,经济快速增长过程中的环境问题等。这些必将引发政府合法性的危机。①

其次,在中国经济转轨和社会转型的关键期,以更科学、更全面的眼光重新审视生产力标准的结果,确立科学发展观标准是公共政策评估的首要标准的重要现实意义。由生产力标准向科学发展观标准的转变,是对中国公共政策评估标准的完善和发展。生产力标准的确立是对"以阶级斗争为纲"的否定,它的合理性和历史进步性是毋庸置疑的。邓小平理论关于生产力标准的思想并不是唯经济增长论,它强调了"两手抓两手都要硬"和"效率优先、兼顾公平",以促进中国两大文明的共同发展。随着改革开放进入深水区,"效率优先、兼顾公平"转化为"效率与公平并重"的社会发展理念,成为公共政策选择的基本指导思想。但是,在一段时期内,在中国的公共政策评

---

① 参见陈辉《人的全面发展与政府评价的多元化与历史性》,《中国行政管理》2006年第4期。

估及政绩评估中，却把生产力标准简单化、片面化，使生产力标准在相当程度上变成了唯经济增长标准，从而导致了经济社会发展的严重失衡。生产力标准主要关注的是经济建设和经济发展，将效率等指标列为其主要内容，显现了公共政策评估以生产力标准作为首要标准的内在缺陷。

最后，科学发展观标准能有效地指导中国经济社会的可持续发展，是实现中国可持续发展的有力保证。由于中国宏观公共政策长期以非均衡发展为路径，来实现经济社会发展的目标。因此，资源环境等问题的瓶颈等构成的制约因素，已经成为中国经济社会可持续发展的最大障碍。而科学发展观标准不仅是推进中国各项事业的改革和发展的一种方法论，更是"坚持以人为本，树立全面、协调、可持续的发展，促进经济社会和人的全面发展"，按照"统筹城乡发展、统筹区域发展、统筹经济社会发展、统筹人与自然和谐发展、统筹国内发展和对外开放"的重要价值尺度。坚持科学发展观标准就是要求公共政策关注国民幸福，促进社会个体物质生活和精神生活之间的平衡与协调。正是基于当代中国的经济、政治、历史和文化背景，从中国的国家性质，中国所处的社会阶段和当前面临的发展中的问题等角度出发，科学发展观标准才应当成为中国公共政策评估的一个重要标准。

第六章　公共政策道德评估的制度建构

公共政策不仅具有内在的道德价值，而且公共政策过程对社会道德也产生了重要影响。从制度伦理层面建构公共政策道德评价及其路径，是公共政策评价的重要内容。今天，人类可选择、支配的可能范围已经远远超过了前辈。但是，更多的可能性也往往意味着更高的决策成本。① 公共政策的道德评估是关于政策的伦理价值主张，公共政策预期目标和手段的选择，本身是在正义观、平等观、效率观、自由观和民主观等不同思想观念之间不断权衡的过程。通过公共政策的道德评估，以期获取政策结果和预期政策结果的有价值的信息，充分挖掘公共政策内在的道德资源，对于推动社会道德进步和社会全面发展具有积极意义。

第一节　当代中国公共政策道德评估的内在动因

公共政策道德评估不仅体现着公共政策的内在道德价值，而且有助于公共政策的内在道德价值在社会领域的延伸和拓展。建立行之有效的公共政策道德评估机制，是公共政策完善和发展的内在动因和基本诉求。②

---

① 参见［美］文森特·奥特罗姆《美国公共行政的思想危机》，毛寿龙译，上海三联书店1999年版。

② 参见李耀锋《论公共政策道德评价的内在动因及其路径选择》，《延安大学学报》（社会科学版）2013年第4期。

一 制度伦理是建立公共政策道德评估的内在要求

制度从社会关系的角度阐释了人与人之间所具有的规范意义,为人们之间的社会交往提供了一个稳定的结构,是社会交往体系的规范化、定型化,它依赖于一定的权力保障和激励、约束机制,控制、支配、调节着人们的行为规范或规则。制度学派的创始人托斯丹·邦德·凡勃伦(Thorstein B. Velen)对制度做了唯心主义的解释。他认为,"制度实质上就是个人或社会对有关的某些关系或某些作用的一般思想习惯;而生活方式所构成的是在某一时期或社会发展的某一阶段通行的制度的综合,因此从心理学的方面来说,可以概括地把它说成一种流行的精神态度或一种流行的生活理论。如果就其一般特征来说,则这种精神态度或生活理论,说到底,可以归纳为性格上的一种流行的类型"①。旧制度学派的主要代表人物约翰·R. 康芒斯(John R. Commons)认为,制度是"限制、解放和扩张个人行动的集体行动"。而法律制度在集体行动中具有最重要的作用。制度"尽管在某些时候会带来冲突,但它减少了冲突的机会,它用明确的界定来代替普遍性的权利和义务,减少了含混不清的事物的数量"②。在这个意义上,行政制度就是政治主体为了实现一定的价值目标而设计的,是需要遵守的规范规则,制度的相对流动性充分体现在公共政策围绕解决社会问题的针对性方面。在当前改革发展的重要战略机遇期,公共政策已成为政府对社会资源配置的最重要的手段,中国各级各类公共政策的制定、修改、调整和评价应从制度伦理层面增强公共政策的社会效应。公共政策的社会效应体现的重要标尺之一是其道德价值,建构一种合理的公共政策道德评价机制,对于完善公共政策决策具有现实意义。

1980 年 8 月,邓小平同志在中央政治局扩大会议上《党和国家

---

① [美] 托斯丹·邦德·凡勃伦:《有闲阶级论——关于制度的经济研究》,蔡受百译,商务印书馆1964年版,第149—150页。

② [美] 道格拉斯·C. 诺斯:《制度、制度变迁与经济绩效》,杭行译,上海三联书店2008年版,第54页。

领导制度的改革》的讲话中，就指出了当时政治体制下存在的种种弊端。他说："从党和国家的领导制度、干部制度方面来说，主要的弊端就是官僚主义现象，权力过分集中的现象，家长制现象，干部领导职务终身制现象和形形色色的特权现象。"① 对于这些弊端，邓小平同志又指出："我们过去发生的各种错误，固然与某些领导人的思想、作风有关，但是组织制度、工作制度方面的问题更重要。这些方面的制度好可以使坏人无法任意横行，制度不好可以使好人无法充分做好事，甚至会走向反面。"② 可见，制度对于公共行政的道德化具有基础性作用，制度内在地体现了其伦理、价值观的规定性，决定着组织行为道德层面的价值取向。登哈特（Robert B. Denhardt）认为，"当有效率地去做事情时，组织及其成员不是必然有道德的，但当他们有道德地去做事情时，组织及其成员必定是有效率的"③。制度缺失成为权力腐败现象产生的一个至关重要的因素。正是由于制度不健全，权力缺乏有效约束，公共权力的异化，公民正当权益缺乏有效保障，才使腐败者有机可乘，社会公平遭受破坏。因此，制度伦理的弘扬、制度德性的加强，在实践层面上体现在公共政策的健全和完善方面，而饱含价值伦理精神的公共政策恰恰是解决社会公共问题、治理腐败、促进社会公平的关键。以公共政策之善来引领社会之善，首先要保证公共政策本身的价值取向的向善性。因此，有必要在公共政策过程中融入必要的评估环节，来具体对其价值取向进行审慎的评估。当前，中国公共政策评估理论研究尚处于引进和摸索阶段，如何有效地建立符合中国国情且具有中国特色的理论体系，既是中国公共政策评估需要突破的难点，也是公共政策道德评估面临的机遇和挑战。

二 权威性是社会认同的基石

文化"提供了一个以语言为基础的概念框架，用以破译与解释呈

---

① 《邓小平文选》第 2 卷，人民出版社 1994 年版，第 327 页。
② 《邓小平文选》第 2 卷，人民出版社 1994 年版，第 333 页。
③ Robert B. Denhardt, *Morality As an Organizational Problem*, Public Administration Review. 1992, No. 52, p. 105.

现到大脑中去的信息","文化的渗透方式提供了连续性。因此,过去解决交换问题的非正规方式又被带到了现在,使这些非正规约束成为社会长期连续变迁的重要源泉"。①同时,"文化不是不可改变的原始力量,而是由政治和历史的进程持续不断地塑造的东西"②。由于道德文化的可承继性、模仿性乃至整体迁移性,文化的经济伦理效应能够实现降低交易费用的功能。道德文化的统一体系构筑了社会群体普遍认同的文化视阈,并为社会交往搭建了平台且拓宽了交往路径。同时,"文化约束不仅将过去与现在和未来联结起来,而且是我们解释历史变迁路径的关键之所在"③。在人类历史进程中,文化是人类的基因,文化认同对人类的选择、判断和目标取向具有导向作用。而政治、文化等基本要素对公共政策的存在及其发展也具有不可或缺的意义。梁漱溟曾指出:"我们的政治问题不是平常的政治问题,而是自从旧政治制度废弃后,却总建立不起来新制度的问题。此新政治制度之建立不起来,便不是政治问题,而是文化问题了。"④梁先生将中国政治建设问题归结于文化问题,指出了政治建设问题中的一个根本性内容,即文化的功能在政治建构中是不可缺失的,公共政策的完善需要社会文化的支撑,文化是公共政策完善和发展的基础。认同是建立决策的基础,不完善的认同会导致社会和组织价值之间的矛盾,从而导致社会效率的损失。另一方面,组织结构如果设计合理,认同过程就能通过更大的组织安排来支配组织成员的决策。⑤公共政策的权威性是公众对公共政策产生信仰不可缺少的前提条件,政策法规必须被公众尊重信任才能普遍有效地履行。没有受到民众信赖尊重的政策法规就不能称为政策法规,其产生的社会效果可能比没有政策法规

---

① [美]道格拉斯·C.诺斯:《制度、制度变迁与经济绩效》,杭行译,上海三联书店2008年版,第51—52页。
② [美]弗朗西斯·福山:《信任:社会美德与创造经济繁荣》,彭志华译,海南出版社2001年版,第38—41页。
③ [美]道格拉斯·C.诺斯:《制度、制度变迁与经济绩效》,杭行译,上海三联书店2008年版,第7页。
④ 《梁漱溟全集》第6卷,山东人民出版社1993年版,第687页。
⑤ 参见[美]赫伯特A.西蒙《管理行为》,詹正茂译,机械工业出版社2007年版。

第六章 公共政策道德评估的制度建构

更糟糕,而得到社会普遍的尊重则是社会成员共识的结果。诚如美国法学家哈罗德·J. 伯尔曼(Harold J. Berman)在其著作《法律与宗教》中指出:"法律必须被信仰,否则它将形同虚设。"[①] 树立公共政策权威不是对公共政策的盲目崇拜,而是通过公众的参与,形成对政策的理解。公共政策的这一权威性是一种认同维度,它是政治认同的基石,体现着社会成员服从什么,以及为何服从的问题。它既表明了公众对公共政策的接受度,也预示着公共政策决策者对来自于公众的信息、建议的包容、信任和采纳。就托克维尔(Tocqueville)眼中的美国社会而论,他认为,"在这个社会里,人人都把法律视为自己的创造,他们爱护法律,并毫无怨言地服从法律;人们尊重政府的权威是因为必要,而不是因为它神圣;人们对国家首长的爱戴虽然不够热烈,但出自有理有节的真实感情。由于人人都有权利,而且他们的权利得到保障,所以人们之间将建立起坚定的信赖关系和一种不卑不亢的相互尊重关系。人民知道自己的真正利益之后,自然会理解:要想享受社会的公益,就必须尽自己的义务。这样,公民的自由联合将会取代贵族的个人权威,国家也会避免出现暴政和专横"[②]。公共政策作为对全社会有价值之物的权威性分配,是超越于权力机构个人权威性的一种组织权威,对于政府权力运行的个人化和随意性具有抑制作用。公共政策如果缺乏必要的权威性,就不能对客体行为起到一种规范和约束作用,也就不能实现制度预期目标或效果。诚如联合国教科文组织颁布的《生命伦理委员会工作指南》序言中写道:"准则和宣言不过是一纸文书,不管如何真诚令人满意,它们都无法自行实施。要使它们不成为修辞游戏,它们便需要得到那些制定、实施和监督公共政策的人的支持。"[③] 这也正像戴维·伊斯顿(David Easton)所认

[①] [美]哈罗德·J. 伯尔曼:《法律与宗教》,梁治平译,中国政法大学出版社2003年版,导言,第3页。另外,伯尔曼在其著作《法律与宗教》中进一步指出:"没有信仰的法律将退化成为僵死的教条,而没有法律的信仰也易于变为狂信。"

[②] [法]托克维尔:《论美国民主》,董果良译,商务印书馆1991年版,第11页。

[③] 转引自沈铭贤《好的伦理评审:人文关怀加上吹毛求疵》,《中国医学伦理学》2007年第4期。

为的,"如果成员对当局或典则的道德效力有一种坚定的内在信任,那么,即使当局的输出或失败行动对成员造成了不断的打击,支持仍有可能继续存在"①。而权威性、公信力的确立体现了"内化在行政人员心中的价值观总能在决策过程中起作用。即使上级不在场、纪律松弛或发生腐败现象,行政人员的内心控制仍然在起作用。甚至当某行为缺乏相应的法律规定指导时,行政人员仍可以求助于内心的伦理指导"②。由执政党和政府等公共权力组织来制定和实施的公共政策,其主体的公信力在形式意义上就赋予了公共政策内容的权威性。而从实质意义来说,公共政策公共意志的表达与实现则是公共政策获得合法性的基础,并进而成为其权威性的源泉。同时,公共政策的权威性也表现为公共政策客体对公共政策的认同、接受和服从,是公共政策在社会组织和个体中所形成的心理反应。而"作为(人民的)整体,只有在符合他们的利益时,服从才是他们的责任"③。在公共政策过程中,专门知识和专门技能的应用,成为公共政策专业化、约束手段权威性的前提条件。公共政策的权威性建立了一种相互自愿行动的契约关系,就公共政策主体而言,由于其自身的合法性所产生的尊严性和强制性,它的行动本身就是公共政策的诠释和表达。对于公共政策主客体双方而言,公共政策是共识、共同行动的纲领和目标,有助于社会交往活动的协调。具有内在伦理张力的公共政策,能够使其权威性得到有效伸张,并使公共政策内含的合理道德价值理念能够真正深入社会公众的内心。在中国改革开放过程中,邓小平同志指出:"改革要成功,就必须有领导有秩序地进行……不能搞'你有政策我有对策',不能搞违背中央政策的'对策',这话讲了几年了。党中央、国务院没有权威,局势就控制不住……中央定了措施,各地各部门就要坚决执

---

① [美]戴维·伊斯顿:《政治生活的系统分析》,王浦劬等译,华夏出版社1989年版,第308页。
② [美]特里·L. 库珀:《行政伦理学:实现行政责任的途径》,张秀琴译,中国人民大学出版社2010年版,第158—159页。
③ [英]边沁:《政府片论》,沈叔平译,商务印书馆1995年版,第155页。

行，不但要迅速，而且要很有力，否则就治理不下来。"① 强调党中央的权威，实质上是要加强党中央政策的宏观调控及其对地方的协调。

随着工业化、后工业化、城市化、信息化及社会管理的智能化对政府管理提出了更高的要求，要实现政府的合法化，使公共政策为民众所接受，就是要明确，政府的目标是建立共识，达成一种信任，树立一定权威。这种信任在人类社会关系中普遍存在，其必要性体现在如果没有一些信任和共同的意义将不可能建构持续的社会关系。② 权威性是民主政府维护国家统一、维持社会稳定、保证政策有效执行的前提条件。西方一些学者认为，日本人高信任文化的秘密在于，每一个个体在生活世界（家庭、工作、闲暇等）中的可见性。麦迪逊认为，"在组织一个人统治人的政府时，最大的困难在于必须首先使政府能管理被统治者，然后再使政府管理自身"③。亨廷顿针对这一观点指出："在许多处于现代化之中的国家里，政府连第一项职能尚不能行使，何谈第二项。首要的问题不是自由，而是建立一个合法的公共秩序。"对于这一问题的解答，他认为，"人当然可以有秩序而无自由，但不能有自由而无秩序。必须先存在权威，而后才谈得上限制权威"。④ 这一观点充分体现了国家集"权力、权威、权能"于一体的基本特征。公共政策的权威性区别于特殊个体的魅力权威，它是由理性建立的规则，具有明确的宣示性。其中，社会利益群体的利益表达的可见性是公共政策获得权威性的必要条件。在现代治理中，与传统的统治不同，治理的权威并非一定来自政府机关，其权力向度是多元的、相互的，而不是单一的和自上而下的。这种权威是建立在市场原则、公共利益的认同之上的合作网络的权威。⑤ 公共政策的权威性不

---

① 《邓小平文选》第 3 卷，人民出版社 1993 年版，第 277 页。
② 参见［波兰］彼得·什托姆普卡《信任：一种社会学理论》，程胜利译，中华书局 2005 年版，前言。
③ ［美］汉密尔顿等：《联邦党人文集》，程逢如等译，商务印书馆 1980 年版，第 264 页。
④ ［美］塞缪尔·P. 亨廷顿：《变化社会中的政治秩序》，王冠华等译，上海人民出版社 2008 年版，第 6 页。
⑤ 参见俞可平《权利政治与公益政治：当代西方政治哲学评析》，社会科学文献出版社 2000 年版。

是领导权威的代名词，在中国社会急剧转型的历史时期，一些政策顶层设计者本着"为民做主"和"替民做主"的价值理念，拒绝公民参与政策过程，将公共政策过程视为权威主义政治的建构过程，却常常抱怨政策难以有效执行，一些原本为群众利益服务的公共政策，并不为群众所理解。事实证明，一些公共政策并没有什么错误，但就是不能让群众入耳入脑、心服口服。其症结就在于，群众对公共政策没有认同感，因而也就没有信任感。走群众路线，让公众广泛参与，既可以为政策的制定或决策获取充分的信息，也可以增进政策的接受性，这样公众就会对公共政策产生认同感，进而产生信任感，得到公众广泛认同的公共政策也才会收到事半功倍的效果。在政策决策过程中，应充分考虑利益相关者的观点，这是公共政策需要重新审视公共问题的一个基本出发点。利益相关者是有组织的团体、公民代表或无组织的公民个体，他们可能没有知识、时间或途径来质疑公共机构的管理者，但公共政策的决策者有义务提供制定合理决策所需的社会、经济信息。让公民和居民更多地参与进来，在利益相关者之间进行开放性对话，公共部门对多元化观点和观念持开放心态，这是维持公共政策国家治理系统的完整性和品格的关键所在。① 另外，借助于宣传培训导向作用，替代行使权威和提建议，让公众依靠自己的能力做出政策决策，有利于权威性的公共政策得到有效执行。这种宣传培训可以向公众提供处理决策所需的事实要素、思维参考框架、传递"公认"的解决问题的方法及其决策者所依据的价值观。

三　社会的基本道德原则是目标指向

制度本身包含着伦理学的意蕴，并以此来调节人们的社会实践活动及其利益关系，促进人的全面发展。在市场经济条件下，它能够极大地促进社会主义道德建设。公共政策伦理道德问题的化解是当前中国道德建设问题的核心内容之一，它需要通过对公共政策的合乎道德性的评价，来抑制公共政策的非正当性和不合法性，优化公共政策的

---

① 参见［新加坡］梁文松、曾玉凤《动态治理》，陈晔等译，中信出版社2010年版。

选择和安排，为和谐社会的建构营造一个公正、合理、合道德的制度环境。公共政策设计和安排的道德合理性对人们的价值选择和价值取向有着重要的导向作用。正是公共政策所具有的独特的规范功能：公共政策的可量化性、整体一致性、相对的稳定性、强制可操作性等，使公共政策伦理可以为道德建设提供其得以滋养的环境土壤，"制度对经济绩效的影响是无可争议的"，同样对于融汇社会的整体发展与道德进步也起到积极的建构作用。

制度内在地体现了伦理、价值观的规定性，对于加强道德教化功能具有基础性作用。在公共政策过程中融入伦理价值的考量，必然要对政策决策者提出很高的"道德配备"要求。然而，道德对社会行为主体的约束在于"内心信念"和"社会舆论"等柔性制约，而制度对社会主体的行为具有强制的约束力。没有强有力的政治制度和公共政策，"社会就会无力界定和实现公共利益"。因此，把社会基本道德原则从观念形态上升到公共政策的伦理层面，把社会道德要求从对行为主体的"软"约束转变为外在于行为主体的"硬"约束。一方面，可以使公共政策决策者不得不把"价值伦理"纳入制度分析的过程中；另一方面，对社会广大公众普遍提高道德水准还能起到激励和行为引导的作用。

第二节　当代中国公共政策道德评估的实现路径

社会的发展拓展了制度内涵，并扩展了制度的外延。人类非物质的社会活动诸如习俗、道德、法律等，经由不同层次的演进和转化，成为多数或全体社会成员普遍接受的行为规则。这些规范使人类的理想信仰具体化，并与人们的民主、正义、自由、平等、法治、人道等价值理念相符合。罗伯特·萨格登（Robert Sugden）指出："当一个团体中几乎所有人都遵从惯例时，惯例就凝聚了道德的力量；同时，若个人遵从惯例并且与其交往的其他人也都遵从惯例时，情形就是对每个人都有利的。这样，'合作的道德'就演化出来了。"① 对于制度，尤其是政治制度来说，它的作用与功能，是从柏拉图以来就被诸多政治家、思想家关注的问题。他们认为：人们设计这些制度是用来限制权力，增进大众监督和促进开明决策产生的。但政治制度应该培养什么样的个性？政治制度不仅是限制政治权力行使的手段和解决社会问题的联系模式，而且还创造了人民特有的组织、思想习惯和风俗。凡是涉及执政制度的伦理性问题，如指导执政制度架构的价值理念的正当性和执政制度所体现出来的社会成员权利——义务关系及其合理性状况，实施执政制度的组织的合法性，执政制度运行过程中的正当性，执政制度对公民道德品质尤其是执政者道德品质的影响，均是执政制度伦理的重要内容。

在领导中国人民进行革命和建设的过程中，中国共产党逐步认识到了制度伦理在社会主义现代化过程中的重要作用。中国共产党"立党为公、执政为民"的执政理念，是在制度伦理不断确立和发展的过程中逐渐转型和实现的。1997年，党的十五大提出了"实行依法治国，建设社会主义法治国家"②的治国方略。1998年，九届全国人大一次会议，又将这一治国方略写进了宪法。2004年9月，党的十六届四中全会为加强执政党的执政能力建设，又提出了"科学执政、民主执政、依法执政"③的总体目标。从传统意义上的"人治"，到社会主义国家的法治和"依法治国"，再到"科学执政、民主执政、依法执政"的总体目标，是中国共产党和社会主义国家制度伦理合乎逻辑的发展，是中国共产党在治国进程中遵循执政规律的必然结果。站在历史和现实的维度审视中国共产党的制度伦理建设，中国共产党在政治文明建设方面不断取得了新成就。但是，它又是在不断发展过程中健全和完善的。当前，加强制度伦理建设，有效推动社会建设和社会主体的道德责任，是提升公共政策科学、民主决策水平的重要环节。

---

① [美]道格拉斯·C. 诺斯：《制度、制度变迁与经济绩效》，杭行译，上海三联书店2008年版，第59页。
② 《十五大以来重要文献选编》（上），人民出版社2000年版，第162页。
③ 《胡锦涛文选》第2卷，人民出版社2016年版，第461页。

一 加强"善治"视阈下的社会协同管理

社会管理是政府对社会组织和社会事务进行规范和引导,调整各类社会利益关系的一系列活动。自党的十六届四中全会首次明确提出"社会建设"的思想以来,加强社会和谐建设,促进社会和谐,成为中国共产党要求自身自觉加强执政能力建设,不断完善党的领导方式和执政方式的重要工作目标和任务。随着社会主义市场经济体制的建立和不断完善,中国社会的利益格局发生了根本性的变化,利益主体日趋多元化、利益需求日益多样化、利益关系日呈复杂化。公共管理已不能仅仅从政府主体出发,而应涵盖多元民主社会的公共事务范畴,逐渐改变过去"大政府、弱社会、小个人"的管理格局,将政策提议、讨论的主体扩展到政府与公众、政府与市场等紧密相关之间。而这在面对同一个政策的时候,利益取向、价值取向就可能存在差异。要充分考虑多元民主公共政策实践上的影响,在制定公共政策时,就要考虑怎样让不同的利益群体参与活动和决策过程,整合联动市场、社会、政治与政府系统,实现政府、市场、社会组织的大互动。而这就需要通过充分的沟通和协商,了解公共生活的协议者和相关者的想法和行动,实现"共同治理"与"善治"。因此,在制定、执行、调整乃至终止公共政策的过程中,尚需考虑公共价值与意义的构成要素,形成体系化、制度化的政策评估机制,对理性层面与现实社会的公共价值进行衡量与取舍,减少利益冲突,逐渐消解社会问题的发生,以融合各个社会阶层的关系。

二 增强社会主体的道德规范,提高公共政策执行力

作为主体的人的道德品质,是建构政治伦理的主要要素,在政治伦理体系的建构与实践中不可或缺,它关系到制度目标的成效。在西方政府管理的"委托—代理"模型中,"代理人(议员)忠实地谋求着委托人(选民)的利益。而我们知道,代理人自身的效用函数——他或

她本人认为世界该当如何——显然影响着结果"①。由于这些效用函数支配着他或她对问题的感知，从而其自身利益将左右他们的行动，最终导致"规则来源于自利"。在中国改革开放的实践过程中，邓小平同志说："只要有一个好的政治局，特别是有一个好的常委会，只要它是团结的，努力工作的，能够成为榜样的，就是在艰苦创业反对腐败方面成为榜样的，什么乱子出来都挡得住。"②"高层的不道德"和"有组织的不负责任"是米尔斯（Mills）所说的权力精英的一个系统性特征。"不道德"不是指政治腐败，而是指责任感和修养的缺乏。社会结构基础发生的变化，公众社会向大众社会的转型导致了权力精英的"不道德"和"不负责任"。在中国政治文化生态中，"以吏为师"的积极效能体现在"官德"的建设上，这在当代政治团体的主体行动和示范作用方面尤为重要，直接影响着公共政策的效度及其目标的实现。因此，中国共产党的领导及其成员在政治运行体制中具有的极强的道德素养，对于增强公共政策效度、促进社会进步的引领作用意义重大。党的十八大报告指出，用社会主义核心价值体系引领社会思潮、凝聚社会共识，要倡导富强、民主、文明、和谐，倡导自由、平等、公正、法治，倡导爱国、敬业、诚信、友善，积极培育和践行社会主义核心价值观。学者林火旺在其《正义与公民》中说道："一个理想的社会需要良好的制度，但是徒法不足以自行，还需要良善的公民"，以及"一个正义的制度需要具有正义感的公民，才能良好有效地运作"。③ 同样，对于一个向善的公共政策就必须有两个条件。第一，公共政策本身是良策，它必须具有道义基础、伦理基础，否则这个公共政策就是劣等的，只能是独断专行的东西。第二，执行公共政策的主体要有好的职业道德，也就是行政伦理，能够依法行政。当前，应当重点以公务员信用体系建设为突破口，树立政府诚信，打造公共政策的公信力。

---

① ［美］道格拉斯·C. 诺斯：《制度、制度变迁与经济绩效》，杭行译，上海三联书店2008年版，第29页。
② 《邓小平文选》第3卷，人民出版社1993年版，第310页。
③ 林火旺：《正义与公民》，吉林出版集团有限责任公司2008年版，序言，第1页。

三 中国公共政策道德评估组织运作机制的建构

随着市场经济的发展，为了保证社会道德建设的顺利进行，迫切需要将市场经济的道德实践经验提升到理论层次，使公共政策的道德价值更为具体和明晰。依据公共政策内在包含的道德规律性和价值情感，并以其价值要素形成它们的伦理尺度，需要建立公共政策道德评价的组织运作机制，确保公共政策的道德价值具有制度性的保障。国务院在《关于加强法治政府建设的意见》中指出，政府决策必须履行五项程序，包括公众参与、专家论证、合法性审查、风险评估及集体讨论，公共政策的道德评价是公共政策风险评估的一项重要内容。"作为某种功能活动，政策评价能够而且确定发生在整个政策过程中，而不能简单地将其作为最后阶段。"[①] 公共政策评估不仅可以有效考量社会公共问题得到缓解的程度，而且也能够明晰和评价政策形成的价值，有助于公共政策的调整和再规划，为重新建构公共政策问题提供依据。公共政策的评价一般包括事前评价、过程评价和事后评价。公共政策的道德评价应将重心前移，重在事前评价，依据设定的标准和程序，侧重于政策执行前的具有可能性结果的价值判断。它是一种"自下而上"的利益相关方参与的群众评价、社会评价，与"自上而下"公共政策决策者的自我评价相结合。这种社会运作机制通过其价值取向决定政策去向，对公共政策具有规范调节作用。它在客观上使体现社会道德价值的公共政策顺利实施，使违背社会道德价值的公共政策受到限制，可以促进执行中的公共政策的改进，为拟定新政策提供了依据和借鉴。在当代中国，如何做好公共政策道德评价机制的建构，切实做好提议机制、组织机制和处理机制三个环节在实践层面的操作和规范，需要进一步的理论探究和实践创新。[②]

---

① ［美］詹姆森·E.安德森：《公共政策制定》，谢明等译，中国人民大学出版社 2009 年版，第 183 页。
② 参见上海市精神文明委员会办公室编《公共政策道德影响评估》，上海书店出版社 2013 年版。

（一）对公共政策进行道德评估的提议机制

公共政策决策的范型转换是将传统的经验决策转变为科学决策，并充分扩大公共政策利益相关者的参与度。在公共政策的制定、执行等过程中，个人、社会团体乃至其他公共权力机关对公共政策涉及社会道德方面存在的问题，有权利提出修改或终止的建议。建立公共政策道德评估的提议机制有利于形成公共政策的沟通机制，使公共政策充分体现社会道德的价值取向，切实增强公共政策的社会效益。

制度问题带有根本性、全局性、稳定性和长期性等特点。健全公共政策道德评估的提案、提议机制必须重视制度建设。当前，对公共政策道德评估的提案、提议机制的建构在中国尚属空白，其制度化有待健全。因此，为适应新形势的发展，应当把对公共政策道德评估的提案、提议机制的相关规定融入行政议事（复议）规程之中，以明确的评估标准建立评估指标体系，从而逐渐纳入法制化和制度化的轨道。同时，还需要通过健全工作机制，着力推动公共政策道德评估的工作进程；在公共权力机构成立专门的对公共政策进行道德评估的提案、提议工作领导小组，负责提案、提议的审查工作；预先形成决策的公共政策公示制度；做好对提案、提议的跟踪回访；向相关公共权力机构的党组织和政策决策部门进行信息反馈，避免决策指令信息与决策效果反馈消息出现同路阻遏的弊端，建立多通道的决策指令和决策效果信息反馈体制①；各归口公共权力机构也应建立健全主要领导负总责，分管领导具体负责，对应公共权力机构具体承办的办理工作责任制和目标考核制度，以确保提议工作机制的有效运转。

（二）对公共政策进行道德评估的组织机制

公共政策道德评估的组织机制建设不仅涉及不同部门组织机构的设立，还包括媒体、非政府组织等多元社会单元的参与，这些都共同形成了公共政策道德评估的社会效应。

---

① 参见闫健编《民主是个好东西——俞可平访谈录》，社会科学文献出版社2006年版。

1. 公共权力和监督机构道德评估组织的设立

各级公共权力机构和监督机构设立相应的道德委员会，发挥各自的道德评估职能。社会主义思想道德建设是指推进社会主义核心价值体系建设，树立和建设社会主义伦理观，弘扬中华传统美德，推进公民道德建设工程，是建设中国特色社会主义的根本特征之一。在中国，从中央到地方的人民代表大会，都应当建立相应的专门道德委员会，对政府出台的重大公共政策进行道德评估。道德评价领导机构，同时也是社会道德建设的决策、监督机构，各级评价、决策和监督机构应主要由各级人民代表大会专设道德委员会组成，发挥其在社会道德建设中评价、决策和监督的主导作用。

2. 公共政策道德评估组织与协调机构的设立

精神文明建设委员会应设立道德委员会，承担公共政策道德评估组织与协调的工作。一是建立专职评估决策机构，健全评估人员的队伍建设，设置必要的部门和岗位，专门开展公共政策道德评估的道德监察。道德监察委员会的主要任务是制定、发布和修改与公共政策相关的道德行为的规章制度；宣传向善的美德；因为专职评估人员的素质和水平直接影响到评估的质量，所以对组织成员应进行有关公共政策涉及伦理道德的专业培训；审查重大的可能违背道德行为的公共政策。二是建立专家咨询决策机构，主要应由社会道德建设的专家学者组成，形成专家型专业化的评估组织。其主要目的是通过调查研究，提供决策、评估信息，制定公共政策社会道德建设的具体步骤和初步方案，完成评估报告和总结评估，最后供最高决策机构进行决策。[①]专家学者以公共政策决策的局外人身份进行道德评估，具有较强的公正性和科学性。

3. 发挥公民个人、非政府组织、大众传媒的道德评价民主参与作用

以公共利益为目标的公共政策，必须做到决策和执行全过程的公开透明，依法保障公众的知情权、听证权、陈述权、申辩权、参与决

---

① 参见吴灿新《略论社会主义新时期道德机制》，《哲学研究》1996年第5期。

策权等程序权利和民主权利的有效行使,克服公共政策评估机制的社会参与性的不足。如果在对公共政策道德评估的过程中,利害相关的民众不能有效表达意愿、协商条件、进行讨论、参与决策评估,则必然会违背现代法治的基本精神——实质正义、程序公正和参与民主的要求。同时应扩大公共政策评估机制社会化程度,引入独立第三方进行外部评估,充分发挥公民个人、非政府组织、大众传媒的道德评价民主参与作用;应当积极地保障公众参与,设立"大众话筒",允许不同利益主体的对话、博弈,完善沟通监督机制。有效的沟通是决策科学化的重要前提,让政策对象参与政策评判,会使决策更具针对性和实效性;应通过加强民主集中制原则下的监督和"协商对话"的监督方式来体现党的民主集中制原则,及其在行政实施中的贯彻落实,继承和发扬从群众中来、到群众中去的优良传统,坚持"自下而上"与"自上而下"相结合的双向公共政策的道德评估机制。在办理提案、提议的过程中,承办提案、提议的公共权力机构应重视加强与提议个人或团体组织的沟通联系。建立人民代表和政协委员社区办公室,充分发挥人民代表和政协委员的作用,形成人大代表、政协委员与人民群众的固定关系。[①] 深入了解提议的社会情境,及时反馈办理工作的情况。沟通的形式可以是走访提议者,邀请提议者实地考察,与提议者共同座谈讨论、旁听、听证等。此外,承办单位和主管提案、提议的工作部门,对涉及需要上级党委及其相关部门审批的事项,应积极向上级部门反映情况,争取上级部门的支持。通过加强群众对公共政策制定、执行过程的监督,增强群众对公共政策道德评估的参与和监督,可以充分体现执政为公、行政为民的政府服务管理属性和公共政策的公共利益至上性。

近年来,中国有些部门和地方开展了一些公共政策评估工作,对本部门本地区制定实施的公共政策项目进行了自我评估或委托第三方进行评估。总体上讲,这些评估不是法定的,是部门自己组织的,具有随意性、零散性,并且缺少独立的第三方评估,透明度和公信力不

[①] 参见何增科等《中国政治体制改革研究》,中央编译出版社2004年版。

足。造成这种状况的主要原因是，中国政策评估工作起步较晚，政策评估的理论方法研究滞后，实践经验不足。与评估相关的法律和制度不健全，会导致政策评估的客观性、独立性不强，政策评估职责和目的不明确，评估经费、组织及其运作机制难以落实，严重制约了政策评估工作的规范开展，影响了公共政策质量的提高。当前，中国公共政策评估工作状况明显不适应经济社会发展的需要。应当提高公共政策评估对经济社会发展具有重要作用的思想认识，切实抓紧建立中国重大公共政策的评估制度。

（三）对公共政策进行道德评估结果的处理机制

首先，强化监督机制。提案、提议处理和回复机制要想取得实效，必须健全监督保障机制。政策评估涉及政策的效率、效果和价值，由于政策执行主体主观所具有的能动性，这一能动性积极作用表现在他们是政策评估的最坚强有力的支持者，而负面作用则体现在他们也可以是最坚强有力的反对者，他们的态度取决于其对政策评估价值判断倾向的认同程度。[①] 因此，监督机制的有效运作着重体现在以下两个方面：一是强化财政、审计部门的监督，将财政、审计部门纳入公共政策道德评估的主体，充分发挥财政、审计部门的重要作用，增强公共政策道德评估的实效性；二是明确监督的工作重点，关键在于对评估环节和评估结果的监督处理。落实目标责任，建立有关责任与权力相对应框架下的追究制度，严肃责任追究。

其次，落实奖惩机制。健全奖惩机制，应以推动提案、提议处理和回复机制的高效运转为主要内容。公共政策道德评估的结果及其实施的效果是公共政策道德评估的核心。因此，提案、提议责任机构或部门应定期和不定期地组织有关提议者对办理工作满意度进行考评，并把各级办理提案、提议情况作为党建和行政工作绩效考核的重要内容之一，这样才能切实推进公共政策道德评估的有效性。

综上所述，公共政策内在道德价值的外在彰显，可以对社会道德起到积极的规范和导引作用。公共政策道德评价机制的有效建构，有

---

① 参见张国庆《现代公共政策导论》，北京大学出版社1997年版。

赖于制度伦理层面的理论支撑,而在实践层面则需要切实做好公共政策道德评估的提议机制、组织机制和处理机制三个层面的操作和规范,将应然的目的性与实然的手段性相统一。

余 论

马克思说过,"理论在一个国家实现的程度,总是取决于理论满足这个国家的需要的程度"①。随着中国改革开放的不断深化,社会伦理道德面临的严峻挑战迫切需要公共政策的规范和导引,以实现社会道德的有效治理。公共政策道德治理既是一个社会治理顶层设计的过程,也是一个社会公民共同参与治理的过程。公共政策所具有的道德价值,不仅体现在它对社会良好道德风气的正向引导作用上,也显现于其可能对社会不良道德风气的助长败坏作用上。公共政策道德问题关涉制度伦理,探究公共政策内含的道德资源,从制度伦理层面通过公共政策的正向价值导向,有助于促进和推动社会道德建设。在当代中国,应当重视公共政策内含的道德价值,通过公共政策的调节器功能、社会基本价值固化功能和对整个社会道德水平提升功能的发挥,以期实现社会道德的有效治理。

公共政策的道德影响在某种程度上是国家对道德干预的结果,而这种影响也存在着它的限度。亨廷顿在《变革社会中的政治秩序》②一书中认为,在一个伤风败德的国家里,采取严厉的道德政策只会增加堕落的机会。因为,一切公共政策都会使某些人处于不利地位,这些个人最终就会变成潜在的堕落的根源。这样,道德政策的增多只能使堕落的可能性增大。这表明,道德干预的政策也应该是适度的,否

---

① 《马克思恩格斯文集》第 1 卷,人民出版社 2009 年版,第 12 页。
② 参见 [美] 塞缪尔·P. 亨廷顿《变革社会中的政治秩序》,王冠华等译,上海人民出版社 2008 年版。

则，同样会带来堕落的加剧。① 必须认识到，在中国改革开放攻坚期，不同领域的社会道德问题已经严重影响了人们的生活质量，那些关系国计民生的公共政策，都为社会道德治理提供了重要载体，如何掌控公共政策对社会道德影响的限度，准确把握公共政策道德价值的正向功能，是本书需要继续拓宽的领域。

公共政策本身具有系统性特征，涉及社会不同领域的方方面面，以及公共政策的相对稳定性与社会环境的变动不居的矛盾性等，都增加了公共政策道德评估的难度。诚如亚当·弗格森（Adam Ferguson）所言："我们不要指望任何国家的法律（公共政策）被制定得如同道德训诫……政策法规，无论民事的还是行政的，都是调整各方权利、确保社会安定的权宜之计。这种权宜之计适应于各种特殊的环境……"② 公共政策道德评估的视阈是社会道德风险可能得到抑制的范围和程度。本书涉及了公共政策道德评估的原则和标准的理论性探讨，而有关公共政策道德评估技术路径方面的研究则有待进一步扩展。在现实社会生活中，公共政策道德评估应遵循"问题导向""需求导向"的原则，针对当今"评"风一哄而上的趋势，诸如城市建设出现的围绕洪涝灾害的"洪评"，围绕铲除植被、树木让路的"绿评"等，不一而论。公共政策内在的道德价值应当根植于人们的社会实践活动，公众如何有效地参与公共政策道德评估的价值考量，也就成为公共政策道德评估的一个基本点。

人类追求一种有道德的生活，本身就是对美好生活的向往。制度伦理的规范与完善就是对这种美好生活的不断探索，这其中也包含着对理论问题研究的不断完善、延伸和发展。

---

① 参见丁大同《国家与道德》，山东人民出版社2007年版。
② 转引自麦金太尔《追寻美德》，宋继杰译，译林出版社2003年版，第323页。

参考文献

一 马克思主义经典文献

《马克思恩格斯文集》第1、3、4、8、9、10卷，人民出版社2009年版。
《马克思恩格斯选集》第1卷，人民出版社1995年版。
《马克思恩格斯全集》第1卷，人民出版社1995年版。
《马克思恩格斯全集》第3卷，人民出版社2002年版。
《马克思恩格斯全集》第21卷，人民出版社1965年版。
《马克思恩格斯全集》第23卷，人民出版社1972年版。
《马克思恩格斯全集》第30卷，人民出版社1997年版。
《列宁全集》第1卷，人民出版社1984年版。
《列宁全集》第11卷，人民出版社1987年版。
《列宁全集》第28卷，人民出版社1990年版。
《毛泽东选集》第3、4卷，人民出版社1991年版。
《毛泽东文集》第7卷，人民出版社1999年版。
《刘少奇选集》上卷，人民出版社1981年版。
《刘少奇选集》下卷，人民出版社1985年版。
《邓小平文选》第2卷，人民出版社1994年版。
《邓小平文选》第3卷，人民出版社1993年版。
《江泽民文选》第2、3卷，人民出版社2006年版。
《胡锦涛文选》第3卷，人民出版社2016年版。
《习近平谈治国理政》，外文出版社2014年版。

《马恩列斯论政治与政治制度》,中共中央编译局编,群众出版社 1984 年版。
《建国以来重要文献选编》第十册,中央文献出版社 1994 年版。
《十一届三中全会以来重要文献选读》上,人民出版社 1987 年版。
《十四大以来重要文献选编》(上),人民出版社 1996 年版。
《十四大以来重要文献选编》(中),人民出版社 1997 年版。
《十五大以来重要文献选编》(下),人民出版社 2003 年版。
《十六大以来重要文献选编》(上),中央文献出版社 2005 年版。
《十七大以来重要文献选编》(上),中央文献出版社 2009 年版。
《十八大以来重要文献选编》(上),中央文献出版社 2014 年版。
《十八大以来重要文献选编》(下),中央文献出版社 2018 年版。
《十九大以来重要文献选编》(上),中央文献出版社 2019 年版。

二 中文专著

包利民:《生命与逻各斯——希腊伦理思想史论》,东方出版社 1996 年版。
蔡汀等主编《苏霍姆林斯基选集》第 3 卷,教育科学出版社 2001 年版。
蔡元培:《中国伦理学史》,北京大学出版社 2009 年版。
陈庆云:《公共政策分析》,中国经济出版社 1998 年版。
陈瑛等:《中国伦理思想史》,贵州人民出版社 1985 年版。
陈振明:《公共政策学》,中国人民大学出版社 2004 年版。
邓伟志等主编《社会管理与社会政策——境外公共政策扫描》,上海人民出版社 2007 年版。
丁大同:《国家与道德》,山东人民出版社 2007 年版。
丁煌:《西方行政学说史》,武汉大学出版社 2004 年版。
樊浩:《中国伦理精神的现代构建》,江苏人民出版社 1997 年版。
费孝通:《乡土中国》,上海世纪出版集团 2007 年版。
冯平:《评价论》,东方出版社 1995 年版。

冯契：《人的自由和真善美》，华东师范大学出版社1996年版。
甘绍平：《应用伦理学前沿问题研究》，江西人民出版社2002年版。
高兆明：《制度伦理研究》，商务印书馆2011年版。
龚群：《新加坡公民道德教育研究》，首都师范大学出版社2007年版。
郭夏娟：《公共管理伦理：理论与实践》，浙江大学出版社2010年版。
韩庆祥：《马克思人学思想研究》，河南人民出版社1996年版。
何怀宏：《底线伦理》，辽宁人民出版社1998年版。
何增科等编《中国政治体制改革研究》，中央编译出版社2004年版。
贺麟：《文化与人生》，上海文艺出版社2001年版。
洪涛：《逻各斯与空间——古代希腊政治哲学研究》，上海人民出版社1998年版。
胡绳主编《中国共产党的七十年》，中共党史出版社1991年版。
胡伟：《政府过程》，浙江人民出版社1998年版。
金观涛、刘青峰：《开放中的变迁：再论中国社会超稳定结构》，法律出版社2010年版。
金太军：《当代中国政府与政治论稿》，广东人民出版社2009年版。
靳凤林：《制度伦理与官员道德》，人民出版社2011年版。
景天魁等主编《中国社会政策：特点与经验》，黑龙江人民出版社2006年版。
李德顺：《价值论——一种主体性的研究》，中国人民大学出版社1995年版。
李建华主编《伦理学与公共事务》第2卷，湖南人民出版社2008年版。
李健、兰莹编《新加坡社会保障制度》，上海人民出版社2011年版。
李连科：《哲学价值论》，中国人民大学出版社1991年版。
李路曲：《新加坡现代化之路：过程、模式与文化选择》，新华出版社1996年版。
李泽厚：《伦理学纲要》，人民日报出版社2010年版。

李志军主编《重大公共政策评估：理论、方法与实践》，中国发展出版社 2013 年版。

廖小平：《面向道德之思：论制度与德性》，湖南师范大学出版社 2007 年版。

林尚立：《当代中国政治形态研究》，天津人民出版社 2003 年版。

林水波、张世贤：《公共政策》，台湾：五南图书出版股份有限公司 2006 年版。

刘放桐等编《现代西方哲学》（修订本），人民出版社 1990 年版。

刘世清：《教育政策伦理》，上海教育出版社 2010 年版。

卢风、肖巍：《应用伦理学导论》，当代中国出版社 2002 年版。

陆晓禾：《经济伦理学研究》，上海社会科学院出版社 2008 年版。

陆学艺主编《当代中国社会阶层研究报告》，社会科学文献出版社 2002 年版。

吕元礼：《亚洲价值观：新加坡政治的诠释》，江西人民出版社 2002 年版。

罗国杰主编《伦理学》，人民出版社 1989 年版。

马役军、赵辰昕主编《公共政策学案例：危机警示研究报告》，人民出版社 2008 年版。

潘维、廉思主编《中国社会价值观变迁 30 年：1978—2008》，中国社会科学出版社 2008 年版。

秦绍德主编《发展中国的十大课题》，复旦大学出版社 2005 年版。

汝信等主编《2012 年中国社会形势分析与预测》，社会科学文献出版社 2012 年版。

施惠玲：《制度伦理研究论纲》，北京师范大学出版社 2003 年版。

宋希仁主编《西方伦理学思想史》，湖南教育出版社 2006 年版。

孙立平：《转型与断裂：改革以来中国社会结构的变迁》，清华大学出版社 2004 年版。

唐代兴：《利益伦理》，北京大学出版社 2002 年版。

唐凯麟、王泽应：《20 世纪中国伦理思潮问题》，高等教育出版社 2003 年版。

唐鹏：《新加坡的公民道德建设》，民族出版社 2010 年版。

童世骏等：《当代中国人精神生活研究》，经济科学出版社 2009 年版。

万俊人：《现代西方伦理学史》上、下卷，中国人民大学出版社 2011 年版。

万俊人主编《现代公共管理伦理导论》，人民出版社 2005 年版。

汪劲等编译《环境正义：丧钟为谁而鸣——美国联邦法院环境诉讼经典判例选》，北京大学出版社 2006 年版。

汪子嵩、范明生等编著《希腊哲学史》第 2 卷，人民出版社 1993 年版。

王沪宁主编《政治的逻辑：马克思主义政治学》，上海人民出版社 1996 年版。

王伟光：《利益论》，人民出版社 2001 年版。

王小锡：《中国伦理学 60 年》，上海人民出版社 2010 年版。

王正平：《环境哲学——环境伦理的跨学科研究》，上海人民出版社 2004 年版。

王正平、周中之：《现代伦理学》，上海人民出版社 2001 年版。

吴潜涛：《当代中国公民道德状况调查》，人民出版社 2010 年版。

谢庆奎、佟福玲主编《传统文化与公共管理》，社会科学文献出版社 2011 年版。

闫健编《民主是个好东西——俞可平访谈录》，社会科学文献出版社 2006 年版。

杨国荣：《伦理与存在：道德哲学研究》，上海人民出版社 2002 年版。

杨志勇等编《公共经济学》，清华大学出版社 2008 年版。

易鑫鼎编《梁启超选集》上、下卷，中国文联出版社 2006 年版。

俞可平：《权利政治与公益政治》，社会科学文献出版社 2000 年版。

俞可平：《治理与善治》，社会科学文献出版社 2000 年版。

俞可平主编《国家治理评估——中国与世界》，中央编译出版社 2009 年版。

俞吾金、陈学明：《国外马克思主义哲学流派新编·西方马克思主义卷》，复旦大学出版社2002年版。

岳经纶、郭巍青主编《中国公共政策评论》第1卷，上海人民出版社2007年版。

岳经纶、郭巍青主编《中国公共政策评论》第4卷，格致出版社2010年版。

张岱年：《中国伦理思想史》，江苏教育出版社2009年版。

张国庆：《行政管理学概论》，北京大学出版社2000年版。

张江河：《论利益与政治》，北京大学出版社2002年版。

张恺悌、罗晓辉主编《新加坡养老》，中国社会出版社2010年版。

张康之：《行政伦理的观念与视野》，中国人民大学出版社2008年版。

赵德余主编《实施公共政策：来自跨学科的声音》，上海人民出版社2013年版。

中国伦理学会编《改革开放与道德导向》，吉林人民出版社1990年版。

周辅成主编《西方伦理学名著选辑》，商务印书馆1987年版。

周雪光：《中国国家治理的制度逻辑：一个组织学研究》，生活·读书·新知三联书店2017年版。

周原冰：《共产主义道德通论》，华东师大出版社1992年版。

朱光磊等：《当代中国社会各阶层分析》，天津人民出版社2007年版。

朱贻庭等：《中国传统伦理思想史》，华东师大出版社1989年版。

《孙中山选集》，人民出版社1985年版。

《李大钊文集》上，人民出版社1984年版。

《梁漱溟全集》第6卷，山东人民出版社1993年版。

三　外文译著

［澳］马克·拉普勒：《生活质量研究导论》，周长城等译，社会科学

文献出版社 2012 年版。

[澳] 欧文·休斯：《公共管理导论》，张成福译，中国人民大学出版社 2001 年版。

[丹麦] 埃斯平—安德森：《福利资本主义的三个世界》，苗正民、滕玉英译，商务印书馆 2010 年版。

[德] 恩斯特·卡西尔：《人论》，甘阳译，上海译文出版社 1985 年版。

[德] 弗兰茨—克萨韦尔·考夫曼：《社会福利国家面临的挑战》，王学东译，商务印书馆 2003 年版。

[德] 赫尔穆特·施密特：《全球化与道德重建》，柴方国译，社会科学文献出版社 2001 年版。

[德] 黑格尔：《法哲学原理》，范扬等译，商务印书馆 1961 年版。

[德] 康德：《道德形而上学原理》，苗力田译，上海人民出版社 1988 年版。

[德] 康德：《实践理性批判》，韩水法译，商务印书馆 1999 年版。

[德] 马克斯·韦伯：《经济与社会》上、下卷，林荣远译，商务印书馆 1997 年版。

[德] 马克斯·韦伯：《新教伦理与资本主义精神》，李修建等译，九州出版社 2006 年版。

[德] 尤尔根·哈贝马斯：《公共领域的结构转型》，曹卫东等译，学林出版社 1999 年版。

[德] 尤尔根·哈贝马斯：《在事实与规范之间：关于法律和民主法治国的商谈理论》，童世骏译，生活·读书·新知三联书店 2003 年版。

[法] 阿列克西·德·托克维尔：《旧制度与大革命》，冯棠译，商务印书馆 1992 年版。

[法] 阿列克西·德·托克维尔：《论美国的民主》上、下卷，董果良译，商务印书馆 1988 年版。

[法] 爱弥尔·涂尔干：《职业伦理与公民道德》，渠东、付德根译，上海人民出版社 2001 年版。

［法］卢梭:《论科学与艺术》,李平沤译,商务印书馆2011年版。

［法］卢梭:《论人与人之间不平等的起因和基础》,李平沤译,商务印书馆2007年版。

［法］卢梭:《社会契约论》,何兆武译,商务印书馆1994年版。

［法］孟德斯鸠:《论法的精神》上、下册,许明龙译,商务印书馆1961年版。

［法］帕斯卡尔:《思想录》,何兆武译,商务印书馆1995年版。

［法］萨特:《存在主义是一种人道主义》,周煦良等译,上海译文出版社1988年版。

［古希腊］柏拉图:《理想国》,郭斌和等译,商务印书馆1986年版。

［古希腊］亚里士多德:《尼各马可伦理学》,廖申白译注,商务印书馆2003年版。

［古希腊］亚里士多德:《政治学》,吴寿彭译,商务印书馆1965年版。

［韩］吴锡泓、金荣枰编:《政策学的主要理论》,金东日译,复旦大学出版社2005年版。

［加拿大］梁鹤年:《政策规划与评估方法》,丁进锋译,中国人民大学出版社2009年版。

［加拿大］迈克尔·豪利特、［加拿大］M.拉米什:《公共政策研究:政策循环与政策子系统》,庞诗等译,生活·读书·新知三联书店2006年版。

［美］阿尔温·托夫勒:《第三次浪潮》,朱志炎等译,生活·读书·新知三联书店1995年版。

［美］埃贡·G.古贝、［美］伊冯娜·S.林肯:《第四代评估》,秦霖等译,中国人民大学出版社2008年版。

［美］埃莉诺·奥斯特罗姆:《公共事务的治理之道:集体行动制度的演进》,余逊达等译,上海译文出版社2012年版。

［美］奥肯·阿瑟:《平等与效率》,王奔洲等译,华夏出版社2010年版。

［美］布坎南、马斯格雷夫:《公共财政与公共选择:两种截然不同

的国家观》，类承曜译，中国财经出版社 2001 年版。

［美］ 查尔斯·赖特·米尔斯：《权力精英》，王崑、许荣译，南京大学出版社 2004 年版。

［美］ 大卫·雷·格里芬编：《后现代精神》，王成兵译，中央编译出版社 1998 年版。

［美］ 大卫·雷·格里芬编：《后现代科学》，马季方译，中央编译出版社 1995 年版。

［美］ 戴维·伊斯顿：《政治生活系统分析》，王浦劬等译，华夏出版社 1989 年版。

［美］ 丹尼尔·W. 布罗姆利：《经济利益与经济制度——公共政策的理论基础》，陈郁等译，上海人民出版社 2012 年版。

［美］ 丹尼尔·贝尔：《后工业社会的来临——对社会预测的一项探索》，高铦等译，商务印书馆 1984 年版。

［美］ 丹尼尔·贝尔：《资本主义文化矛盾》，赵一凡等译，生活·读书·新知三联书店 1989 年版。

［美］ 德博拉·斯通：《政策悖论：政治决策中的艺术》，顾建光译，中国人民大学出版社 2006 年版。

［美］ 杜维明：《新加坡的挑战：新儒家伦理与企业精神》，生活·读书·新知三联书店 1989 年版。

［美］ 弗兰克·H. 奈特：《风险、不确定性与利润》，安佳译，商务印书馆 2006 年版。

［美］ 弗兰克·J. 古德诺：《政治与行政：一个对政府的研究》，王元译，华夏出版社 1987 年版。

［美］ 弗兰克·费希尔：《公共政策评估》，吴爱明等译，中国人民大学出版社 2003 年版。

［美］ 弗兰克纳：《伦理学》，关键译，生活·读书·新知三联书店 1985 年版。

［美］ 弗朗西斯·福山：《信任——社会美德与创造经济繁荣》，彭志华译，海南出版社 2001 年版。

［美］ 哈罗德·J. 伯尔曼：《法律与宗教》，梁治平译，中国政法大学

出版社2003年版。

［美］汉密尔顿、［美］杰伊、［美］麦迪逊：《联邦党人文集》，程逢如等译，商务印书馆1980年版。

［美］汉娜·阿伦特：《人的条件》，竺乾威等译，上海人民出版社1999年版。

［美］J. R. 康芒斯：《制度经济学》上、下册，于树生译，商务印书馆1997年版。

［美］吉米·卡特：《我们濒危的价值观：美国道德危机》，汤玉明译，西北大学出版社2007年版。

［美］加布里埃尔·A. 阿尔蒙德、［美］西德尼·维伯：《公民文化——五个国家的政治态度和民主制》，徐湘林等译，华夏出版社1989年版。

［美］卡尔·帕顿、［美］大卫·沙维奇：《政策分析和规划的初步方法》，孙兰之等译，华夏出版社2001年版。

［美］拉雷·N. 格斯顿：《公共政策的制定——程序和原理》，朱子文译，重庆出版社2001版。

［美］劳伦斯·科尔伯格：《道德教育的哲学》，魏贤超等译，浙江教育出版社2000年版。

［美］李侃如：《治理中国：从革命到改革》，胡国成等译，中国社会科学出版社2010年版。

［美］林德布罗姆：《决策过程》，竺乾威等译，台湾：五南图书出版公司1992年版。

［美］林德尔·G. 霍尔库姆：《公共经济学：政府在国家经济中的作用》，顾建光译，中国人民大学出版社2012年版。

［美］罗伯特·A. 达尔：《现代政治分析》，王沪宁等译，上海人民出版社1987年版。

［美］罗伯特·古丁、［美］汉斯-迪特尔·克林格曼主编：《政治科学新手册》上、下册，钟开斌等译，生活·读书·新知三联书店2006年版。

［美］罗伯特·诺齐克：《无政府、国家与乌托邦》，何怀宏译，中国

社会科学出版社1991年版。

［美］罗斯科·庞德：《法律与道德》，陈林林译，中国政法大学出版社2003年版。

［美］马国泉：《行政伦理：美国的理论与实践》，复旦大学出版社2006年版。

［美］麦金太尔：《德性之后》，龚群译，中国社会科学出版社1995年版。

［美］麦金太尔：《追寻美德》，宋继杰译，译林出版社2003年版。

［美］曼瑟尔·奥尔森：《集体行动的逻辑》，陈郁等译，上海人民出版社2011年版。

［美］诺斯：《制度、制度变迁与经济绩效》，杭行译，上海三联书店1994年版。

［美］O. C. 麦克斯特：《公共行政的合法性——一种话语分析》，吴琼译，中国人民大学出版社2002年版。

［美］乔治·弗雷德里克森：《公共行政的精神》，张成福等译，中国人民大学出版社2003年版。

［美］R. T. 诺兰等：《伦理学与现实生活》，姚新中等译，华夏出版社1988年版。

［美］R. 尼布尔：《道德的人与不道德的社会》，蒋庆等译，贵州人民出版社2009年版。

［美］塞缪尔·P. 亨廷顿：《变化社会中的政治秩序》，王冠华等译，上海人民出版社2008年版。

［美］塞缪尔·P. 亨廷顿：《文明的冲突与世界秩序的重建》，周琪等译，新华出版社2010年版。

［美］史蒂文·凯尔曼：《制定公共政策》，商正译，商务印书馆1990年版。

［美］史蒂文·科恩、［美］威廉·埃米克：《新有效公共管理者》，王巧玲等译，中国人民大学出版社2001年版。

［美］斯图亚特·S. 那格尔主编《政策研究百科全书》，林明、龚裕等译，科学技术文献出版社1990年版。

［美］汤姆·L. 彼彻姆，《哲学的伦理学》，雷克勤等译，中国社会科学出版社1990年版。

［美］汤姆·普雷特：《李光耀对话录：新加坡建国之路》，张立德译，现代出版社2011年版。

［美］特里·L. 库珀：《行政伦理学：实现行政责任的途径》，张秀琴等译，中国人民大学出版社2010年版。

［美］托马斯·R. 戴伊：《自上而下的政策制定》，鞠方安等译，中国人民大学出版社2002年版。

［美］托马斯·戴伊：《理解公共政策》，彭勃等译，华夏出版社2004年版。

［美］威廉·N. 邓恩：《公共政策分析导论》，谢明等译，中国人民大学出版社2011年版。

［美］威廉·曼彻斯特：《光荣与梦想——1932—1972年美国实录》第1—4册，广东外国语学院美英问题研究室翻译组译，商务印书馆1978年版。

［美］文森特·奥特罗姆：《美国公共行政的思想危机》，毛寿龙译，上海三联书店1999年版。

［美］沃尔特·李普曼：《公众舆论》，阎克文等译，上海人民出版社2006年版。

［美］希拉里·普特南：《事实与价值二分法的崩溃》，应奇译，东方出版社2006年版。

［美］熊彼特：《经济发展理论——对于利润、资本、信贷、利息和经济周期的考察》，何畏等译，商务印书馆1990年版。

［美］熊彼特：《资本主义、社会主义和民主主义》，绛枫译，商务印书馆1979年版。

［美］雅克·蒂洛、［美］基思·克拉斯曼：《伦理学与生活》，程立显、刘建等译，世界图书出版公司2008年版。

［美］亚伯拉罕·马斯洛：《动机与人格》，许金声等译，中国人民大学出版社2012年版。

［美］约翰·布鲁姆：《伦理的经济学诠释》，王珏译，中国社会科学

出版社 2008 年版。

［美］约翰·肯尼思·加尔布雷思：《富裕社会》，赵勇等译，江苏人民出版社 2009 年版。

［美］约翰·罗尔斯：《正义论》，何怀宏等译，中国社会科学出版社 1988 年版。

［美］约瑟夫·E. 斯蒂格利茨：《公共部门经济学》，郭庆旺等译，中国人民大学出版社 2005 年版。

［美］约瑟夫·弗莱彻：《境遇伦理学》，程立显译，中国社会科学出版社 1989 年版。

［美］詹姆森·E. 安德森：《公共政策制定》，谢明等译，中国人民大学出版社 2009 年版。

［美］詹姆士·M. 布坎南：《自由、市场与国家》，吴良健等译，北京经济学院出版社 1988 年版。

［美］詹姆斯·N. 罗西瑙主编：《没有政府的治理：世界政治中的秩序与变革》，张胜军、刘小林译，江西人民出版社 2001 年版。

［美］詹姆斯·布赖斯：《现代民治政体》上、下册，张慰慈等译，吉林人民出版社 2003 年版。

［美］珍妮特·V. 登哈特、［美］罗伯特·B. 登哈特：《新公共服务：服务，而不是掌舵》，丁煌译，中国人民大学出版社 2010 年版。

［日］池田大作、［英］阿·汤因比：《展望 21 世纪——汤因比与池田大作对话录》，荀春生等译，国际文化出版公司 1997 年版。

［日］药师寺泰藏：《公共政策：政治过程》，张丹译，经济日报出版社 1991 年版。

［苏］阿尔汉格尔斯基：《伦理学研究方法论》，赵春福等译，中国广播电视出版社 1992 年版。

［苏］季塔连科主编：《马克思主义伦理学》，黄其才译，中国人民大学出版社 1984 年版。

［新加坡］梁文松、曾玉凤：《动态治理》，陈晔等译，中信出版社 2010 年版。

［以色列］德洛尔：《逆境中的政策制定》，王满传等译，上海远东出版社1996年版。

［印度］阿玛蒂亚·森、［美］努斯鲍姆主编《生活质量》，龚群等译，社会科学文献出版社2008年版。

［印度］阿玛蒂亚·森：《以自由看待发展》，任赜、于真译，中国人民大学出版社2002年版。

［印度］阿玛蒂亚·森、［英］伯纳德·威廉姆斯主编《超越功利主义》，梁捷等译，复旦大学出版社2011年版。

［英］安东尼·吉登斯：《资本主义与现代社会理论：对马克思、涂尔干和韦伯著作的分析》，郭忠华等译，上海译文出版社2013年版。

［英］波普尔：《开放社会及其敌人》第1卷，郑一明等译，中国社会科学出版社1999年版。

［英］伯特兰·罗素：《伦理学和政治学中的人类社会》，肖巍译，中国社会科学出版社1992年版。

［英］达尔文：《人类的由来》，潘光旦等译，商务印书馆1983年版。

［英］戴维·米勒主编：《布莱克维尔政治思想百科全书》，邓正来中译本主编，中国政法大学出版社2010年版。

［英］弗里德利希·哈耶克：《个人主义与经济秩序》，邓正来编译，复旦大学出版社2012年版。

［英］葛德文：《政治正义论》，何慕李等译，商务印书馆1980年版。

［英］亨利·西季威克：《伦理学方法》，廖申白译，中国社会科学出版社1993年版。

［英］凯特·纳什、［英］阿兰·斯科特主编：《布莱克维尔政治社会学指南》，李雪等译，浙江人民出版社2007年版。

［英］米切尔·黑尧：《现代国家的政策过程》，赵成根译，中国青年出版社2004年版。

［英］密尔：《代议制政府》，段小平译，中国社会科学出版社2007年版。

［英］齐格蒙特·鲍曼：《后现代伦理学》，张成岗译，江苏人民出版

社 2003 年版。
[英] 齐格蒙特·鲍曼:《后现代性及其缺憾》,郇建立等译,学林出版社 2002 年版。
[英] 乔纳森·沃尔夫:《当今为什么还要研读马克思》,段忠桥译,高等教育出版社 2006 年版。
[英] 萨拜因:《政治学说史》上、下册,盛蔡阳等译,商务印书馆 1986 年版。
[英] 特里·伊格尔顿:《马克思为什么是对的》,李扬等译,新星出版社 2011 年版。
[英] 韦农·波格丹诺主编:《布莱克维尔政治制度百科全书》,邓正来中译本主编,中国政法大学出版社 2010 年版。
[英] 休谟:《人性论》,关文运译,商务印书馆 1980 年版。
[英] 亚当·斯密:《道德情操论》,蒋自强等译,商务印书馆 1997 年版。
[英] 亚当·斯密:《国民财富的性质和原因的研究》上、下卷,郭大力等译,商务印书馆 1972 年版。
[英] 约翰·梅纳德·凯恩斯:《就业、利息和货币通论》,高鸿业译,商务印书馆 1983 年版。
[英] 约翰·斯图亚特·穆勒:《功利主义》,叶建新译,中国社会科学出版社 2009 年版。

四 论文类著作

陈辉:《人的全面发展与政府评价的多元化与历史性》,《中国行政管理》2006 年第 4 期。
陈友庚:《关于社会风气问题的思考》,《湖南社会科学》1999 年第 1 期。
邓安庆:《中国本土的道德经验》,《伦理学研究》2008 年第 5 期。
邓名瑛:《当代中国大众传媒的伦理向度》,《道德与文明》2011 年第 1 期。

高国希:《制度公正与政府责任》,《文史哲》2008年第6期。

顾栋:《从弱势群体现状看公共政策调整》,《社会科学》2003年第9期。

顾钰民:《构建社会主义和谐社会与利益分配》,《贵州财经学院学报》2005年第6期。

郭渐强、刘明然:《科学发展观——我国公共政策评估的首要标准》,《行政与法》2006年第9期。

蒋传光:《完善防止腐败滋生的道德控制机制》,《党建研究》1996年第5期。

金太军:《政府失灵与政府经济职能重塑》,《经济体制改革》1998年第2期。

李静芳:《当前我国地方公共政策评估现状与对策》,《江西行政学院学报》2001年第4期。

李鹏程:《"市场与道德"问题引发的思考》,《中国特色社会主义研究》1997年第1期。

刘守刚:《西方财政立宪主义理论及其对中国的启示》,《财经研究》2003年第7期。

刘歆立:《公共政策道德性及其意义初探》,《重庆社会科学》2005年第7期。

刘志光、杨爱平:《幸福社会建设与政府管理的制度创新》,《华南师范大学学报》(社会科学版)2012年第5期。

罗国杰:《论"五四"以来的中国革命道德》,《高校理论战线》2000年第1期。

马朝琦、雷晓康:《美国公共政策绩效评估方法及借鉴》,《西北农林科技大学学报》(社会科学版)2006年第5期。

彭定光、左高山:《当代道德教育的困境与出路——访万俊人教授》,《现代大学教育》2003年第4期。

桑玉成:《担负起培养好公民的责任和使命》,《探索与争鸣》2012年第1期。

申平华:《政治风气和社会风气及其综合治理》,《探索》1989年第

8 期。

沈铭贤:《好的伦理评审:人文关怀加上吹毛求疵》,《中国医学伦理学》2007 年第 4 期。

孙云峰:《公共政策伦理研究的反思与展望》,《唯实》2008 年第 4 期。

童星:《公共政策的社会稳定风险评估》,《学习与实践》2010 年第 9 期。

汪丁丁:《市场经济的道德基础》,《改革》1995 年第 5 期。

汪永成等:《社会利益集团政治化趋势与政府能力建设》,《武汉大学学报》(人文社会科学版) 2005 年第 1 期。

王绍光:《中国公共政策议程设置的模式》,《中国社会科学》2006 年第 5 期。

王正平、李耀锋:《论社会公共政策的道德价值》,《上海师范大学学报》(哲学社会科学版) 2012 年第 3 期。

王正平、刘玉:《利益兼顾:构建社会主义和谐社会的根本道德原则》,《上海师范大学学报》(哲学社会科学版) 2009 年第 5 期。

魏新文、吕元礼:《新加坡社会保障体系的三重基石》,《中共中央党校学报》2009 年第 3 期。

吴灿新:《略论社会主义新时期道德机制》,《哲学研究》1996 年第 5 期。

吴家清、杨元宏:《"社会风气"应纳入历史唯物主义范畴体系》,《华中师范大学学报》(哲学社会科学版) 1989 年第 6 期。

吴松:《日本政府政策评价制度与科技政策绩效评价浅析》,《全球科技经济瞭望》2007 年第 7 期。

肖群忠:《道德危机的拯救与文明大国的崛起》,《西北师大学报》(社会科学版) 2012 年第 1 期。

许淑萍:《公共政策伦理评价标准的演进及当代探究》,《上海行政学院学报》2012 年第 4 期。

严强:《公共政策知识场域论略》,《求索》2002 年第 6 期。

姚俭建、Janet Collins:《美国慈善事业的现状分析:一种比较视角》,

《上海交通大学学报》（哲学社会科学版）2003年第1期。

曾望军等：《论文化在公共政策过程中的内在张力与作用肌理》，《湖南社会科学》2011年第3期。

张润泽：《形式、事实和价值：公共政策评估标准的三个维度》，《湖南社会科学》2010年第3期。

张善斌：《新加坡老年人照料经验及其启示》，《中国民政》2006年第10期。

张中秋：《论中国传统法律的伦理化》，《比较法研究》1991年第1期。

周德祥：《公共政策评估研究述评》，《宁夏党校学报》2008年第2期。

［德］贝克：《风险社会政治学》，《马克思主义与现实》2005年第3期。

［美］埃德温·爱泼斯坦：《美国的商业伦理》，张飞译编，《国外社会科学文摘》2002年第2期。

杜维明：《企业家与精神性的人文主义》，《经济观察报》2013年11月9日第41版。

高永中：《毫不动摇地坚持和发展党的群众路线》，《光明日报》2013年9月3日第11版。

韩永红：《重大公共政策绩效评估的现状与改革》，《中国纪检监察报》2012年10月19日第7版。

卢慧菲：《美国遗产税将何去何从》，《中国税务报》2006年7月5日第5版。

鲁丽玲等：《"以房养老"能否让老人安度晚年》，《中国社会报》2007年10月17日第6版。

唐凯麟：《道德在困境中前进》，《社会科学报》2012年1月19日第6版。

颜晓峰：《实现中国梦的价值引领》，《光明日报》2014年2月14日第1版。

张亚倩等：《个税增势强劲　结构发生变化——2002年税收大盘点专

题分析六》,《中国税务报》2003年5月21日。

陈洪连:《公共政策的伦理维度》,博士学位论文,华东师范大学,2007年。

李彩虹:《公共政策价值论》,博士学位论文,湘潭大学,2001年。

文勇:《公共政策伦理研究》,硕士学位论文,西南交通大学,2005年。

杨盛军:《论税收正义——兼论中国遗产税开征的道德理由》,博士学位论文,中南大学,2010年。

曾先容:《遗产税制理论与模式分析》,硕士学位论文,西南财经大学,2001年。

五 英文参考资料

Adams, Guy & Danny Balfour, *Unmasking administrative evil*, Thousand Oak: Sage Publication, Inc, 1998.

Bentley, A. F, *The Process of Government*, Cambridge, Mass.: Belknap Press, 1967.

Blythe, J., *Ideal Government and Mixed Constitution*. Princeton, N. J.: Princeton University Press, 1992.

David B. Truman, *The Governmental Process*, New York: Alfred A. Knopf, 1971.

Deborah Stone, *Policy Paradox: The Art of Political Decision Making*, New York: W. W. Norton & Company, 2001.

Dennis F. Thompson, Paradoxes of Government Ethic, *Public Administration Review*, No. 3, 1992.

Easton, D., *A Systems Analysis of Political Life*, Chicago: University of Chicago Press, 1965.

Esping-Andersen, G., *The Three Worlds of Welfare Capitalism*, Cambridge: Polity Press, 1990.

Evert Vedung, *Public Policy and Program Evaluation*, New Jersey: Transaction Publishers, 2000.

Giddens, A., *Runaway World*, London: Profile Books Ltd., 1999.

Giddens, A., *The Consequences of Modernity*, Cambridge: Polity Press, 1991.

Goodin, R. E., *Political Thoery and Public Policy*, Chicago: University of Chicago Press, 1982.

Huff, W. G., *The Economic Growth of Singapore: Trade and Development in the Twentieth Century*, Cambridge: Cambridge University Press, 1994.

Lee, K., *From Third World to First*, New York: Harper Collins Publishers, 2000.

Lipton, M., *Why Poor People Stay Poor*, Cambridge, Mass.: Harvard University Press, 1980.

Low, L., *The political Economy of a City-State Revisited*, Singapore: Marshall Cavendish Academic, 2006.

Mauzy, D. & Milne, R., *Singapore Politics under the People's Action Party*, London: Routledge, 2002.

Michael Howlett & M. Ramesh, *Studying Public Policy: Policy Cycles and Policy Subsystems*, Oxford: Oxford University Press, 1996.

M. Ramesh, The Politics of Social Security in Singapore, *The Pacific Review*, No. 2, 2000.

Offe, C., *Contradictions of the Welfare State*, Cambridge, Mass.: MIT Press, 1984.

Peter Madsen, Jay M. Shafritz, Ed, *Essentials of Government Ethics*, the Penguin Group, 1992.

Riker, W. H., *The Art of Political Manipulation*, New Haven, Conn.: Yale University Press, 1986.

Rorert B. Denhardt, *In the Shadow of Organization*, the University Press of Kansas, 1981.

Schultze, C. I., *The Public Use of Private Interest*, Washington, D. C.: Brookings Institution, 1977.

Stepan, A., *The State and Society*. Princeton, N. J.: Princeton University Press, 1977.

Stephen P. Robbins, *Organizational Behavior*, 9th Edition, Upper Saddle River, New Jersey, Prentice Hall, Inc., 2001.

Tarrow, S., *Power in Movement*, Cambridge: Cambridge University Press, 1994.

Terry L. Cooper, Ed, *Handbook of Administration Ethics*, Marcel Dekker, Inc, 1994.

Wilensky, H., *The Welfare State and Equality*, Berkeley: University of California Press, 1975.

William K. M. Lee, "Income Protection and the Elderly: An Examination of Social Security Policy in Singapore", *Journal of Cross-Cultural Gerontology* 13, 1998.

Williamson, O. E., *The Economic Institutions of Capitalism*, New York: Free Press, 1985.

六 网络参考资料

《二手屋价飙 新放宽单身者购屋限制》, http://paper.wenweipo.com/2013/03/10/GJ1303100012.htm.

《检讨组屋政策须多方面考虑》, http://www.zaobao.com/yl/sl130401_001.shtml.

刘浩等:《遗产税制度及其对我国收入分配改革的启示》(北京师范大学收入分配研究院课题组课题研究中期报告), http://www.ciidbnu.org/news/201303/20130302154151706.html.

《全球财富报告:中国23.6万人资产超过$100万》, http://news.xinhuanet.com/fortune/2005-06/16/content_3093153.htm.

《人民网调查:超七成网友支持征收遗产税》, http://news.china.com.cn/live/2013-03/04/content_18887111.htm.

新加坡建屋发展局网站, http://www.hdb.gov.sg.

新加坡中央公积金局网站，http：//mycpf.cpf.gov.sg.

《修正赡养父母法案》，http：//www.sinchew.com.my.

《最高人民法院关于适用〈中华人民共和国婚姻法〉若干问题的解释（三）》，http：//www.court.gov.cn/qwfb/sfjs/201108/t20110815_159794.htm.

后　　记

本书是在我的博士学位论文基础上修改完成的。回首穿行于学术之中，自己有颇多的学术体验和人生感悟。从一个公共政策学科的门外汉到沉浸其中，体会到的更多的是学术跨越带来的挑战。攻读博士学位期间，我将公共政策理论和伦理学作为学术研究的两个"轮子"，驱动着自己钻研公共政策的道德价值研究这一课题。在这一过程中，我曾读到《政治科学新手册》中的一段文字：本手册"各章参考文献共收集了由1630名作者写作的3403本政治科学著作……该手册最广泛引用的这些书目，集中反映了20世纪以来西方政治科学发展的历程"，其中最常引用有4本著作。① 对于其最常引用的4本著作，自己曾研读过三本，自己不禁对此感慨万千！在求学期间，自己经常穿梭于沪杭之间，学校图书馆和上海图书馆是自己常常的驻足之地。其间，许多书籍是在沪杭列车上阅读的。这种空间距离的跋涉，无形之中为自己架构了思想穿行的"桥梁"。

再次走向学术之路，首先要感谢恩师王正平教授无微不至的指导。关注前沿问题，对社会现实问题要有深度思考，是王正平教授对我再次迈入学术之路的要求和期望。每当学术焦点问题的研讨有新进展，即使自己可能身在异地，王正平教授也常常会通过电话，指导自己在研究问题过程中需要关注的一些观点和思路。在参与王正平教授承担的上海市哲学社会科学规划办公室特别委托课题的过程中，多次

---

① 参见［美］罗伯特·古丁、［美］汉斯－迪特尔·克林格曼主编《政治科学新手册》下册，钟开斌等译，生活·读书·新知三联书店2006年版，第1258页。

学术共同体的思想交流提升和开拓了自己的学术视野,其中,复旦大学的邓安庆教授、高国希教授、吴新文教授和华东师范大学的朱贻庭教授、赵修义教授等数位高校专家学者围绕这一命题的真知灼见,帮助了我对公共政策的道德价值的研究有了更深入的思考和推进。

求学期间,感谢陈卫平教授、李进教授、汪青松教授、周中之教授、蒋传光教授、朱新光教授的帮助和指导。无论是专业课堂上近距离的思想碰撞,还是学术讲坛的倾耳聆听、论文开题和写作过程的指导等,各位老师所给予的不仅仅是知识的滋养,更为重要的是作学为人的精神。感谢复旦大学顾钰民教授在论文开题中给予的指导,对论文开题报告的基本框架提出了详细的修改建议。感谢陈锡喜教授在论文预答辩、答辩过程中对论文点滴入微的点评和指导。承蒙肖巍教授、邵宝龙教授、丁晓强教授在论文评阅和答辩中提出的指导性意见。感谢何云峰教授、张允熠教授、黄福寿教授、石书臣教授、李亮教授、胡志民副教授、吴跃东副教授、潘文岚副教授、周治华副教授的帮助,在引领、同行与追随的学术征程上,师友情谊绵延不绝。求学路上,感谢我的硕士学位指导教师姚俭建教授持续不断的帮助和关心。上海交通大学叶敦平教授的谆谆教诲、学高风范,令后学者高山仰止。感谢求学期间相识、相知的老师和同学,是他们让我在不同领域拥有了多次的学术体验并获得了丰足的精神财富。

感谢我的妻子和女儿,妻子无怨无悔地承担了家庭重负,同时,她在教学工作中依然尽职尽责。女儿从小学三年级开始独立上学往返于家庭、学校之间,她的自立自强,让我们感到无比欣慰!我的学术成长与女儿的成长密不可分,从女儿身上,我学到了许多!年迈的母亲因为我的求学,多次独自一人往返于千里路途,为照顾我的女儿奔波,作为一个儿子,惭愧之情难以言表。在家庭这所学校里,为人子、为人夫、为人父,我体会了许多。就在本书修订出版之际,我年迈的母亲突然因病离世,留给我的只有自责和愧疚,谨以此书献给我的母亲!

斯宾诺莎曾言:"不笑、不悲、不怨,只是为了理解。"学术的道路,是一个"寻找自我,认识自我"的过程。数年来从学校走上社会，由社会又回到学校，一次次的往复，也许是一次又一次的自我追问。从一名工程技术员转向并沉浸于哲学和伦理学之中，其中汝欲何求，汝又欲归于何处？学术作为社会之公器，在自我的追问过程中必将伴随着孤独与思想火花的碰撞和交织，即使总有竭尽全力的冲动，但充满曲折的前行之路却需要恒定的心力！也许带着这种拷问，会延续着自己内心的某种焦虑、希冀或向往！

本书能得以付梓出版，感谢中国社会科学出版社郝玉明编辑所做的努力。尽管我尽心尽力，但本书不乏会有粗陋和浅显之处，其中的不足和缺陷，恳请专家和读者不吝指正。

李耀锋
2019年3月于杭州